Learning Leadership

D1669379

Anja Ebert-Steinhübel

Learning Leadership

Führung lebenslang neu lernen

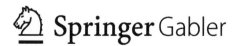 Springer Gabler

Anja Ebert-Steinhübel
Learning Leadership Institute/IFC EBERT
Nürtingen, Deutschland

ISBN 978-3-658-34494-8   ISBN 978-3-658-34495-5   (eBook)
https://doi.org/10.1007/978-3-658-34495-5

Die Deutsche Nationalbibliothek verzeichnet diese Publikation in der Deutschen Nationalbibliografie;
detaillierte bibliografische Daten sind im Internet über http://dnb.d-nb.de abrufbar.

© Springer Fachmedien Wiesbaden GmbH, ein Teil von Springer Nature 2021
Das Werk einschließlich aller seiner Teile ist urheberrechtlich geschützt. Jede Verwertung, die nicht
ausdrücklich vom Urheberrechtsgesetz zugelassen ist, bedarf der vorherigen Zustimmung des Verlags.
Das gilt insbesondere für Vervielfältigungen, Bearbeitungen, Übersetzungen, Mikroverfilmungen und die
Einspeicherung und Verarbeitung in elektronischen Systemen.
Die Wiedergabe von allgemein beschreibenden Bezeichnungen, Marken, Unternehmensnamen etc. in diesem
Werk bedeutet nicht, dass diese frei durch jedermann benutzt werden dürfen. Die Berechtigung zur Benutzung
unterliegt, auch ohne gesonderten Hinweis hierzu, den Regeln des Markenrechts. Die Rechte des jeweiligen
Zeicheninhabers sind zu beachten.
Der Verlag, die Autoren und die Herausgeber gehen davon aus, dass die Angaben und Informationen in
diesem Werk zum Zeitpunkt der Veröffentlichung vollständig und korrekt sind. Weder der Verlag, noch
die Autoren oder die Herausgeber übernehmen, ausdrücklich oder implizit, Gewähr für den Inhalt des
Werkes, etwaige Fehler oder Äußerungen. Der Verlag bleibt im Hinblick auf geografische Zuordnungen und
Gebietsbezeichnungen in veröffentlichten Karten und Institutionsadressen neutral.

Planung/Lektorat: Ulrike Loercher
Springer Gabler ist ein Imprint der eingetragenen Gesellschaft Springer Fachmedien Wiesbaden GmbH und ist
ein Teil von Springer Nature.
Die Anschrift der Gesellschaft ist: Abraham-Lincoln-Str. 46, 65189 Wiesbaden, Germany

Vorwort

Führung ist die Zufuhr wohldosierter Bewegung.

Dieses Buch beschreibt eine Idee, wie die Geschichte der Führung neu inspiriert und so – oder anders – weiterentwickelt werden kann. Die Idee besteht schlicht darin, ein zeitgemäßes und zukunftsfähiges Leadership aus der Logik des Lebenslangen Lernens heraus zu formulieren und Wege einer organisationalen Umsetzung dafür zu entwickeln. Denn das Lernen ebenso wie das Führen sind so etwas wie eine Überlebensnotwendigkeit unserer persönlichen und gesellschaftlichen Existenz.

Wir *können* nicht *nicht* lernen – unsere Gehirne sind auf Aufmerksamkeit hin programmiert und ständig damit beschäftigt, neue Erfahrungen und Informationen zu selektieren und so zu verarbeiten, dass sich unser Bild von Welt weiter schärft. Gleichermaßen hören wir nicht auf, uns in Beziehung zu anderen zu erleben, zu spiegeln und zu positionieren – ganz gleich, ob dabei ein expliziter Führungsanspruch besteht oder nicht.

Wir *wollen* nicht *nicht* lernen – denn erst die Konfrontation mit dem Neuen, durchaus Widersprüchlichen macht uns mental wirklich satt, aktiviert unser Belohnungssystem, wenn das, was wir in seiner Besonderheit erfahren, als „passend" erlebt und/oder umgedeutet werden kann. Im Führungskontext entspricht dies weniger einem ständigen Wettbewerb zwischen einem „Oben" oder „Unten" denn einem „Innen" oder „Außen" im Diskurs über unterschiedliche Werte und Erwartungen in einem System. Führung leistet beides, die Inspiration und Moderation dieser – mal größer, mal kleiner erscheinenden – Schnittmenge als gemeinsamer Erfahrungsraum, kollektives Wissenspotenzial, vor allem aber praktiziertes und erfahrenes „Wir".

Wir *sollen* nicht *nicht* lernen – denn Lernen erst vermittelt die Chance zur Teilhabe und ist damit normative Prämisse und ökonomische Notwendigkeit unseres Lebens zugleich. Im offenen Zugang zu Wissen und Bildung unterscheiden sich inklusive oder demokratische von exklusiven oder autoritären Systemen. Die politische Grundsatzentscheidung stiftet das sozio-kulturelle Kapital für den globalen Wettbewerb um Talente und Kompetenz. Eine Führung, die sich am Lernen orientiert, garantiert diesen Impuls und vermittelt die erforderliche Aufmerksamkeit, Richtung und Integration.

Wir *dürfen* nicht *nicht* lernen – als „animaux sociaux" sind wir auf Kommunikation und Kooperation mit anderen schlicht angewiesen. Denn nur in der ständigen Öffnung und Erweiterung unseres privaten und öffentlichen Beziehungsnetzwerks entsteht so etwas wie Gemeinsamkeit auf Zeit, kommt das gesamte – regionale, nationale, globale, soziale, ökonomische, technologische, ökologische – System in Bewegung, Aufruhr bzw. Auflösung – oder eben auch nicht. Die Art und Weise der bewussten Auseinandersetzung mit neuen Lerninhalten und -formaten ist im schulischen und beruflichen Kontext gerade mit den Stichworten „Digitalisierung" und „Arbeitswelt 4.0" verknüpft. Diese Transformation im organisationalen Kontext zu initiieren und zu moderieren ist eine der wichtigsten Führungsaufgaben unserer Zeit.

Dieses Buch ist die Geschichte einer Idee – im eigenen Werdegang und dem Blick durch mal größere, mal kleinere disziplinäre Schlüssellöcher und praktische Aufgabenstellungen inspiriert. Es beginnt mit der Prämisse des Verstehens als Zugang zu den Phänomenen der sozialen Welt. Als spezifische Form kommunikativen Handelns ist Führung nicht grundsätzlich erklärbar (und damit generalisierbar), sondern stets im Interaktionsgefüge subjektiver Erwartungen und Wirkungen zu beschreiben und schließlich zu verstehen. Das erklärt auch die Interdisziplinarität einer lebendigen Führungstheorie und -praxis: Verstehen zu können (und zu wollen), setzt ein Wissen über psychologische, soziologische und kommunikationswissenschaftliche Vorgänge voraus. Prozesse und Systeme darin begründen und entwickeln zu können, bedarf einer erweiterten sozial- und naturwissenschaftlichen Kompetenz. Nicht in einem Viel an Wissen, sondern umgekehrt in einem großen Verständnis gegenüber dem Nicht- oder Noch-nicht-Gewussten liegt deshalb das größte Führungspotenzial. Das setzt eine große Leidenschaft für Ideen ebenso voraus wie ein hohes Maß an Empathie für andere Menschen sowie die Verantwortung, im organisationalen Kontext beides aufeinander zu beziehen, Grenzen auszuloten und zu erkennen – auch und gerade hinsichtlich der eigenen Führungskompetenz.

Wie vielschichtig die Herausforderungen des Führungsalltags sind und wie schwierig es ist, dabei eine Art Grund- oder Expertenwissen in der Führung herauszubilden, weiß jeder, der selbst einmal in der Situation war – als Trainee oder Coach, als Führungskraft oder Teammitglied, als Bewerber oder Entscheider im Auswahl- oder Entwicklungsprozess. Dass Führung gelernt werden kann und muss, und zwar ein Leben lang, ist die zentrale Prämisse dieses Buchs. Seine Entstehung verdankt es vor allem dem Widerspruch von Wunsch und Realität – wenn es beispielsweise um die Besetzung von Führungspositionen, die Öffnung von Innovations- und Entwicklungsspielräumen oder die Rolle von Frauen in der Führungspraxis geht. Führung, so soll es im Folgenden vermittelt werden, ist deshalb weniger eine Position denn ein Mandat auf Zeit, weniger Expertise denn eine Haltung, die es immer wieder neu zu erproben und zu entwickeln gilt. Führung entsteht in und durch kollektives Handeln und soziale Kommunikation. Führung im organisationalen Kontext schließlich setzt den Willen und die Fähigkeit zur reflexiven Veränderung voraus, die stets einer besseren, wenn auch nicht zwingend anderen gemeinsamen Zukunft verpflichtet ist.

Die Dimensionen des Learning Leaderships werden im Folgenden aus einem führungs-, organisations- und lernpsychologischen und -soziologischen Zugang her entwickelt: Dass und inwiefern Führung „Lernen" heißt, geht auf die Theorie und Praxis einer Führungslehre zurück, die seit der Antike besteht, sich vor etwa 100 Jahren disziplinär formiert hat und uns mit dem „New Leadership" gerade einen neuen Boom an Konzepten und Instrumenten des Leaderships beschert. Führung ist – ebenso wie Organisation – nicht die einzige Lösung zur erfolgreichen Bewältigung der aktuellen und zukünftigen Komplexität unserer privaten und beruflichen Welt. Lernen, auch in seiner digitalen und/oder lebenslangen Version, reicht für sich ebenfalls nicht aus, um die Erfahrung von Sinn, Zugehörigkeit und Entwicklung zu erleben, derer der Einzelne, eine Organisation oder eine Gesellschaft dauerhaft bedürfen. Ob und wie es gelingt, Führung als kollaboratives Handeln, Organisation als kollektiven Lernraum und lebenslanges Lernen als „Transformationselixier" für ein besseres, nachhaltiges Überleben in einer globalen Welt aufeinander zu beziehen, wird im Folgenden das Thema sein.

„Learning Leadership" wurde 2014 als Marke für ein besseres und permanentes Führungslernen etabliert. Dieses Lernen, das zu einer permanenten Entwicklung führen soll, verändert die Führungslehre und -praxis nicht nur hinsichtlich ihrer intendierten Antwortfähigkeit, sondern viel mehr noch in ihrem Fragenrepertoire. Führung absorbiert und reflektiert externe Unsicherheit und Komplexität und gibt damit ein großes Stück ihres traditionellen Selbstverständnisses preis. Zugleich kommt via individuelle und kollektive Reflexion ein komplett neuer Erfahrungs- und Gestaltungshorizont hinzu: In der Veränderung der Perspektiven ändern wir selbst uns stets ein Stück weit mit – das ist die Herausforderung, die anzunehmen ist, wenn das Ziel nicht zwischen Stabilität und Wandel klar entschieden, sondern als „Changeability" auf Dauer offen zu halten ist.

Dieses Buch ist ein Lesebuch, das zum *Weiter*lesen, -denken und -lernen einladen soll. Frei nach Nietzsche ist es *ein* Weg, denn *den* Weg von Führung kann es weder in Form einer idealen Person noch eines idealen Verhaltens oder einer idealen Lösung geben. Was bleibt, ist das Gebot der Transparenz über die jeweiligen Beweggründe und Bedingungen des Handelns und das – durchaus wörtlich zu nehmende – Spiel mit den Optionen, die dabei zur Verfügung stehen. Je größer dabei die eingenommene Perspektive, je offener die persönliche Haltung und je vielfältiger die erzeugte Kommunikation, desto bedeutsamer und wirkungsvoller kann das Führungshandeln und -verhalten schließlich sein. So, wie die am Schluss skizzierte Führung mit Herz und Hand mit den Kernbotschaften des Learning Leaderships jongliert, habe ich mir erlaubt, mein Wissen durch Zitate, Gedankenstriche und Lektürehinweise anzureichern. Diese richten sich an den Leser oder die Leserin, die im Übrigen aus denselben stilistischen Gründen heraus nicht immer in der weiblichen und männlichen Form gleichzeitig benannt, stets aber zugleich angesprochen sind. Machen Sie sich Ihr eigenes Bild vom Learning Leadership – vor allem aber denken Sie darüber nach oder gerne noch ein Stückchen darüber hinaus!

Die Zeit, zu schreiben, ist immer – oder eigentlich nie. Ich hatte das Glück, dass mir diese Zeit von meinen Lieben geschenkt wurde – immer wieder und ganz speziell beim Schreiben dieses Buchs. Vielen Dank für das Verständnis meiner privaten, beruflichen und ehrenamtlichen Kontakte, die ich in dieser Zeit bewusst oder unbewusst vernachlässigt habe. Vor allem aber danke ich meinem Mann Volker und meiner Tochter Lara, die mich mit ihrer großen Liebe begleitet, einem enormen Verständnis für mich und riesigen Vertrauen in mich perfekt unterstützt haben. Das reicht fast (noch) für das nächste Buch …

Anja Ebert-Steinhübel

Inhaltsverzeichnis

Über die Autorin

Anja Ebert-Steinhübel studierte Kommunikationswissenschaft, Politische Wissenschaft, Soziologie und Psychologie sowie Wirtschaftsphilosophie an den Universitäten München und Hagen und promovierte über das Thema „Lifelong Learning" an der Universität Klagenfurt.

Als zertifizierte Trainerin, Mediatorin und Business Coach begleitet sie Fach- und Führungskräfte und ihre Teams im Strategie- und Veränderungsprozess – von der persönlichen Karriereentscheidung bis zum umfassenden Change-Management. Sie ist Mitglied der Geschäftsleitung der IFC EBERT und leitet das Learning Leadership Institute zur Erforschung und Entwicklung von Organisations- und Führungsexzellenz. Schwerpunkte ihrer Vortrags- und Publikationstätigkeit sind die Themen Leadership, Kommunikation und Change, Werte-, Kompetenz- und Bildungsmanagement. Als Beraterin kreiert, moderiert und implementiert sie Lösungen für besondere Führungs- und Innovationsherausforderungen, schwerpunktmäßig in mittelständisch geprägten Unternehmen, der öffentlichen Verwaltung und der Wohnungs- und Sozialwirtschaft.

Führung heißt Lernen

Eine vielleicht unendliche Geschichte

> Human passions have mysterious ways, in children as well as grown-ups. Those affected by them can't explain them, and those who haven't known them have no understanding of them at all. (Ende, 1979, S. 10)

Zusammenfassung

Die Geschichte der Führung darf wieder und wieder neu erzählt werden, denn die Zugänge sind immer verschieden und gleichzeitig so universell wie das Thema selbst. Ein Stück weit ist dieses „Nachdenken, Reden und Schreiben darüber" sicherlich einer „(Selbst-)Aufklärung der Akteure" verpflichtet (Neuberger, 2002, S. 6), ein Stück weit aber auch einem ganz pragmatischen und konkreten Nutzen für das tägliche Tun. Je weiter nämlich der Bogen gespannt wird, desto größer sind auch die Chancen, Führungsprozesse und -persönlichkeiten beschreibend zu verstehen, um so das eigene oder fremde Führungsverhalten zu spiegeln, zu reflektieren und ein Stück weit auch neu zu erfinden. Führung kann und muss gelernt werden. Dazu lohnt ein Blick auf ihre eigene disziplinäre Geschichte. Darüber hinaus ist Führung ein wichtiger Motor ihrer Entwicklung und Veränderung selbst. Denn: eine gemeinsame Geschichte zu „(er-)finden", die passende Story zu vermitteln, unterschiedliche Rollen zu besetzen und die richtigen und wichtigen Wendepunkte dabei zu identifizieren, ist eine Führungsaufgabe par excellence. Wie und durch wen diese am besten wahrgenommen wird und ob es künftig eines eigentlichen Führungspersonals überhaupt noch bedarf, ist die zentrale Frage eines sich selbst reflektierenden und immer wieder neu aus alten und neuen Mustern kreierenden Learning Leaderships.

© Springer Fachmedien Wiesbaden GmbH, ein Teil von Springer Nature 2021
A. Ebert-Steinhübel, *Learning Leadership,* https://doi.org/10.1007/978-3-658-34495-5_1

1.1   Die Story: explizites und implizites Führungswissen im Überblick

1.1.1   Ein-Führung

Was wir heute über Führung wissen, können wir nachlesen: Gefüllt mit der interdisziplinären Erkenntnis vornehmlich psychologischer, ökonomischer, soziologischer und philosophischer Provenienz steht uns eine gut sortierte Fach- und Forschungsbibliothek zur Verfügung. Erweitert durch die vielfältigen Beitragsvarianten aus dem digitalen Raum, vermitteln sich das aktuelle Bedürfnis und der Anspruch über Führung zu sprechen als nahezu ubiquitär: Aus der originär akademischen Debatte zu Management („doing things right") und Leadership („doing the right things") (Bennis, 2009, S. 24) ist eine Steilvorlage für die populärwissenschaftliche Abgrenzung individueller Führungs"philosophien" geworden. Das zeigt zwar einerseits, welche Relevanz eine konzeptionelle Begründung und Differenzierung des Themas auch und gerade für den Führungsalltag besitzt. Andererseits droht im allgemeinen Führungsgeraune eine zunehmende Entkopplung von Ideal und Realität, die diskursiv nur schwer wieder einzufangen erscheint. Der hier vorgenommene Versuch, praktische und wissenschaftliche, explizite und implizite Expertise zu vereinen, ist eine Gratwanderung, die im Idealfall Gräben überwindet, die Absturzkanten zumindest aber auch kenntlich macht – ohne hoffentlich anschließend darüber hinwegzustürzen.

Führung als generelles Phänomen sozialer Interaktion interessiert uns hier besonders in seiner systemischen Dimension, i.e. der Orientierung und Organisation von Ideen, Menschen, Prozessen und materialen Ressourcen auf bestimmte, gemeinschaftlich zu erreichende Ziele hin. Die dabei vollzogene „unmittelbare, zielbezogene Einflussnahme" (Neuberger, 1978, S. 273) ist eine spezifische Form des Verhaltens, geprägt durch persönliche Eigenschaften und Kompetenzen, modifiziert durch Normen und Einflüsse des sozialen Kollektivs, realisiert und evaluiert im konkreten ökonomischen und ökologischen Kontext der zu gestaltenden Situation. Die wechselseitige Bedingung und Beeinflussung dieser unterschiedlichen Aspekte und Perspektiven ist der Grund dafür, weshalb eine Definition, *was* Führung eigentlich ist bzw. *wie* Führung idealerweise sein soll, so schwierig erscheint. Vor eindimensionalen Führungstrainings, die ausschließlich auf persönliche Eigenschaften, Teamverhalten, Managementinstrumente etc. rekurrieren, sei deshalb an dieser Stelle schon einmal gewarnt. Stattdessen gilt es, die unterschiedlichen Standpunkte immer wieder neu zu spiegeln und aufeinander zu beziehen, wie in Abb. 1.1 dargestellt: Aus der Makro-Perspektive heraus reflektieren wir übergreifende Rahmenbedingungen und Effekte wie globale, soziale, ökonomische und technologische Trends. Auf der Meso-Ebene geht es um die spezifische Konstellation des Handlungsfeldes (einer Institution, Organisation oder eines sozialen bzw. betrieblichen Teilbereichs). Auf der Mikro-Ebene schließlich interessiert uns der Mensch in seinem Verhalten und konkreten Handeln, um über kollektive Impulse (i.e. Kommunikation

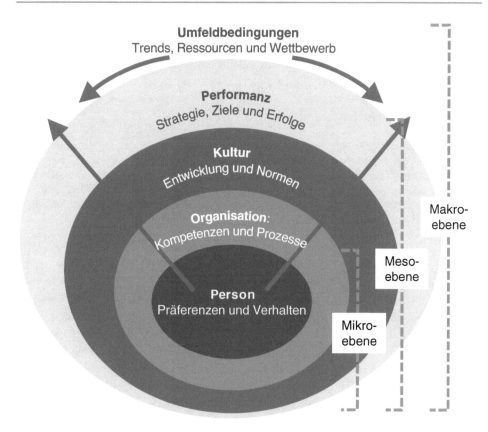

Abb. 1.1 Perspektiven sozialer Systeme

und Kooperation) Wirkung zu erzielen. Die Dimensionen zum Zweck der Analyse und Theoriebildung zu differenzieren sind, macht Sinn. Sie in der Praxis zu unterscheiden, nutzt aber nur dann, wenn ihre Komplementarität und ihr Ineinandergreifen als ein systemisches Ganzes zugleich auch berücksichtigt wird.

Als interaktionales Phänomen transzendiert Führung die Grenzen zwischen Person und Organisation, zwischen Sach- und Beziehungslogik, zwischen Verhalten und Effekt. In diesem permanenten Abgleich vollzieht sich die Abstraktion (nach „oben" bzw. nach „außen") der unmittelbaren Erfahrung sowie die Konkretisierung und Bedeutsamkeit des Wissens (nach „unten" bzw. nach „innen"), d. h. es findet Lernen statt. Umgekehrt ist ein lebenslanges, person- und organisationsübergreifendes Lernen die conditio sine qua eines – wenn auch nicht immer geplanten, so doch weitgehend reflektierten – Wandel des gesamten Systems. Führung schließlich liefert die erforderliche Veränderungsenergie, die passende Dosis an Druck oder Ermunterung, das Management der Ressourcen und Prozesse, eine passende Vermittlung und Integration der Ziele und, allen voraus, die Formulierung und Plausibilisierung einer inspirierenden Vision für den gemeinsamen Weg dorthin. Führung ohne Idee, ohne eine Art „Philosophie", reduziert sich auf bloßes

Machertum. Dies wäre kein Buch, ja nicht einmal ein Kapitel, vielleicht auch kaum mehr als diese Zeile wert. Führung als Idee jedoch inspiriert Menschen und Systeme, macht Zusammenleben und -arbeiten auf einer gemeinsamen Wertebasis bedeutsam – oder eben auch nicht. Über Führung zu sprechen, Führung zu erforschen und Führung zu praktizieren setzt einen gewissen Respekt, eine fundierte Auseinandersetzung und eine ganz persönliche Wertschätzung voraus:

> The appreciation of leadership, like the appreciation of music, art, or literature, is constructed on a foundation of knowledge and guided by a point of view. It is a way of engaging experience, a way of creating, elaborating, and embracing an aesthetic of experiences. It draws from the same human instincts and capabilities as the understanding of science, or the insights of poetry, or the truths of art and music, or the elaborations of expertise of any kind. (March & Weil, 2005, S. 6)

Führung ist ein allgemein menschliches und seiner empirischen wie theoretischen Vielfalt und Vielschichtigkeit entsprechend „eklektisches" Konzept (Neuberger, 2002, S. 2). – Was unterscheidet Menschen voneinander, wie legitimiert sich der Anspruch auf Autorität und Macht jenseits pekuniären Reichtums, Landbesitz oder vererbter Herrschaftsposition? Worin gründet Gefolgschaft jenseits politischen oder ökonomischen Zwangs? Was sind angeborene oder erlernte Führungseigenschaften und -qualifikationen, und wie sind diese verteilt? Was schließlich ist „gute" Führung, unter welchen Rahmenbedingungen findet diese statt und mit welchen Gelingensfaktoren ist sie im privaten, beruflichen oder öffentlichen Lebensvollzug verknüpft? Von der antiken Philosophie und frühen Soziologie wurden diese Fragen zuerst gestellt, heute kommt zumindest unter den Geistes- und Sozialwissenschaften kaum ein Fachbereich um diesen Topos mehr herum.

Als eine Art Leitdisziplin fokussiert die Organisationspsychologie, die sich seit ihrer Entstehung vor über 100 Jahren mit dem menschlichen Erleben und Verhalten im Kontext sozialer Systeme befasst, auf die besonderen Dispositionen, Verhaltensäußerungen und Rollenkonzepte des Führens und Geführtwerdens in Gruppen, Teams oder einer gesamten Organisation. Die sich selbst als „anwendungsorientiert" und „empirisch" verortende akademische Führungslehre (Rosenstiel, 1987, S. 16; Schuler, 1995, S. 2) entstand Anfang des 20. Jahrhunderts in einem historischen Umfeld, das durch einen absolutistischen Herrschafts- und Verwaltungsapparat und eine massive Verstädterung und Zunahme der Fabrikarbeit als Folge der Industrialisierung geprägt war. Dies führte zu einer vorrangig ökonomischen und politischen Mission: Auf der einen Seite ging es darum, die frühe Form der Industriearbeit optimal zu verwirklichen, d. h. die Wirtschaftlichkeit mittels funktionaler und effizienter Arbeitsabläufe und -prinzipien zu erhöhen wie z. B. die Zeit- und Bewegungsstudien oder die Trennung von Kopf- (Planung) und Handarbeit (Ausführung) nach den Untersuchungen von Frederic Taylor. Seit der Jahrhundertwende dann boomten sogenannte psychometrische Verfahren zur Feststellung der Eignung für Produktions- und Dienstleistungsberufe via Arbeitsproben, Intelligenz- und Persönlichkeitstests (Schuler, 1998, S. 15). Während hierbei

Führungspositionen gar nicht oder nicht wesentlich einbezogen waren, ergab sich eine Forschungslage aus den systematischen Erhebungen des Militärs. Die Beurteilungsprogramme für Offiziersanwärter in der Weimarer Republik und der britischen Armee oder die Auswahlverfahren für Agenten des US-amerikanischen Nachrichtendienstes nach dem zweiten Weltkrieg bilden eine – bis heute kaum modifizierte – Basis moderner Assessment-Center, die seit den 1970er Jahren zur qualifizierten Einschätzung und Prognose gegenwärtiger Führungskompetenz und zukünftigen Führungserfolgs eingesetzt werden (Schuler, 1998, S. 18).

1.1.2   Führung – Theorie und Praxis

> Indeed, the history of leadership research is known far more for its successive attempts at definition than its coherence. (Raelin, 2016, S. 5)

Die interdisziplinäre Führungsforschung, vornehmlich betriebs- und organisationswissenschaftlicher Provenienz, erzählt selbst eine Geschichte mit einer Themen- und Ereignisfolge, die ein gewisses Muster erkennen lässt: Nach einer ersten intensiven Auseinandersetzung mit den Eigenschaften einer Führungsperson bzw. -persönlichkeit folgten die Phase der Verhaltensorientierung, der Führungssituation und schließlich der Fokussierung auf die Beziehungskonstellation durch und zwischen den Beteiligten im Führungssystem. Bis heute bestehen diese – je nach Zählweise – vier, fünf oder mehr Entwicklungslinien nebeneinander, bauen aufeinander auf und bereichern aktuelle Zugänge, die den Schwerpunkt mal auf die Person, mal auf das Verhalten, mal auf das Umfeld oder die Interaktion stärker setzen (Steiger 2003, S. 48). Nicht jede historische Theorie ist sicherlich von Bedeutung für die aktuellen Herausforderungen der Führung. Angesichts der Komplexität gegenwärtiger und zukünftiger Bedingungen für ein erfolgreiches Führungs- und Organisationsverhalten und der mittlerweile konsentierten Prämisse, dass für diesen Wandel Führung die entscheidende Triebfeder ist (Felfe 2015, S. 5), vor allem aber auch zur dringend benötigten Einordnung älterer und neuerer Konzepte, werden die wichtigsten Zugänge in Abb. 1.2 dargestellt.

1.1.2.1   (Führungs-)Eigenschaften als Maßstab für Erfolg

> Timeless leadership is always about character, and it is always about authenticity, (…) finding and nurturing that authentic self is the one sure way of becoming a leader (Bennis, 2009, S. XXVII)

Gibt es die ideale Führungspersönlichkeit? Aus welchen Eigenschaften kann man auf eine spätere Passung und Eignung für Führungspositionen schließen? Wie unterscheiden sich erfolgreiche von nicht erfolgreichen Führenden, und worin genau liegt ihre besondere Durchsetzungsmacht und Akzeptanz? Was dabei ist angeboren, was wiederum erlernt? Die sogenannte Eigenschafts- (englisch: Trait-) Theorie der Führung greift

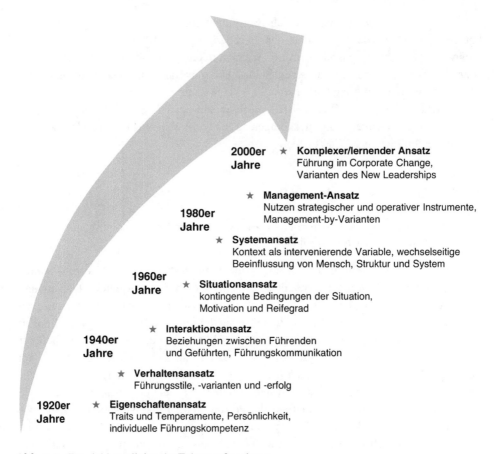

2000er ⋆ **Komplexer/lernender Ansatz**
Jahre   Führung im Corporate Change,
               Varianten des New Leaderships

            ⋆ **Management-Ansatz**
              Nutzen strategischer und operativer Instrumente,
1980er   Management-by-Varianten
Jahre
          ⋆ **Systemansatz**
            Kontext als intervenierende Variable, wechselseitige
            Beeinflussung von Mensch, Struktur und System

1960er
Jahre ⋆ **Situationsansatz**
            kontingente Bedingungen der Situation,
            Motivation und Reifegrad

        ⋆ **Interaktionsansatz**
1940er Beziehungen zwischen Führenden
Jahre und Geführten, Führungskommunikation

      ⋆ **Verhaltensansatz**
        Führungsstile, -varianten und -erfolg

1920er ⋆ **Eigenschaftenansatz**
Jahre   Traits und Temperamente, Persönlichkeit,
            individuelle Führungskompetenz

Abb. 1.2 Entwicklungslinien der Führungsforschung

ein Thema auf, das seit der Antike die Philosophen und auch die Mediziner bewegt. Wie kann man beschreiben, wie ein Mensch „tickt", und welche Kategorien können definiert werden, um diese Unterschiede voneinander abzugrenzen und zu erklären? Der griechische Arzt Galen (129–199 n. Chr.) übertrug das von seinem Landsmann Hippokrates (460–377 v. Chr.) formulierte Prinzip der vier Körpersäfte (humores) auf die menschliche Persönlichkeit und entwickelte so die bis heute bekannte und – wenn auch nicht mehr im wissenschaftlichen, so doch im täglichen Gebrauch weit verbreitete – ganzheitliche Lehre der Temperamente, wie in Abb. 1.3 dargestellt. Die jeweiligen Anteile sind von Mensch zu Mensch verschieden und Zeichen seiner Individualität, doch nur bei einem insgesamt ausgewogenen Verhältnis ist eine Person physisch und psychisch auch „in Balance", d. h. geistig und körperlich gesund (Eckardt, 2017, S. 12; Matthews et al., 2009, S. 9).

Eigenschaften sind „generalisierte Handlungstendenzen", die unser eigenes Verhalten und das Verhalten anderer quasi vorsteuern und Kohärenz verleihen, was bis zu

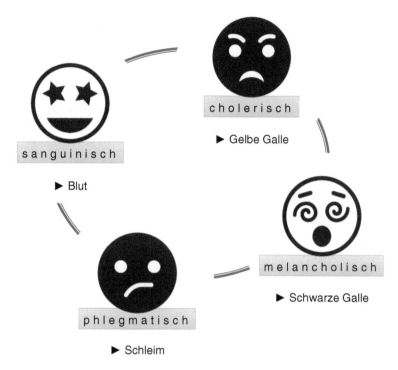

Abb. 1.3 Die vier Temperamente

einem gewissen Punkt auch die Vorhersage für ganz unterschiedliche Situationen und Zeitpunkte erlaubt (Zimbardo & Gerrig, 1999, S. 523). So werden wir eine für uns „ehrlich" erscheinende Person kaum als erste Verdächtige bei einem Diebstahl identifizieren oder „ängstlichen" Charakteren die Organisation eines Abenteuertrips antragen. In diesem Trugschluss offenbart sich die theoretische Schwäche des Konzepts: Von der Beschreibung und Klassifizierung zur Begründung und kausalen Verursachung von Verhalten ist es ein weiter Weg.

> Was dem Eigenschaftsansatz an analytischer Klarheit fehlt, macht er durch seine lange Tradition wett. (Neuberger, 2002, S. 227)

Eben weil er unser implizites Denken spiegelt und subjektive Befindlichkeiten fokussiert, ist der Ansatz so prominent wie umstritten zugleich. Den „jahrtausendealten Streit, ob der Lauf der Dinge mehr durch die einzelne Person oder die Gesellschaft bestimmt werde" (Neuberger, 2002, S. 223), entscheidet hier der Mensch. Gleichzeitig entspricht es einem natürlichen und alltäglichen Zugang zu Wissenschaft: Wir stolpern über eine Auffälligkeit oder vermeintliche Koinzidenz, machen uns dazu Gedanken, i.e. Hypothesen, und suchen dann nach einer verallgemeinerbaren Richtlinie, die es in der Theorie oder Empirie zu bestätigen und zu beweisen gilt. Der Schluss von Persönlichkeitsmerkmalen auf solche überdauernden, übergeordneten Zusammenhänge entspricht dieser Logik und prägt unser Menschsein schon deshalb, weil wir mittels Typisierungen und vereinfachende Kategorien uns selbst und unseren Erfahrungen in der Welt immer wieder prüfen, unsere Wahrnehmung daraufhin interpretieren – und am liebsten auch bestätigen.

Woher aber nehmen wir die Begriffe zur Bildung der späteren Typologien? Die Erkenntnis einer Persönlichkeit, so die These der ersten Trait-Psychologen, kann nur so weit gehen, wie unsere Sprache (als vorgelagerte Struktur und Konzept des kognitiven und psychischen Verstehens) reicht. Die prominenten Vertreter des sogenannten „lexikalischen Ansatzes" (Galton, 1884; Klages, 1926; Baumgarten, 1933; Allport & Odbert, 1936; Eysenck, 1947) haben deshalb schlicht die Wörterbücher ihrer Zeit auf persönlichkeitsbeschreibende Adjektive hin durchforstet und diese zur Basis ihrer Klassifikationen gemacht. Am bekanntesten und grundlegend für weitere Modelle und Untersuchungen sind die Arbeiten von Gordon Allport und Henry Odbert, die der Geschichte nach so auf knapp 18.000 Begriffe gestoßen sind, diese anschließend geclustert und in 4500 stabilen und logisch voneinander unterscheidbaren Merkmale zusammengefasst haben. In der Annahme, dass es schließlich eine Handvoll Dimensionen nur ist, die die Ausprägung einer Persönlichkeit bestimmen und anhand derer die jeweiligen Merkmale geordnet und typisiert werden können, nahmen Forscher wie Hans-Jürgen Eysenck weitere Reduzierungen vor. Zwischen den Polen „Extraversion" versus „Intraversion" und „Neurotizismus" versus „emotionale Stabilität" manifestiert sich nach seinem in Abb. 1.4 abgebildeten Modell sowohl der biologische als auch der psychologische Charakter einer Person.

Mit den Basisdimensionen „Extraversion" (als Neigung zur Geselligkeit, Optimismus und Kommunikation), „Offenheit" für Erfahrungen (als Neigung zur Wissbegierde, Aufgeschlossenheit und Interesse), „Gewissenhaftigkeit" (als Neigung zur Disziplin, Leistungsbereitschaft und Perfektion), „Verträglichkeit" (als Neigung zu Kooperation, Altruismus und Nachgiebigkeit) und „Neurotizismus" (als Neigung zu emotionaler Labilität, Verletzlichkeit und Ängstlichkeit) baut die mittlerweile als Standard der differentiellen Psychologie geltende „Big Five Taxonomie" (Costa & McCrae, 1992) auf der Eysenckschen Grundstruktur weiter auf. Auch die wichtigsten der heute in Trainings und Recruitings verwendeten Persönlichkeits- oder Präferenztests basieren auf diesen Grundkategorien, werten die üblicherweise mittels Fragebogen oder Interview erhobenen Ergebnisse faktorenanalytisch aus, skaliert auf Entwicklungsdimensionen wie beim Big-Five-Modell oder in Form von Typologien wie dem Myers-Briggs-Typenindikator (MBTI) dem DiSG-Modell oder dem Hermann Brain Dominance Instrument.

Persönlichkeitseigenschaften sind also universell und individuell zugleich: Universell sind sie hinsichtlich ihrer generalistischen, d. h. zeitlich überdauernden, situativ stabilen und theoretisch bei allen Menschen vorfindbaren Struktur. Individuell sind sie in ihrer besonderen Ausprägung, durch die sich eine Person von allen anderen deutlich zu differenzieren vermag (Neuberger, 2002, S. 226). Für Führungseigenschaften

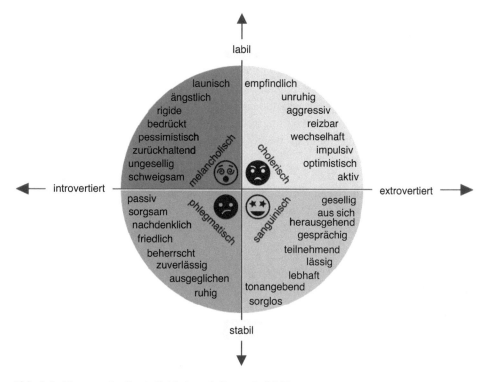

Abb. 1.4 Facetten der Persönlichkeit nach Eysenck (1947)

gilt logischerweise dasselbe – oder sollte es zumindest – dass nämlich generalistische Merkmale „guter" oder „erfolgreicher" Führung in ihrer Ausprägung bei spezifischen Akteuren besonders auffällig, nachvollziehbar und konsistent zu beobachten sind. Das Entkoppeln von einer konkreten Situation erweist sich allerdings im Führungskontext nahezu als Unmöglichkeit: Wenn beispielsweise die Befähigung oder Entwicklung der Mitarbeitenden im Vordergrund steht, sind vielleicht Eigenschaften wie „Empathie", „Unterstützung" oder „Aufmerksamkeit" von Belang. Geht es um repräsentative Aspekte oder eine kritische Entscheidungssituation sind eher Charakteristika wie „Selbstvertrauen", „Weitsicht" oder „Analytische Klarheit" relevant.

Nach der Eigenschaftentheorie ist Führungserfolg die Konsequenz eines typischen Verhaltens, das eine Person aufgrund ihrer angeborenen oder im Laufe ihres Lebens entwickelten Charakteristik in einer Situation von sich offenbart. Umgekehrt kann aus der positiven Bewältigung führungstypischer Situationen auf den Wert bestimmter Merkmale geschlossen werden. Von ökonomischen Kriterien wie Gewinn oder einer geringen Mitarbeiterfluktuation einmal abgesehen, ist Führungserfolg ein vorrangig normatives Phänomen, das sich aus den Erwartungen der Geführten und der Führenden in einem bestimmten sozio-kulturellen Kontext (Unternehmenskultur, Führungsmoden und -trends etc.) immer wieder neu konstituiert. Sind es also manifeste Eigenschaften charismatischer und durchsetzungsstarker „great" women oder men, die ihren Verhaltenserfolg in wechselseitigen Kontexten determinieren oder bloße Zuschreibungen („Attribuierungen"), die als Erwartungen durch die Geführten an sie herangetragen bzw. ihnen oder den Effekten post hoc zugewiesen werden? Gibt es einen One-for-all-Typus des Führens, der für wirklich alle Situationen taugt? Wie verändern sich diese Merkmale mit zunehmender Lebens- und Führungserfahrung, und wer bestimmt, welche gerade en vogue sind oder nicht? Sind es womöglich gerade die Misserfolge und kritischen Herausforderungen, an denen sich gute Führung entscheidet und nicht die Erfolgssituationen, um Führung wirklich besser zu machen? Oder sind Führungseigenschaften immer nur dann relevant, wenn die Kompetenzen der Gruppe zu schwach oder zu diffus erscheinen (Quaquebeke et al., 2014, S. 194)? Ganz offensichtlich drehen wir uns hier im Kreis.

> To avoid circularity, it is essential to seek to identify the underlying physiological, psychological and social bases of traits, which are the true causal influences of behavior. (Matthews et al., 2009, S. 4)

Differenz- und eigenschaftstheoretische Ansätze prägen die Führungslehre bis heute. Und ganz natürlich setzen wir auch unsere – positiv oder negativ – erlebten, direkten oder indirekten Erfahrungen zu unserem impliziten Konzept von Führung, i.e. einem unbewusst ablaufenden Eignungs-Check zwischen Person und Position, ständig in Bezug.

> Of course, the varied personalities of historical transformational leaders (compare Gandhi and Churchill, for example) imply leaders may possess a variety of personality attributes. (Matthews et al., 2009, S. 404)

Die moderne Diskussion über Führungsmodi und -eigenschaften ist nicht leiser, jedoch differenzierter geworden. Gerade im Kontext des „New Leadership" wird ein klarer Fokus auf einen – je nach Konzept – agilen, resilienten, verantwortungsvollen, empathischen, dienenden, emotionalen, inspirierenden, digitalen etc. Leader gesetzt. Dass hierunter auch Führungsfrauen, Female Leaders, weibliche Mandatsträgerinnen, Managerinnen o.ä. ganz selbstverständlich subsummiert werden, liegt lexikalisch wie empirisch jedoch noch in der Ferne.

1.1.2.2 Führung im (Verhaltens-)Quadrat

Führung ist kein Selbstzweck. Schon deshalb musste sich der Blick der Forschung weg vom „Sein" hin zur „Aktion" orientieren, und zwar zu einem intentionalen Verhalten, das der jeweiligen Gemeinschaft, Institution oder Organisation zu einem gezielt und geplant besseren Ergebnis verhilft. Der intensiven Auseinandersetzung weniger mit dem, was Führende sind, sondern eher damit, was sie tun, wie sie sich wem gegenüber verhalten und in welchen Intentionen und Effekten dieses sich vollzieht, geht ein

Perspektiven-, ja Paradigmenwechsel voraus, von einer behavioristischen Logik, die die Geführten im Sinne einer „black box" quasi übersieht, hin zu einem interaktionistischen Ansatz, der das Erleben der Geführten fokussiert und ihre Beziehung zu den Führenden thematisiert. Der Geschichte nach haben die unter Leitung von Elton Mayo und seinem Team von 1927 bis 1932 erfolgten Untersuchungen der Hawthorne-Werke der Chicagoer Western Electric Company diesen Wandel angestoßen oder zumindest mit provoziert. Die später als sogenannte *Hawthorne-Studien* publizierten Ergebnisse (Roethlisberger & Dickson, 1939) beinhalten, dass nicht materiale Verbesserungen und Ressourcen (wie ein stärkeres und gezielteres Licht am Arbeitsplatz) ursächlich für eine beobachtete Leistungssteigerung sind, sondern vielmehr psychologische Aspekte wie eine höhere Wertschätzung, die Qualität informeller Beziehungen oder schlicht das Be(ob) achtetwerden in der konkreten Situation. Mittlerweile ist klar, dass die Validität des Vorgehens zu kritisieren und die Effekte deutlich weniger eindeutig zu formulieren sind, zumal die Karriere des „Hawthorne-Effekts" post hoc eine gewisse Eigendynamik erfuhr (Lück, 2009). Der „wahre" Kern der Erzählung jedenfalls liegt in der zeitlichen und thematischen Korrelation mit dem, was man, ebenfalls im Nachhinein, als „humanistische Wende" postuliert: weg vom „homo oeconomicus" und hin zum „social man", der nicht gleich einer immer im selben Rhythmus agierenden Maschine rational zu steuern, sondern hinsichtlich seiner Bedürfnisse und Motivation auch emotional als Partner für ein erfolgreiches (Führungs-)Verhalten zu berücksichtigen ist (Rosenstiel, 1987, S. 6).

Die über das, *was* jemand tut, hinaus gehende Frage, *wie* und *mit wem* er dabei agiert, nimmt das Thema der Verhaltensstile in den Blick. Die verhaltensorientierten Forschungen haben früh ein Set typisierter Führungsstile und -rollen hervorgebracht, die bis heute in der Aus- und Weiterbildung von Führungskräften, aber auch der Organisationsentwicklung und schließlich im alltäglichen Sprachgebrauch eine Rolle spielen (Scheidlinger, 1994). Allen voran waren es die Arbeiten von Kurt Lewin, Ronald Lippitt und Ralph White, die ein autoritäres von einem demokratischen und einem Laissez-faire-Verhalten voneinander unterschieden und in ihren gruppendynamischen Effekten beschrieben haben (Lewin et al., 1939).

1.1.2.2.1 Verhalten als Korridor

Wäre es vermessen zu sagen, dass alle weiteren Forschungsergebnisse sicherlich die Vielfalt der Varianten erhöht, an einer grundlegenden zweidimensionalen Denkstruktur jedoch nicht gerüttelt haben? Die Einordnung unseres eigenen und eines fremden (Führungs-)Verhaltens nach den Dimensionen Mensch versus Organisation, Aufgabe versus Mitarbeiter, Leistungs- versus Beziehungsorientierung, transaktional versus transformational etc. ist bis heute jedem vertraut und gleichsam unbestechlich in der Möglichkeit, die jeweiligen Erscheinungsformen unserer persönlichen Präferenz nach in „richtig" oder „falsch", „gut" oder „böse" auch zu klassifizieren. In ihrem sogenannten „Managerial grid" („Verhaltensgitter") spannen Robert Blake und Jane Mouton (1964) die Optionen für das Führungshandeln zwischen den Achsen „Concern for production" und „Concern for people" entsprechend auf. Der jeweilige Höchstwert auf diesen Achsen (bei einer Vernachlässigung der jeweils anderen Dimension) resultiert in einer extrem autoritären („Produce or perish") versus extrem laissez-fairen („Country club-") Organisation, die sich weder in der einen noch der anderen Richtung deutlich positioniert. Polarisierung schlägt Balance, denn ein Management in der „Middle oft he road" bildet zwar den optischen Mittelpunkt des Modells, jedoch nur als bester Kompromiss, in welchem „neither production nor people needs are fully met" (Taucean et al., 2016, S. 69). Als optimal dagegen gilt ein jeweils maximales „Sowohl-als-auch" mit dem sogenannten „Team Management"-Stil, der nicht nur eine herausragende Führungskompetenz, sondern auch einen entsprechenden Reifegrad von Mitarbeitenden und Organisation zur Voraussetzung hat. Die Prämisse dabei ist ein Mix aus „Cooperation" und „Coorientation", d. h. ein ideales Maß an selbstbestimmter und selbstbewusster Mitwirkung und ein gemeinsames Verständnis der Werte und Ziele, der neudeutsch als „Purpose" bezeichneten Richtung und Sinngebung der Organisation.

> When employees are committed to, and have a stake in the organization's success, their needs and production needs coincide. (Taucean et al., 2016, S. 69)

Kritisiert als ein „eingängig gestyltes Designer-Modell, das insbesondere im Trainings-bereich große Resonanz gefunden hat", ist das Verhaltensgitter so umstritten wie populär zugleich. Selbst die in den 1980er und 1990er Jahren aufkommende Mode der „Management-by-" Prinzipien (objectives, exception, delegation, wandering around etc.) oder das Rollenspiel von „Leadern" versus „Managern" lässt sich unmittelbar in das Raster integrieren (Neuberger, 2002, S. 513; S. 675). Ob sie nun theoretisch valide und praktisch nutzbar sind oder nicht – die Vielfalt der erweiterten und veränderten Fassungen und eben ihre enorme Popularität haben Spuren hinterlassen: Ein Blick in die Stellenanzeigen für Führungspositionen beispielsweise zeugt ebenso davon, wie die Selbst- und Fremdbeschreibung von Führungskräften oder die Codizes und Leitbilder, die in Führung und Organisation erarbeitet werden.

Moderne Konzepte setzen die bipolare Logik zu einer dritten Dimension, der „Nicht-Führung" in Bezug. Der Versuch, alle möglichen Versionen des Führungsverhaltens in einem „Full Range of Leadership Model" (FRLM) abzubilden und zu strukturieren, erinnert jedoch stark an das Lewin'sche Konzept, was nicht gegen den neuen, aber für den alten Ansatz spricht: Bruce Avolio und Bernard Bass (1991) grenzen dabei einen tendenziell sach- und zielorientierten „transaktionalen" von einem tendenziell werte- und beziehungsorientierten „transformationalen" gegenüber einem quasi inaktiven, Führung weitgehend vermeidenden „laissez-faire-" Stil voneinander ab. Es gilt als gegenwärtig bedeutsamstes und einflussreichstes Führungsmodell (Furtner & Baldegger, 2013, S. 131). Neben der differenzierten Beschreibung der Dimensionen als Kontinuum von einem aktiven und effektiven zu einem inaktiven und ineffektiven Verhalten hin, unter-scheidet es sich von seinen historischen Vorläufern vor allem durch die methodische Qualität des Erhebungsverfahren. Der dazu entwickelte „Multifactor Leadership Questionnaire" (MLP) ist ein umfassendes und valides Instrument, das in immer wieder revidierten Versionen bis heute eingesetzt wird (Felfe, 2006; Felfe & Goihl, 2014). Ein weiterer Effekt des Modells liegt in einem bis heute andauernden Siegeszug des transformationalen Modus als einer visionären und charismatischen (eigenschafts-basierten) Einflussnahme und der bislang wohl einzigen Verhaltensvariante, die auf Lernen und Veränderung hin ausgerichtet ist. (Furtner, 2016, S. 2).

1.1.2.2.2 Verhalten als Multiplikationseffekt

Ganz gleich, wie viele Wege und Varianten von Führungsstilen denk- und darstellbar sind, bleibt dieses doch im Kern immer kommunikatives Verhalten, i.e. ein irgendwie aufeinander Bezogensein von Menschen in einem sozialen System. Was wir tun, ist stets eine Konsequenz unserer persönlichen Eigenschaften, unserer bisherigen Lernprozesse und Erfahrungen, unserer Werte und Erwartungen im Hinblick auf die konkreten Mit-spieler, Ressourcen und Bedingungsfaktoren der besonderen Situation. Führung ist ledig-lich eine spezifische Variante davon.

> Although psychologists have difficulties in agreeing on what leadership really is, the general public seems to have little trouble with the term. (Offermann et al., 1994, S. 44)

Verhalten ist zwar alltäglich, aber niemals banal. Vor allem dann, wenn wir mit unserem Verhalten etwas Konkretes erreichen wollen, auf ein bestimmtes Ziel hin orientiert sind und einen bestimmten Wirkungshorizont vor Augen haben, sollten wir uns entsprechend vorbereiten. In seinem „Verhaltensquadrat" (vgl. Abb. 1.5) hat der Organisationspsycho-loge Lutz von Rosenstiel den dabei zu berücksichtigenden elementaren Wirkungs-zusammenhang modelliert (Comelli & Rosenstiel, 2011, S. 3; Comelli et al., 2014, S. 3).

Das theoretische Modell ist ob seiner Explizitheit und Einfachheit absolut alltagstaug-lich: Verhalten ergibt sich als ein – psychologisch, nicht mathematisch zu ermittelnder

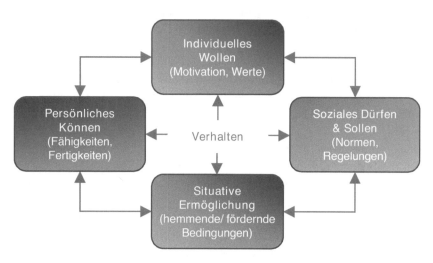

Abb. 1.5 Verhaltensquadrat nach Comelli & Rosenstiel (2011)

– Multiplikationseffekt. Je mehr und je besser die vier Bedingungen als Antezedens erfüllt sind, desto effektiver ist Zusammenhang. Umgekehrt gilt aber auch: Immer, wenn eine geplante Zusammenarbeit, ein strukturierter Prozess oder ein intendiertes Handeln schwierig anmuten oder nicht so funktionieren wie geplant, kann dies so aufgeschlüsselt werden:

- Fehlte es am *Können,* i.e. dem bei den richtigen Personen zur Verfügung stehenden Wissen und Können, der notwendigen Erfahrung und Qualifikation?
- Fehlte es am *Wollen,* i.e. der Berücksichtigung individueller Wünsche, Motive und Bedürfnisse sowie der Zielklarheit hinsichtlich Richtung, Dauer und Intensität?
- Fehlte es am *Dürfen,* i.e. einem gemeinsamen Verständnis über Richtiges und Falsches, Wichtiges und Dringliches und einer formulierten Verantwortung?
- Fehlte es an *situativer Unterstützung,* i.e. den nötigen Spielräumen, materiellen und immateriellen Ressourcen, um im Plan zu agieren?

Die Fragen unterstützen nicht nur bei der Analyse post hoc, sondern auch bei der Vorbereitung jeglicher individuellen Aktion oder sozialen Kooperation. Wichtig dabei ist es, die Balance im Blick zu halten. Denn weder ein Zuviel noch ein Zuwenig der einzelnen Aspekte ist jeweils zuträglich: So wie eine zu geringe Qualifikation zum Scheitern führt, resultiert eine Überqualifikation neben einem Verschwenden von Talent in einem vielleicht noch höher zu bewerten Verlust an Interesse und Engagement. Dass sowohl eine zu große als auch eine zu geringe Motivation nicht zu den gewünschten Leistungseffekten führt, besagt die „Yerkes-Dodson-Regel" (1908), nach der ein mittleres Aktivierungsniveau als ideales Maß zwischen Trägheit und Nervosität die besten Resultate im Handeln erzielt. Während ein Zuviel an Regeln und Vorgaben die Freude am selbständigen Handeln erstickt, resultieren im gegenteiligen Fall Chaos oder Unsicherheit. Zu viele Steine im Weg machen uns ebenso müde wie eine Überbehütung, die lähmt oder – man kennt das aus der Erziehung – einen auf das Gegenteil gerichteten (Wut-) Ausbruch evoziert.

1.1.2.3 Die Gunst der Stunde? Führung als situatives Konzept

Dass Eigenschaften in Verhalten resultieren und Verhalten immer im Zusammenspiel von Person und Situation entsteht, relativiert und relativierte die vorangegangenen Konzepte im Hinblick auf die Unwägbarkeiten der Variablen Mensch und Situation. Welche Kompetenz, Anspruch und Erfahrung bringen jeweils Führende und Geführte mit? Wie klar sind die Bedingungen und Reichweiten des Handelns in der konkreten Situation, welche unbekannten Einflussfaktoren und -personen wirken dabei mit? Während tendenziell hierarchisch strukturierte Systeme mit eher autoritären oder patriarchalischen Stilen harmonieren, vor allem wenn es um klar strukturierte Aufgaben und Arbeitspakete geht, benötigen team- und partizipationsorientierte Verfahren mit einer höheren Selbstorganisation ganz sicher eine demokratischere und aktivierende Form des Managements. Ein bestimmter Stil kann also nur wirksam sein, wenn er zur eigenen Person, zu den Erwartungen der Geführten sowie den Bedingungen der zu erfüllenden Aufgabe im konkreten systemischen Kontext passt. Die Vielfalt dieser intervenierenden Variablen erweist sich in der theoretischen Modellierung ebenso wie in der praktischen Umsetzung jedoch als schwer kalkulierbar, zufällig und höchst komplex. Nach eben dieser „Kontingenz" ist deshalb erste und wichtigste Modell der in den 1960 entstandenen „situativen Ansätze" benannt (Fiedler, 1967). Das Ziel ist es, „Merkmale des Führenden und Merkmale der Situation (…) systematisch zu erfassen, in Interaktion zu setzen und als abhängige Variable die Leistung der Gruppe vorherzusagen." (Rosenstiel, 1987, S. 273) Während Fiedler noch davon ausging, die Situation an das Verhalten anzupassen, stellten spätere Modelle die Flexibilität des Verhaltens in den Vordergrund, um zunächst einmal herauszufinden, welche Art und Führung in welcher Form am besten wirkt (i.e. eine Art dritte Verhaltens-Dimension). In ihrem sogenannten „Reifegrad-Modell" stellten Paul Hersey und Ken Blanchard (1969) dar, wie diese Abstimmung idealerweise gelingt. Je nach Fähigkeit und Motivation der Mitarbeiter ist es danach ratsamer, mehr oder weniger beziehungs- bzw. aufgabenorientiert zu agieren, den Grad der übertragenen Verantwortung und Partizipation zu variieren und mittels offener Argumentation oder klaren Anweisungen zu kommunizieren. Generell gilt, dass mit steigendem Reifegrad, i.e. einer gleichzeitig hohen Kompetenz und Motivation die Aufgabenorientierung zugunsten eines beziehungsorientierten Miteinanders zu reduzieren ist.

Die situativen Ansätze stehen vor allen darin in der Kritik, dass sie noch immer einen starken Fokus auf die Führungspersonen setzen, die hier in einer Art „Je nachdem" oder „Anything goes" agieren, indem sie sich auf die situative Komplexität quasi herausreden. Vor diesem Hintergrund gilt das Konzept als gescheitert:

> Was an der situativen Führungstheorie richtig ist, ist Plattitüde oder Tautologie. Was an ihr neu ist, ist gefährlich. Sie tut so, als ob Vorgesetzte an der Situation unschuldig seien und nur auf sie reagieren können. Wenn sie daran glauben, greift das Andorra-Phänomen: Sie werden zu dem, wofür sie sich halten. (Neuberger, 2002, S. 523)

Im Spiegel moderner kompetenzorientierter und strategischer Ansätze offenbaren die situativen und Reifegradmodelle jedoch eine neue Nützlichkeit. Der Schlüssel liegt in einer strukturierten Information über die als kritisch bezeichnete Situation, die verfügbaren Ressourcen und die Stärken und Schwächen des jeweiligen Teams. Ein erster Gewinn liegt bereits in diesem „Big Picture", das die unterschiedlichen Determinanten in ihrer Wechselwirkung beschreibt. Der zweite Schritt liegt in einer möglichst umfassenden und systematischen Gewinnung offener und verdeckter, formaler und informeller Hintergründe: Welche Ziele und Absichten sind bekannt, welche latenten Macht- und Beziehungsstrukturen sind zu beachten, welche Erfahrungen und Kompetenzen müssen berücksichtigt werden? Für die Analyse interner und externer Wirkfaktoren des Führungsfeldes liegen probate Instrumente (wie die klassische SWOT- (Stärken-/Schwächen-/Chancen-/Gefahren-)Analyse oder personale und organisationale Kompetenzkataloge vor. Darin darf sich Führung nicht erschließen, wohl aber darauf stützen, um die Logiken des Verhaltens im situativen Kontext zu erkennen und zu nutzen, vor allem aber über die jeweilige persönliche Mission hinaus ein Prinzip der Machbarkeit zu akzeptieren und umzusetzen.

1.1.2.4 Der Weg als Ziel – (New) Leadership als kollaborativer Prozess

> In conceiving of leadership as a practice, we are primarily concerned with how leadership emerges and unfolds through day-to-day experiences such that its material and social conditions are thought to constitute leadership rather than to predict it. (Raelin, 2016, S. 6)

Führung als praktiziertes kommunikatives Handeln ist kein Ziel, sondern der Weg, den es immer wieder zu reflektieren, zu orientieren, zu pflastern und gemeinschaftlich gut zu bewältigen gilt. In der Quersumme der Ansätze erschließt sich Führung als ein an bestimmten Idealen, Werten und Zielvorstellungen orientierter interaktiver und kollaborativer Prozess. Die Konzeption von Führungserfolg in dem, was durch die Wechselbeziehung und Wechselwirkung zwischen den Handlungen und ihren Wirkungen sowie zwischen den internen und externen Akteuren selbst geschieht, rekurriert auf ein grundlegendes Verständnis von Kommunikation:

> Wo immer zwei oder mehr Individuen sich zueinander verhalten, sei es im Gespräch, in Verhandlungen, in Spiel oder Streit, in Liebe oder Haß (!), sei es um einer Sache oder um ihrer selbst willen, sprechen wir von sozialen Interaktionen oder zwischenmenschlicher Kommunikation. (Graumann, 1972, S. 1109)

Führung ist ein Spezialfall sozialer Kommunikation, der die jeweils Beteiligten, das System und sein Umfeld immer wieder neu zueinander koordiniert. Die hierfür grundlegenden Modi sind – nach aktuellem Erkenntnisstand – Austausch und Entwicklung, i.e. „Transaktion" und „Transformation". Die Gestaltung dieser Transaktionen und Transformationen wird seit den späten 1980er Jahren vor einem systemischen Hintergrund skizziert. Die Strukturen, Prozesse und auch Mitglieder einer Organisation werden dabei ein vernetztes dynamisches Handlungsfeld betrachtet, das in der linearen Kausalität primär behavioristisch geprägter Verhaltensansätze nicht mehr begriffen werden kann. Das Verhalten ändert sich durch und mit dem System, im Zusammenspiel seiner Ebenen und Elemente und trägt zu einer permanenten Veränderung des Ganzen bei. Wo und durch wen genau jeweils der Auslöser oder die Wirkung entsteht, ist nicht immer nachvollziehbar. Jede Intervention aber setzt einen Impuls – und jeder Impuls wirkt als eine Intervention: Nicht das geplante Sosein als perfektes Ergebnis steht dabei im Vordergrund, sondern der kollektive Entwicklungsprozess in und durch das Problem. Denn: „Die Lösung lauert überall" (O'Connor & McDermott, 1998).

In diesem ganzheitlichen Veränderungs-Paradigma (das wir später beispielsweise als VUCA-Welt qualifizieren) sind die Führungsansätze und -konzepte zu verorten, die unter dem Begriff des *New Leaderships* zusammengefasst sind (Avolio et al., 2009b, S. 430). Sie verbindet ein Schwerpunkt auf die Kommunikation als ein – je nach Fokus – symbolischer, emotionaler, positiver, wert-/eorientierter, visionärer, inspirierender, adaptiver, befähigender, dienender, coachender, authentischer, charismatischer etc.

Modus des Verhaltens und zugleich die Enttäuschung über die weitgehende Sprachlosigkeit der Führungstheorie bei einer gleichzeitigen Inflation „moderner", „digitaler", „agiler" etc. Führungs"philosphien" „4.0".

> Out of this pessimism emerged a number of alternative approaches, which share some common features (…) collectively referred to as the new leadership. (Bryman, 1992, S. 21)

Die neueren Ansätze eint der Versuch, den Herausforderungen einer wissens- bzw. datenbasierten Ökonomie durch einerseits visionäre, andererseits integrierende Formen des Führens gerecht zu werden. Sie unterscheiden sich lediglich in ihrer Schwerpunktsetzung, mal stärker von der Person, mal stärker vom System her agierend, mal deutlicher auf Balance, mal fokussierter auf Dynamik hin orientiert. Abb. 1.6 unternimmt den Versuch einer Einordnung. Für alle aber gilt: Moderne Führung besteht in Theorie wie in der Praxis genau darin, i.e. einer permanenten Reflexion und Verortung in diesem Spannungsfeld auf Zeit.

Das „neue" Führungshandeln – und das ist wirklich eine Innovation – ist nicht zwingend an Personen oder Organisationen gebunden. Damit Führung stattfindet, wirken

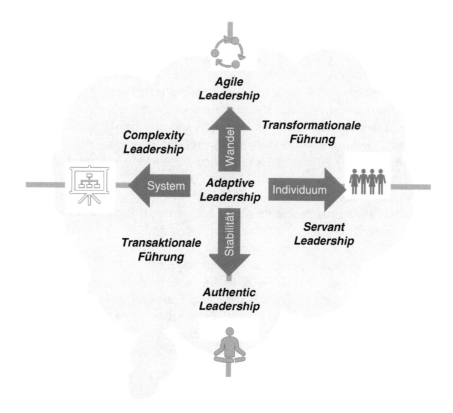

Abb. 1.6 Dynamik und Schwerpunkte des New Leaderships

Führungs*kräfte* in Form einer inspirierenden Idee, eines zielorientierten Impulses oder einer anderen geplanten Intervention, die auch kollektiv in verteilten Rollen, durch ein „laterales", „shared" oder „distributed" Leadership, auf analogem oder digitalem Weg kommuniziert und koordiniert werden kann. *Laterale Führung* reduziert die personale Führungsposition und -verantwortung weitgehend zugunsten eines gemeinsamen Dienstes an der Beziehungsqualität und Prozesslogik des Systems. Führung findet damit weniger im Zentrum des Geschehens, denn an den möglicherweise konfligierenden Schnittstellen oder diffusen Rändern im Team- und Organisations prozess statt (Hofert, 2019, S. 40). *Shared Leadership* verweist auf die Potenziale selbstorganisierter Teams und etabliert Führung damit weitgehend als eine dezentrale Funktion und Position (Pearce & Conger, 2003, S. XI). Dass hierfür auch der Rahmen einer gewissen Offenheit und Flexibilität bedarf, i.e. die Organisation sich mittels möglichst hierarchiefreier Kommunikation und Kooperation in mehr oder weniger offenen Netzwerken konstituiert, ist eine strukturelle wie mentale Voraussetzung. *Distributed Leadership* indes geht noch einen Schritt über die Verteilung von Aufgaben und Verantwortlichkeiten hinaus:

> From a distributed perspective, it is the collective interactions among leaders, followers, and their situation that are paramount. The situation of leadership isn't just the context within leadership practice unfolds; it is a defining element of leadership practice. (Spillane, 2006, S. 4)

New Leadership zielt primär darauf, die Optionen des Führungshandelns in einem System zu identifizieren, zu inspirieren und auf eine optimale Performance hin zu transformieren. Führung wird damit nicht beliebig und komplett unabhängig von einer personalen Verantwortung oder einem organisationalen Setting praktiziert. Es wird aber sehr viel deutlicher auf bewusste Entscheidungen und eine proaktive Kommunikation zurückzuführen sein, wieviel Selbst- oder Fremdorganisation, wieviel Dynamik oder Stabilität, wieviel Inspiration oder Delegation o.ä. im jeweiligen Spannungsfeld des Handelns sinnvoll und machbar sind. „Gute" bzw. „erfolgreiche" Führung schließlich entsteht als Quersumme dieser individuellen und kollektiven Aktion. Dies zu beschreiben ist vermutlich leichter als es auch zu tun: Selbst, wenn wir ein wie auch immer etikettiertes New Leadership übereinstimmend als ein interaktionales und dynamisches Phänomen begreifen, machen wir unsere konkreten Erfahrungen doch stets an einzelnen Menschen fest, die mal als Führende, mal als Geführte dabei agieren. Darin liegt das Dilemma der vielversprechenden Ansätze, die von der Abstraktion zur konkreten Erfahrung erst reifen müssen, unserem gewohnten Denken und Handeln schlicht (noch) widersprechen, zumal ein *ver-* oder *ge*teiltes Verständnis von Führung die individuelle Führungsrolle ja nicht überflüssig macht, sondern nur umdeutet und immer wieder neu im gemeinschaftlichen Wirkungskontext formiert.

1.2   Die Wendepunkte: Entscheidung und Kommunikation

> So viel ist gewiß (!): die Novelle bedarf entscheidender Wendepunkte, so daß (!) die Haupt-
> massen der Geschichte deutlich in die Augen fallen (Schlegel, 1884, S. 245)

Führung als Chance auf ein besseres, zielorientiertes kollaboratives Handeln (Raelin,
2016, S. 16) bedeutet, wie dargestellt, die organisationale Geschichte der Entwicklung
und Veränderung immer wieder um- und unter den jeweiligen Bedingungen fortzu-
schreiben. Dieser Idee folgend, muss der rote Faden weitergewirkt, alle Beteiligten
daran gekoppelt werden sowie die Richtung und der Rahmen des Geschehens vermittelt werden. In diesen „Knoten" und „Bahnen" liegen – bildlich gesprochen, die
wichtigsten Mittel und Maßgrößen von Führung, i.e. Entscheidung und Kommunikation.
Sie sind deshalb so bedeutsam, weil sowohl ein Zuviel als auch ein Zuwenig davon die
Akzeptanz und Wirksamkeit von Führung maßgeblich beeinflussen und weil sie im
Kern nicht delegierbar sind: Ganz gleich, wie viele jeweils an den Prozessen beteiligt
sind, verbleibt die Frage, ob und wann ein Richtungswechsel oder Einhalt geboten ist,
ob und inwieweit Informationen dazu zu teilen sind, selbst in hierarchiearmen oder
-freien Systemen quasi als letztes Hoheitsgebiet. Die der Literaturwissenschaft ent-
lehnte Metapher der Wendepunkte scheint daher im doppelten Sinne adäquat: Führung
muss die „Tipping Points" der internen und externen sozialen, ökonomischen, technologischen und ökologischen Dynamik antizipieren und in einem transparenten Prozess
markieren. Zugleich können diese Wendepunkte im Sinne der eigenen Erfolgsgeschichte
bewusst mit positioniert und aktiviert werden, indem Führungsentscheidungen und
-kommunikation als wirkmächtige Werkzeuge erkannt und eingesetzt werden.

1.2.1   Entscheidungen – Haltestellen und Wegweiser im Prozess

> Effective decision making is an essential although often less visible foundation of leader-
> ship. (Useem, 2004, S. 317)

In Flussdiagrammen und Prozesscharts symbolisiert eine Raute die Entscheidungs-
funktion, aus der heraus der Weg entweder in alternative, neue Richtungen oder zurück
zur Formulierung der Prämissen für den eingeschlagenen Weg jeweils führt. Die Ent-
scheidungspunkte bestechen durch ihre Eindeutigkeit: Die binäre Logik eines „Ja oder
Neins", eines „Entweder-Oders" lässt keine Lösung dazwischen oder darüber hinaus
mehr zu. Diese Klarheit darf nicht verwechselt werden mit dem Diktum der Rationalität, das insbesondere die betriebswirtschaftlich orientierte Entscheidungslehre lange Zeit
dominiert hat. Ginge es – rein rational – bei Führungsentscheidungen ausschließlich
darum, aus jeweils „gutem" Grund rechtzeitig das Richtige zu tun, offenbart sich die
tägliche Praxis eher im Umkehrschluss: „Individuen und Organisationen müssen Wege
finden, um Dinge zu tun, für die sie keine guten Gründe haben" (March, 1990, S. 288)

und sind die vielleicht meiste Zeit damit beschäftigt, Gründe zu finden, um die dann eingeschlagenen Wege post hoc zu plausibilisieren und weiter durchzusetzen.

Die Wissenschaft spiegelt diese Differenz zwischen Plan und Ist im normativen oder
präskriptiven versus deskriptiven Modus der Entscheidungstheorie. Kurz zusammengefasst, fokussieren normative Ansätze auf mathematische oder psychologische Regeln
und einen idealen Prozess, während deskriptive Varianten beschreiben, „how people
actually think" (Over, 2004, S. 3). Der Nutzen der normativen Modelle liegt in ihrem
instrumentellen Verständnis von Rationalität und eben auch Führungs- oder Entscheidungsverhalten, erscheint allerdings auch gerade in und durch diese Herangehensweise als tendenziell beschränkt. Was unter den Puristen rationaler Entscheidungslehre
nach wie vor als richtig gilt, i.e. die Kriterien der Berechenbarkeit, Nützlichkeit,
Strukturiertheit und Wahrscheinlichkeit, erweist sich in der Wirklichkeit des Ent-
scheidens zumindest als kurzsichtig oder gar unseriös. Dabei geht es nicht um eine
Preisgabe jeglicher Analytik und Probabilistik im Führungs- und Entscheidungsprozess.
Das Ziel ist vielmehr eine bessere, weil wahrhaftigere Beschreibung der wirkenden
Dynamiken mit einem maximal „guten", seltener „richtigen" Effekt. Die neu (erkannten)
Faktoren lauten „Unsicherheit", „Intuition" und „Kontingenz". In der sogenannten
„verhaltensorientierten" Ökonomie und Psychologie sind die Pole der traditionellen
Konzepte im gemeinsamen Begründungszusammenhang einer „begrenzten" (bzw.
„selektiven" oder auch „einfachen") Rationalität (Gigerenzer, 2004, S. 62; 65), die sich
doch nicht verkleinert um die Dimension der Intuition gar erweitert hat, integriert.

> When optimal solutions are out of reach, we are not paralyzed to inaction or doomed to
> failure. We can use heuristics to discover good solutions. (Gigerenzer, 2004, S. 63)

Das Rechnen mit dem Unberechenbaren oder die Zuschaltung des „schnellen" Denkens
aus dem „Bauch" heraus gegenüber den langsameren und komplexeren Konstruktionen
aus dem „Kopf" (i.e. eine Art Brücke zwischen ökonomischem Denken und psycho-
logischem Verhalten) beschreibt einen Paradigmenwandel, der durch die Forschungen
Daniel Kahnemanns und Amos Tverskys maßgeblich initiiert worden ist. Für die im
Zentrum der gemeinsamen Arbeit stehende „Prospect Theory" (1979) wurde Kahnemann
nach dem Tode Tverskys 2002 mit dem Nobelpreis für Wirtschaft ausgezeichnet. Die
deskriptive Theorie knüpft direkt an die normative Erwartungs-Wert-Hypothese (Vroom
& Yetton, 1973) an, relativiert diese jedoch in ihrem Effekt: Denn jeder Mensch, so
die Prospect Theory, agiert, selektiert und bewertet nach einem höchst subjektiven
Maß und „bemisst" daher die Erwartbarkeit eines bestimmen Nutzens ebenso wie
dessen Deklarierung als Gewinn oder Verlust intuitiv, i.e. in einem mittels persönlicher
Erfahrungen und Einschätzungen strukturierten Koordinatensystem. Die jeweiligen
„Referenzpunkte" unterscheiden sich dabei nicht nur von Mensch zu Mensch, sondern
auch von Situation zu Situation und variieren im persönlichen Lebensvollzug. Eine allgemeine und objektive Begründung und Bewertung von Entscheidungen scheint daher
nur im ganz konkreten Nachvollzug statthaft und plausibel zu sein.

Neben der zu berücksichtigen Subjektivität besteht die Herausforderung guten Ent-
scheidens in einer doppelten Unsicherheit oder Kontingenz: Die externe Komplexität und Dynamik des Entscheidungs-Umfeldes zu spiegeln, scheint nahezu unmöglich.
Stattdessen findet eine Auswahl, Fokussierung und Vereinfachung statt, die, – so die
Erkenntnis Kahnemanns und Tverskys – dem Rationalitätsparadigma komplett entgegen-
stehend, unser Denken, Entscheiden und Handeln im Wesentlichen prägt. Sogenannte
„Heuristiken" sind nichts weiter als kognitive Abkürzungen oder Verzerrungen, die
Komplexität, Widersprüchlichkeit und Angst zu reduzieren in der Lage sind. Andererseits unterstützen die kognitiven „Schieflagen" stereotype Verhaltensmuster, sowohl
in der Einschätzung anderer Personen als auch im eigenen Verhalten selbst. Tversky
und Kahnemann (1974) bündeln diese, wie in Abb. 1.7 dargestellt, unter den Begriffen
„Repräsentativität", „Verfügbarkeit" und „Verankerung". Ignorieren können wir den
heuristischen Modus daher nicht. Ihn zu reflektieren und bewusst zu nutzen, ist der erste
Schritt für eine bessere Entscheidungsqualität.

Heuristiken bringen die unbewusste Seite des scheinbar rationalen Handelns an die
Oberfläche. Darin liegt die zweite wesentliche Erkenntnis der Verhaltensökonomie, i.e.
Intuition und Rationalität nicht antipodisch zu positionieren, sondern in einem wechselseitigen Begründungszusammenhang. Diese Zusammenarbeit beschreibt Kahnemann
als psycho-logische Kooperation der „zwei Systeme": Während das erste, tendenziell
schnellere, intuitive System sich durch eine sprunghafte, spontane und nahezu auto-
matische Logik auszeichnet, steuern im zweiten, tendenziell langsameren System
bewusste, also willensgesteuerte Prozesse auf die in komplexeren mentalen Zusammenhängen sich aggregierenden höheren Verständnisstufen hin (Kahnemann, 2012, S. 33).
Beide sind aufeinander angewiesen, bauen aufeinander auf und prägen in ihrer unterschiedlich strukturierten Aufnahme und Verarbeitung von Wahrnehmungsreizen eine
ebenso verschiedene Erkenntnisqualität. Die Botschaft dabei ist, dass „langsames" nicht
nur nicht besser als „schnelles" Denken ist, sondern letzteres dieses quasi vordefiniert:
Nur was die Schleuse unserer Intuition und Emotion passiert, kann tatsächlich auch
weiter „gedacht", i.e. erkannt, interpretiert oder gelernt werden. Schnelles Denken ist
intuitiv und heuristisch zugleich (Kahnemann, 2012, S. 25), nutzt also die Expertise ver-
gangener Erfahrungen und die Plausibilität einfacher Zugänge und Schlussfolgerungen.
Gefühle, verbunden mit un- oder vorbewussten Anteilen wirken darüber hinaus als
Trigger, d. h. Selektions- und Verstärkungsfaktoren im Verstehensprozess. Optimal wäre
jeweils eine Art „reflektierte Intuition", die es „im Wechselspiel zwischen Effizienz- und
Innovationsdruck (…) als absolut zentrale Kreativitätsquelle (…) von Führungskräften"
zu entwickeln und zu verteidigen gilt (Fröse et al., 2019, S. 172).

Nicht *richtige*, sondern *gute*, d. h. in transparenten, ausgewogenen und reflexiven
Prozessen ermittelte Entscheidungen sind also das Ziel. *Kluge* Entscheidungen berücksichtigen zusätzlich die Frage des Zeitpunkts und der Partizipation und priorisieren
diese in ihrer „Wichtigkeit" (vor verschieb- oder delegierbarer „Dringlichkeit"). *Wertvolle* Entscheidungen schließlich gehen in ihrer Reichweite über den alltäglichen,
führungs- und funktionsspezifischen Handlungsbereich hinaus und sind in Netzwerken

o REPRÄSENTATIVITÄT

Je größer die Ähnlichkeit zwischen A und B, desto wahrscheinlicher ist ein Zusammenhang zwischen ihnen.

o Stereotypen
o Überbewertung von Zufällen
o Unterschätzen von statistischen Zusammenhängen

▶ Illusion der Gültigkeit

Bsp.: Schluss vom Aussehen einer Person auf ihren Beruf

o VERFÜGBARKEIT

Je leichter und schneller unser (oberflächlicher) Zugang zu etwas ist, desto höher bewerten wir seine Wichtigkeit und Wahrscheinlichkeit .

o Abrufen von Beispielen
o Effektivität von Suchmengen
o Leichtigkeit der Rekonstruktion

▶ Illusorische Korrelation

Bsp.: Schluss von der Bekanntheit eines Sachverhalts auf seine Relevanz

o VERANKERUNG

Das Ergebnis bzw. die erwartete Wahrscheinlichkeit wird auf den (frei) gewählten, subjektiven Anfangswert oder Ausgangspunkt referenziert.

o Unvollständige Berechnung
o Überschätzung konjunkter, Unterschätzung disjunkter Ereignisse
o Subjektive Wahrscheinlichkeitsverteilungen

▶ Anpassungsheuristik

Bsp.: 8x7x6x5x4x3x2x1 erscheint größer als 1x2x3x4x5x6x7x8

Abb. 1.7 Basisheuristiken nach Tversky und Kahnemann (1974)

zu treffen, die es vielleicht ganz neu zu identifizieren und zu realisieren gilt. Erstens gute, zweitens kluge und drittens wertvolle Entscheidungen sind die Knotenpunkte einer lernenden Führungs- und Unternehmenskultur. Je offener und fluider die Strukturen dabei sind, desto diverser, widersprüchlicher und kommunikationsbedürftiger wird der Prozess.

1.2.2   Kommunikation – Katalysator der Veränderungsenergie

> The word communication will be used her in a very broad sense to include all of the
> procedures by which one mind may affect another. (Shannon & Weaver, 1964, S. 3)

Führung als Kommunikationsprozess ist ein soziales Handeln, das auf eine intentionale
Einflussnahme anderer ausgerichtet ist und sich dazu symbolischer, i.e. verbaler und
nonverbaler, analoger und digitaler Mittel bedient. So weit, so einfach? Eben nicht, denn
der zwischenmenschliche – oder neuerdings auch im betrieblichen Kontext selbstverständlich gewordene – virtuelle Austausch zwischen Mensch und Maschine oder ganz
ohne Mensch, mittels technischer oder künstlicher Intelligenz erhöht die Eigendynamik
eines auf Rückkopplung und Feedback ausgelegten Systems. In der Erforschung des
Topos brachte der Umweg über eine biologisch und technisch orientierte Kybernetik
(Wiener, 1948; Vester, 1974) nach den ersten informationstheoretischen Modellen
(Shannon & Weaver, 1949) die bis in unsere Gegenwart weisenden psychologisch und
soziologisch begründeten Ansätze von Kommunikation als interaktivem Wirkungs-
zusammenhang (Maletzke, 1963) hervor. Die komplexe Dimension der Wirkung ist
nicht zu verwechseln mit der intendierten Absicht oder dem formulierten Ziel, wenn
wir auch heute in unserer täglichen wie professionellen Kommunikation über eben
diesen Unterschied immer dann stolpern, wenn Floskeln wie „so war das nicht gemeint"
oder „das hatte ich doch gesagt!?" zum Einsatz kommen. Kommunikation findet nicht
in vacua statt. Alle bisherigen Erfahrungen und Erwartungen der Kommunikationspartner, ihr tatsächliches oder unterstelltes Vorwissen, die gegenseitige Sympathie oder
Antipathie, die technischen, sozialen und kognitiven Voraussetzungen für Medium
und Kanal, die Facetten des Themas und die Bedingungen der konkreten Situation
(von „harten" Faktoren wie Lärm, Sitzordnung oder Raumtemperatur über „weiche"
Faktoren wie Atmosphäre, Stimmung oder Aufmerksamkeit) spielen dabei eine Rolle
und wirken wechselseitig aufeinander ein. Kommunikation ist kein für sich stehendes,
endliches Ereignis, sondern ein laufender Prozess, eine Art Fortsetzungsgeschichte, an
der wir aktiv mit- und weiterschreiben, in ständigem Rollenwechsel – mal als Sender,
mal als Beobachter, mal als Rezipient desselben Stücks. Im ersten seiner berühmten „5
pragmatischen Axiome" hat der Kommunikationswissenschaftler Paul Watzlawick dies
zusammengefasst: Man kann nicht *nicht* kommunizieren, denn Kommunikation findet
explizit oder implizit, auf der Sach-, Handlungs-, Selbstoffenbarungs- und Beziehungs-
ebene statt, und zwar immer und überall (Watzlawick et al., 1999, S. 50 ff.). Dieses
Zu- und Miteinander hat Friedemann Schulz von Thun (1981) als *Kommunikations-
quadrat* der jeweils vier „Schnäbel" (Intentionen des Senders) bzw. „Ohren" (Effekte
beim Empfänger) visualisiert und damit verblüffend die Herausforderungen von
Kommunikation als einem konstruierten (d. h. nicht „wahren", sondern „wahrgenommenen") Bedeutungszusammenhang formuliert.

Überträgt man das (auf Maletzke zurückgehende) Diktum Watzlawicks, dass der
Erfolg einer Kommunikation sich nicht beim Sender, sondern beim Empfänger erst ent-

scheidet (man weiß also erst dann wirklich, was man gesagt hat, wenn man die Antwort
darauf hört), so hat dies weit reichende Implikationen für die Führungskommunikation:

> Die Wirkungen sind nicht (…) als ein fünfter selbständiger Faktor des Kommunikations-
> feldes aufzufassen. Da sich alle jene Veränderungen und Prozesse, die wir unter dem Begriff
> Wirkungen zusammenzufassen pflegen, bei demjenigen vollziehen, der die Aussage ‚ent-
> schlüsselt', sind sie unter psychologischem Aspekt dem Faktor ‚Rezipient' zuzuordnen.
> (Maletzke 1978, S. 187)

Führungsverhalten wird demnach nicht weniger sinnhaft und intentional, jedoch deutlich komplexer, da neben der eigenen (Bedeutungs-) und (Ziel-) Position die Werte,
Ziele, Erwartungen, Erfahrungen und Kompetenzen der direkt oder indirekt adressierten
Empfänger stets mitzudenken und anzusprechen sind. Dass viele Führungssituationen
gerade an diesem Missverständnis scheitern, ist offenbar. Ganz profan formuliert, heißt
dies: „gut gedacht ist nicht immer gut gemacht". Bevor also eine in eine weiterführende
Expertise des Konfliktmanagements, der psychologischen Verhandlungsführung oder
einer anderen Spezialform der Überzeugungskommunikation investiert wird, lohnt
der Blick auf die Bestandteile des jeweiligen kommunikativen Felds. Selbst wenn es
für viele als „alter Hut" erscheint, sind die genannten Basismodelle hierfür ideal. Die
Visualisierung führt nicht nur die eingeschränkte Wirksamkeit eines perspektivisch
auf die eigene Position beschränkten, senderorientierten (bzw. sendungsbewussten)
Führungshandelns vor Augen. Sie offenbart den Bereich, wo sich – auch in der Erkenntnis, dass weder das eigene noch das Verhalten anderer unmittelbar veränderbar sind –
Führungskommunikation wirklich „lohnt", i.e. in der Mitte des Feldes eines proaktiven
Beziehungs-, Vertrauens-, und Entwicklungs- und Ressourcenmanagements. Je ähn-
licher, bekannter, vertrauter und plausibler ein Thema jeweils erscheint ist, desto größer
ist die Chance auf das in einem gemeinsamen Verständnis begründete Akzeptanz und ein
willentliches Engagement. Gerade in besonders wichtigen und kritischen Situationen
sind deshalb die Erkenntnis und Gestaltung dieser gemeinsamen *Schnittmenge*, wie in
Abb. 1.8 dargestellt, elementar.

Erfolgreiche Führung im Change-, Lern- und Veränderungsprozess setzt eine
professionelle, systematische, aber auch als konsistent und authentisch wahrgenommene
Kommunikation voraus. Die Wirkung vollzieht sich dabei Schritt für Schritt: Um
schließlich ein neues Verhalten zu realisieren und zu verselbständigen, müssen bisher zugrunde liegende Muster und Attitüden erst einmal aufgebrochen, die Motivation
für Neues und Anderes geweckt, Informationen zu den Chancen und Risiken geklärt
und die persönliche und kollektive Tragweite des Wandels kognitiv und emotional verstanden und verarbeitet sein. Fehlt in dieser Kommunikation nur ein kleines Stück
oder werden wichtige „Anschlüsse" übersprungen, droht der gesamte Prozess zu
scheitern. Jede Art wahrgenommener Intransparenz, Geheimhaltung, Inkonsistenz oder
die berühmten „scheibchenweisen Informationen" produzieren negative Aufmerksamkeit und fragilisieren die Change-Motivation. Wenn Führung die Zufuhr wohldosierter

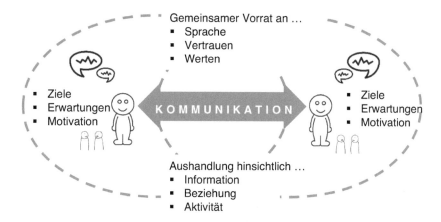

Abb. 1.8 Der Erfolg liegt in der Schnittmenge

Bewegung ist, liefert Kommunikation die dazu erforderliche *Veränderungsenergie* (Ebert-Steinhübel, 2013, S. 4).

1.3 Die Protagonisten: Männer und Frauen im Wechselspiel

> In fact, after years of analyzing what makes leaders most effective and figuring out who's got the right stuff, management gurus now know how to boost the odds of getting a great executive: Hire a female. (Sharpe, 2000)

Kennen Sie die Spiele *Wer ist es?* bzw. *Wer bin ich?* Für Kinder ist die erste Variante eine lustige Übung zur Erweiterung ihres Frage- und Antwortrepertoires. Die mit an der Stirn zu befestigen Post-its materialärmere zweite Version bedeutet einen für alle Altersgruppen höchst kommunikativen Partyspaß. Wie beim Schach, so gibt es hier eine klassische Eröffnung(sfrage), i.e. „Ist es (bzw. bist Du) ein Mann oder eine Frau?". Mit der jeweiligen Antwort fällt quasi die Hälfte potenzieller Fehlversuche bereits weg bzw. wird – so beim Kinderspiel – einfach umgeklappt, und die Phantasie kann auf andere Beschreibungskriterien hin ausgerichtet werden. Im beruflichen Alltag sollte diese Frage nicht nur keine Rolle spielen, sondern stellt eine unter dem Aspekt der Gleichbehandlung potenzielle Diskriminierung dar. Trotzdem schwingt sie als zentraler Ankerpunkt der Kommunikation – zumindest beim allerersten Eindruck – immer mit. Dabei entscheiden wir intuitiv nicht nur über die grundsätzlich positive oder negative Konnotation der gerade erfolgten Begegnung, sondern sortieren diese zugleich in die Typik „Mann/Frau" oder allgemeiner „Geschlechtsgenosse/in" ein – und dies mit allen Konsequenzen der jeweiligen Rollenzuschreibung, ob diese uns gerade bewusst ist oder auch nicht. (Funk, 2018, S. 7).

Über die scheinbar ausschließliche binäre Logik, i.e. einer Unterscheidung lediglich zweier Geschlechter, über die hinaus keine weitere Kategorie oder Mischung zur Verfügung steht, geht die Verengung noch weiter. Wir naturalisieren also in der Zuschreibung etwas, das möglicherweise nur eine Zuweisung auf Zeit bedeutet, eine reine Performance oder Performativität, wie es die Geschlechterforscherin Judith Butler 1990 in ihrem wegweisenden Buch *Gender trouble* (deutsch: *Das Unbehagen der Geschlechter*) beschrieb: Erst die Bezeichnung einer Person oder eines Handelns als „weiblich" bringt demnach eine spezifische Weiblichkeit erst hervor, wird durch wiederholte Bezugnahmen verstärkt und wie bei einer Self-fulfilling-prophecy in den Konsequenzen erst real. Der Frage, ob es einen Unterschied zwischen weiblichem und männlichem Verhalten überhaupt gibt bzw. worin dieser besteht und inwieweit er genutzt oder auch überwunden werden kann, geht eben diese grundlegende Entscheidung voraus, ob „'Geschlecht' eine essentielle oder eine konstruierte Begriffskategorie darstellt" (Funk, 2018, S. 7), d. h. eine naturgegebene oder kulturell determinierte Ordnung repräsentiert:

> Is there ‚a' gender which persons are said to have, or is it an essential attribute that a person
> is said to be, as implied in the question ‚What gender are you?' (Butler, 2006, S. 10)

Was wir als „männliches" oder „weibliches" Verhalten später positiv oder negativ konnotieren, etikettieren wir bei Kindern als Entwicklungsfortschritt, den wir – je nach Rolle – amüsiert oder wachsam beobachten. Über die familiäre, schulische und weitere institutionelle Sozialisation setzt sich diese Differenzierung weiter fort. Das resultiert schließlich in der Tatsache, dass wir zwar weltweit einen sogenannten *Female Shift* erleben (Zukunftsinstitut, o. J.), der mit deutlich besseren Bildungschancen für Frauen einhergeht, die diese auch mit nachweislich besseren und höheren Abschlüssen einlösen. Die Folge ist, dass das Global Gender Gap in Bezug auf die Zugänge zu Gesundheitsversorgung, Bildung, politischem und wirtschaftlichem Engagement zwar ganz allmählich sich verringert, dafür aber in konkreten Führungspositionen, Aufstiegschancen und Verdienststrukturen weiter deutlich negativ materialisiert. Vor die Frage nach einer – möglicherweise – besseren oder anderen Führungskompetenz, ist also die nach einer generellen Chance auf Karriere gestellt. Dass sich Männer und Frauen nicht (nur) in ihrer Art und Weise zu führen, sondern (deutlicher noch) in ihrer „Aufstiegskompetenz" unterscheiden, ist sicherlich (auch) eine Folge der Debatte „Küche oder Karriere", die noch nicht allzu lange (überhaupt) überwunden ist. Vor allem aber spiegelt diese eine Statistik, die unter den Begriffen „horizontale" und „vertikale Segregation" eine weiterhin deutlich ungleichgewichtige geschlechtsspezifische Verteilung auf einzelne Wirtschaftsbereiche, Berufsfelder und hierarchische Positionen offenbart:

> Frauen und Männer sind nicht nur tendenziell in unterschiedliche Berufe segregiert, sie
> sind auch in unterschiedlichem Ausmaß in Berufen konzentriert. (Busch-Heizmann, 2015,
> S. 573)

Frauen zieht es in ihrer Berufs- und Studienwahl tendenziell stärker in die sogenannten „weiblichen" Ressorts, Sprach- und Kulturwissenschaften, soziale Dienstleistungen oder den Bildungsbereich. Selbst Gründerinnen favorisieren soziale und kreative Themen stärker als IT- oder MINT-Bereiche. Und sie sind deutschlandweit zumindest in den Vorstands-, Aufsichtsrats- und sonstigen höheren Führungspositionen deutlich unterrepräsentiert. (Institut der Deutschen Wirtschaft; Allbright-Stiftung, 2019) Das Verschwenden der Talente hat nicht nur eine soziale und politische, sondern auch eine eminent ökonomische und ökologische Dimension:

> Without the equal inclusion of half of the world's talent, we will not be able to deliver on the promise of the Fourth Industrial Revolution for all of society, grow our economies for greater shared prosperity or achieve the UN Sustainable Development Goals. (Schwab, 2019, S. 4)

Im Diskurs über „moderne" Führung und ihre Protagonisten setzt sich eine unreflektierte Attribuierung munter fort. Die organisationspsychologischen Erkenntnisse darüber, welche Eigenschaften die „great men" (von women ist dabei kaum die Rede), beanspruchen, welche Verhaltensweisen und welche Stile unterscheidbar sind, wie diese schließlich situationsspezifisch zu bewerten und in der Interaktion mit den Geführten in einem später als systemisch bezeichneten Umfeld auszuwerten sind, gehen – der historischen Realität entsprechend – von einer tendenziell männlichen Stellenbesetzung aus. Das Schwanken zwischen Person und Kontext, zwischen Authentizität und Variabilität, zwischen Sach- und Beziehungsorientierung, welches sowohl die einzelnen Konzepte als auch die aufeinanderfolgenden Moden und Trends unterscheidet, prägt bis heute unser Begriffskorsett. Auch eine als „modern" sich etikettierende Führung mäandert weiterhin zwischen den Polen Schwarz und Weiß, Mann und Frau, Aufgabe und Mensch, Transaktion und Transformation etc. hin- und her, um sich doch irgendwo im Dazwischen praktisch zu verorten. Es ist höchste Zeit, die Annahmen und Ursachen dieser perspektivischen Verengung zu hinterfragen und zu überarbeiten. Worin eine Neuausrichtung gründen kann, wird im Folgenden zu diskutieren sein.

1.3.1 Unterschiedlich, aber gleich – die normative Dimension

Männer und Frauen unterscheiden sich nicht in ihrem angeborenen Verhalten und ihrer grundsätzlichen Disposition zu führen. Der statistische Unterschied entsteht vielmehr erst in der Umsetzung. Dass und weshalb sich die Verteilung der Geschlechter in der schulischen, beruflichen und akademischen Ausbildung und Karriere auseinanderdividiert, ist vorrangig ein Produkt erzieherischer und kultureller Sozialisation. Die Folgen sind evident: Über die vertikale (thematische) und horizontale (hierarchische) Segregation der Berufs- und Studienwahl hinweg zahlen strukturelle Benachteiligungen, wie mangelnde Betreuungsangebote für Kinder oder pflegebedürftige Angehörige und psychologische Verzerrungen (wie das real und mental vorherrschende Bild des Male

Leaders) weiterhin, wenn auch zunehmend abgeschwächt, auf die Ungleichheit zwischen Männern und Frauen in Führungs- und Leitungspositionen ein. Volkswirtschaftlich ist dies eine Frage des sozialen Kapitals und der Einbeziehung aller verfügbaren Ressourcen. Gesellschaftlich handelt es sich vor allem um eine Frage der Gerechtigkeit. So kann und muss auch der aktuelle Diskurs um „Quote" und „Gendersternchen" unter einer umfassenderen Perspektive beleuchtet werden. Wesentlich dabei ist die normative Dimension, die tief in der politischen Debatte zu Gleichheit, Gleichstellung, Emanzipation etc. begründet und deshalb auch nur aus dieser heraus adäquat zu begreifen ist:

> Gender equality is both a human right and a prerequisite for achieving inclusive and prosperous societies and economies. (OECD, 2019, S. 4)

Für die aus der feministischen Frauenbewegung hervorgegangene wissenschaftliche Genderforschung – einer schnell wachsenden Disziplin – mit aktuell allerdings nur 48 voll gegenüber 161 teil-denominierten, fast ausschließlich von Frauen gehaltenen Professuren an deutschen Hochschulen (MVBZ, 2020; Bock & Nüthen, 2014, S. 155) – ist ihr Untersuchungsgegenstand ein primär kulturell entstandenes, analysier- und interpretierbares Phänomen. Es geht um die Analyse der Geschlechterverhältnisse als „strukturierte wie strukturierende Bedingungen menschlicher Gemeinschaften und Gesellschaften", um Rollen, Identitäten und Stereotype, die sich in einem sozio-historischen Kontext ausbilden oder konstruiert werden (Frey Steffen, 2017, S. 13). Anatomie oder Schicksal? Die Unterscheidung von „sex" als dem biologischen, d. h. jeweils angeborenen und anhand körperlicher, anatomischer, physiologischer und hormoneller Merkmale bestimmten Geschlecht und „gender" als einer im sozio-historisch determinierten Kategorie, polarisiert den Diskurs in einer „dichotome(n) Typisierung von weiblichen und männlichen Eigenschaften, Merkmalen, Verhaltensweisen oder Orientierungen" bis heute (Fröse, 2009 S. 11). Die Positionen sind dabei entsprechend der jeweiligen Prämissen „Gleichheit", „Differenz" oder „Konstruktion" unterschiedlich verteilt.

1.3.1.1 Gleichheit

Die Entstehungsphase der Gender Studies fällt in die Zeit der großen politischen und gesellschaftlichen Emanzipationsbewegungen, in denen vor allem im westlichen Kulturkreis eine traditionelle Rollenfestlegung zwischen Mann und Frau sowie generelle soziale Macht- und Einflussstrukturen kritisch hinterfragt wurden. Als Ikone der anfangs rein feministisch orientierten Disziplin gilt Simone de Beauvoir, die den zweiten Teil ihres Buches *Das andere Geschlecht* (im Original: *Le Deuxième Sexe,* 1949) mit den Worten einführt: „Man kommt nicht als Frau zur Welt, man wird es." (Beauvoir, 2000, S. 334) Das – von Natur aus – „schwache" Geschlecht sollte als reine kulturelle Interpretation entlarvt und zu neuer Stärke geführt werden.

Die Position einer „Gleichheit der Geschlechter" wird bereits im ausgehenden Mittelalter, d. h. zwischen dem 15. und 17. Jahrhundert als Offensive gegen frauenfeindliche Tendenzen der damaligen öffentlichen bzw. veröffentlichten Meinung angeführt. Im liberalen Feminismus der 1960er Jahre zielt die Forderung vor allem auf eine Gerechtigkeit und Gleichheit der Chancen in der politischen und sozialen Partizipation mit dem Slogan „Wir wollen von allem die Hälfte, und zwar sofort!" (Neuberger, 2002, S. 772). Geht man davon aus, dass Frauen und Männer grundsätzlich mit den gleichen Potenzialen an Begabung und Motivation ausgestattet sind, so muss die real erlebte Benachteiligung von Frauen zuallererst strukturell korrigiert werden. Die ersten Instrumente hierfür waren Gleichstellungs- und Frauenförderungsprogramme wie gesetzliche Regulierungen, Kinderbetreuungseinrichtungen, Wiedereinstellungsgarantien, Prämierungen besonders frauenfreundlicher Organisationen etc.. Auch und gerade in Zeiten einer erweiterten Diskussion des Themas unter den Stichworten „Diversity" und „Inklusion", vermittelt durch entsprechende Corporate Codizes, Mentoringprogramme und Verhaltenstrainings sind diese Grundvoraussetzungen erst einmal elementar.

Dass Frauen und Männer im beruflichen Prozess dringend gleich*berechtigt* und vor allem auch gleich*gestellt* agieren dürfen und können, wird seit den späten 1980er Jahren unter dem Stichwort des „Gender Mainstreaming" politisch gefordert und programmatisch umgesetzt.

> Gender Mainstreaming ist ein Werkzeug für das bessere Verständnis der Ursachen der sozialen Ungleichheiten zwischen Männern und Frauen in unserer Gesellschaft sowie die Anwendung geeigneter Strategien zu ihrer Beseitigung. Ziel ist es, Gleichstellung zwischen Männern und Frauen zu erreichen. (EU, 2005)

Auf der vierten Weltfrauenkonferenz der Vereinten Nationen in Peking 1995 erstmals formuliert, wurde das Konzept im Amsterdamer Vertrag (1997) als wichtigste globale Strategie zur Gleichstellung der Geschlechter verbindlich für alle Mitgliedsstaaten deklariert. Gender Mainstreaming ist also nicht primär ein an der Emanzipation der Frauen ausgerichtetes Programm, sondern ein soziales und moralisches Konzept mit dezidierten ökonomischen Implikationen, wenn es darum geht, das verfügbare Humankapital bestmöglich einzubringen und zu nutzen. Gleichheit im Sinne einer Gleichbehandlung ist dabei erst einmal das Ziel. Der Weg jedoch führt über ein differenziertes Maßnahmenportfolio, das bestehende Ungleichheiten abbauen oder ausgleichen soll, zumal diese durch geschlechtsübergreifende Indikatoren wie Religion, ethnische Zugehörigkeit, Bildung, Behinderung, soziale Klasse etc. ggf. weiteren Diskriminierungsaspekten ausgesetzt sind (EU, 2005).

1.3.1.2 Differenz

Nicht auf Gleich*artigkeit*, sondern auf Gleich*wertigkeit*, richtet sich die ab den 1980er Jahren formulierte Differenztheorie. Frauen sind demnach *anders* als Männer, und diese Verschiedenheit muss in einer Gesellschaft als wichtige Ressource (an-)erkannt und genutzt, anstatt durch unterschiedliche Lebensbedingungen und Sozialisationseffekte weiter einseitig instrumentalisiert werden. Der breite öffentliche Diskurs zur Differenztheorie greift allerdings auf ein Sammelsurium teilweise widersprüchlicher, archaischer und irgendwie absurd anmutender Argumente zurück, dass beispielsweise „Männer vom Mars" und „Frauen von der Venus", weibliche Gehirne anders „verdrahtet" als männliche, oder der „Tunnelblick" eines Mannes gegenüber der „Panoramaperspektive" einer Frau in frühgeschichtlichen Sozialisations- und Ausleseprozessen begründet seien, die wiederum dazu führten, dass Männer „nicht zuhören", während Frauen „nicht einparken" können.

> The female brain is predominantly hard-wired for empathy. The male brain ist predominantly hard-wired for understanding and building systems. (Baron-Cohen, 2003, S. 1)

Hinter der plakativen Zuspitzung, die leicht misszuverstehen oder zu missbrauchen ist, steht ein hochkomplexer und differenzierter biologischer, anthropologischer, psychologischer und neurowissenschaftlicher Zusammenhang. Für den – mit seinen populärwissenschaftlichen Schriften – als Schöpfer der sogenannten „sexy brains" bekannt gewordenen – Autismus-Experten Simon Baron Cohen steht nicht die wechselseitige Determination von Biologie und Verhalten, sondern vielmehr die Varietät der kognitiven Funktionen und ihr mehr oder weniger funktionierendes oder eingeschränktes Zusammenspiel im Vordergrund. „Systemizing" beschreibt dabei die Variante, sich logisch, exakt, analytisch und detailliert von einem bestimmten Input her zu einem bestimmten Output hin durchzuarbeiten, der in der Regel als „wenn-dann-" Formulierung im Gehirn abgespeichert ist. (Baron-Cohen, 2008, S. 66) Dass diese Denklogik von einem signifikant höheren Anteil bei Männern als bei Frauen bevorzugt wird, kann beispielsweise durch das Abschneiden in logischen Tests oder mechanischen Aufgaben überprüft werden. Für ein ganzheitliches Denken und Handeln bedarf es aber zusätzlich der Fähigkeit, sich in andere hineinzuversetzen und ihr Verhalten quasi vorauszusagen („theory of mind") sowie in der jeweils passenden emotionalen Ebene zu reagieren. „Empathizing" bezeichnet diese komplementäre Logik, in der sich Frauen, gemessen beispielsweise an der Spannweite ihrer verbalen und nonverbalen Kommunikation deutlich besser positionieren. (Baron-Cohen, 2008, S. 65) Mit dem empathischen Element geht auch eine größere Verhaltensflexibilität einher, die insbesondere für Lern- und Veränderungssituationen von Wichtigkeit ist. Wie schwierig es jedoch ist, aus der neurologischen und entwicklungspsychologischen Entwicklung heraus auf Verhaltensstile im Erwachsenenalter zu schließen, zeigt der Effekt, dass im Kindergartenalter Mädchen eher einen Vorsprung im linkshemisphärischen Wachstum haben (und daher häufig früher lesen und schreiben lernen), während Jungs stärker im rechten Segment stärker ausgeprägt und sich daher ihr Wissen am besten über Bewegung und visuell-räumliches Verhalten erschließen. (Gurian, 2011, S. 13) Die vermeintliche Typik kehrt sich in dieser Phase also sogar um.

Die Herausforderung liegt in der richtigen Übertragung der disziplinären Erkenntnisse auf eine dynamische Praxis des Handelns im Alltag und der betrieblichen Organisation. Die Annahme des Unterschieds führt weitere Unterscheidungen mit sich. So resultiert aus den wissenschaftlich ermittelten Präferenzen die Prämisse eines spezifisch männlichen oder weiblichen „Soseins", das über die Modellierung geschlechtsspezifischer Kommunikations- und Führungsstile wiederum – und darin liegt der eigentliche Trugschluss – auf „gegebene" biologische und physiologische Differenzen zurückgeführt wird. Die gewünschte Gleichwertigkeit über das Argument von Unterschiedlichkeit zu erzielen, resultiert also in einem Dilemma, denn sie zementiert qua Problematisierung des Unterschieds zwischen Männern und Frauen – von der Inanspruchnahme bis zur erfolgreichen Wahrnehmung von Karriereoptionen – einen Unterschied, den sie im Größeren doch überwinden will. (Edding, 2012) Aus Sicht der Betriebswirtin und Geschlechterforscherin Gertraude Krell ist daher die Propagierung einer quasi „besseren" Hälfte in der Differenz eher ein „Danaergeschenk" (1997), das vor allem für Nachwuchskräfte mehr Be- als Entlastungen mit sich bringt, die sogenannte „Weiblichkeit" als Stereotyp pervertiert und schließlich Frauen, die diesem widersprechen, absurderweise negativ als „unweiblich" etikettiert.

Im Kontext des New Leaderships, das auf offeneren, empathischeren, kommunikativeren, transformationalen und damit irgendwie „weiblicheren" Ansätzen von Führung basiert, wurden die differenztheoretischen Positionen neu formuliert. So fanden die Forscherinnen Alice Eagly und Linda Carli heraus, dass Männer und Frauen im Führungsteam dezidiert unterschiedliche Führungsstile bevorzugen. Während ein auf Leistung und Zielerreichung hin ausgerichteter, aufgaben- und sachorientierter Stil von den meisten männlichen Führungskräften als probat und richtig angesehen wurde, agierten weibliche Führungskräfte primär von einem vertrauensvollen, unterstützenden und inspirierenden Beziehungsverhältnis her, sahen sich in der Rolle als Mentorin oder Role Model eher als in der einer Leitungs- oder Autoritätsperson. (Eagly & Carli, 2003) Die Differenzhypothese muss jedoch mit Vorsicht entwickelt werden, könnte es doch sein, dass sie gerade erst im bewussten Sich-Verhalten (weniger als einem angeborenen So-Sein) der Frauen begründet ist: Der Forcierung eines stärkeren Engagements und einer prononcierteren, aber beteiligungsorientierten Entscheidungsfindung und -durchsetzung könnte selbst eine Entscheidung zugrunde liegen, i.e. Autorität zu vermitteln, ohne jedoch die Art von Autokratie und Durchsetzungskraft zu vermitteln, die bei Frauen deutlich negativer als bei Männern wahrgenommen wird. Ganz gleich, woher die Motivation für das Verhalten stammt, scheint der darin begründete transformationale Stil in jedem Fall der richtige Weg, um Veränderungen auf den Weg zu bringen, möglichst viele Akteure darin zu involvieren und zu befähigen, um gemeinsam das komplexe Umfeld des Corporate Change zu bewältigen.

1.3.1.3 (De-)Konstruktion

Bereits in den 1970er Jahren wurde die anfangs strikt eingehaltene Unterscheidung zwischen „sex" und „gender" zugunsten einer gegenseitigen Beeinflussung der biologischen und sozialen Geschlechtlichkeit gelockert. Wissenschaftliche Initialzündung war die bis heute in diesem Kontext wegweisende *Agnes-Studie* des kalifornischen Soziologen Harold Garfinkel aus dem Jahr 1967:

> Agnes' appearance was convincingly female. She was tall, slim, with a very female shape. Her measurements were 38-25-38. (…) Agnes was born a boy. (Garfinkel, 2006, S. 61).

In seinem Mammutwerk zur *Ethnomethodologie,* der wissenschaftlichen Auseinandersetzung mit den scheinbaren Selbstverständlichkeiten des sozialen Alltags, beschreibt Garfinkel das auffällig „120 %ig weibliche" Gebaren von Agnes (2006, S. 129), die sich, als Mann geboren und aufgewachsen, nach einer Geschlechtsumwandlung nun auch besonders weiblich präsentierte und verhielt. Die Beschreibung dieses Vorgangs und das verblüffende Ergebnis, dass sowohl die Gender Role als auch die Gender Identity einer Person auf individuellen Lernprozessen basieren, offenbarte „a new understanding of gender as a routine accomplishment embedded in everyday interaction" (West & Zimmermann, 1987, S. 125) – und bei jeder geschlechtlichen Disposition. Geschlecht ist demnach viel weniger eine individuelle Eigenheit als eine Zuschreibung in der konkreten Kommunikations- bzw. Lebenssituation.

> Rather than as a property of individuals, we conceive of gender as an emergent feature of social situations: both as an outcome of and a rationale for various social arrangements and as a means of legitimating one of the most fundamental divisions of society. (West & Zimmermann, 1987, S. 126)

Vom frühesten Kindesalter an werden durch Erziehung in Elternhaus, Kindergarten und Schule, aber auch durch die Medien und im Spiel die jeweils vorherrschenden Geschlechterklischees verinnerlicht. Man geht davon aus, dass eine relativ stabile Zuordnung bis zum fünften Lebensjahr erfolgt und dann ähnlich irreversibel erscheint wie das biologische Geschlecht. Dass kleine Mädchen immer noch vorwiegend in Rosa gekleidet, Jungs mit technischem Spielzeug beglückt und beide in ihren kleinen Welten der „fürsorglichen Puppenmütter" oder „starken Cowboys" sorgsam separiert werden, tradiert die Klischees bis ins Jugend- und frühe Erwachsenenalter hinein. Dieser Internalisierungsprozess wird vom sozialen Umfeld gespiegelt, d. h. entsprechend bestätigt oder konfrontiert. Die sich dabei vollziehende Konstruktion von Geschlecht, i.e. das „Doing Gender", vollzieht sich primär unbewusst als individueller und kollektiver Prozess. Ihn zu entlarven, zu dekonstruieren und die gewählte Geschlechtlichkeit aktiv zu gestalten, wäre nach der konstruktivistischen Theorie die einzig freiheitliche Option. Ob es dabei ausreicht, lediglich (wider-)sprechen zu können, ist jedoch fraglich. In einem bekannten Cartoon, der ein Gespräch zwischen einem Mann und Frau vor einem Kinderwagen darstellt: „Is it a boy or a girl? – I don't know, it can't talk yet" wird dies ironisch auf den Punkt gebracht. Nicht durch andere, sondern durch die eigene Person konkret „machbar", i.e. selbst definiert, bezeichnet das Doing Gender eine ab dem Jugend- und Erwachsenenalter initiierte reflexive, reaktive oder auch revolutionäre Aktion.

> Doing gender means creating differences between girls and boys and women and men, differences that are not natural, essential, or biological. Once the differences have been constructed, they are used to reinforce the ‚essentialness‘ of gender. (West & Zimmermann, 1987, S. 137)

Die gegenwärtige Praxis des Doing Gender entlarven die Konstruktivisten als unzeitgemäße Inszenierung einer pluralistischen Welt. Dies zeigt sich vor allem in stereotypen Zuschreibungen und Routinen, deren Konsequenzen die verzerrten Machtverhältnisse zwischen Männern und Frauen sind. Die Dekonstruktivisten gehen noch einen Schritt weiter, indem sie den kulturell determinierten Herstellungsprozess von Geschlechtsidentität (gender) als völlig frei von jeglicher biologischen Geschlechtlichkeit (sex) bezeichnen. Zur Hinterfragung der Konstrukte gehört vor allem die Aufhebung des „normativen Zwangszusammenhangs von Körpergeschlecht, Geschlechtsrolle und Heterosexualität". Daraus resultiert jedoch keine grenzenlose Beliebigkeit der individuellen Geschlechtswahl, sondern eine enorme Verantwortung für jeden Einzelnen, sich in einer potenziellen „Vervielfältigung der Subjektpositionen" zu spiegeln und die besonderen Möglichkeiten und Begrenzungen für den eigenen Lebensweg immer wieder neu auszuloten. (Knapp, 2001, S. 37)

1.3.2   Rosa versus Blau – Verniedlichung mit Konsequenz

Im Kollegenkreis wird für ein Geburtsgeschenk zusammengelegt, man entscheidet sich für einen Strampelanzug. Der Praktikant (!) wird losgeschickt und kehrt mit einem rosa Exemplar zurück … – das Baby allerdings ist ein Junge. Bereits die Erstausstattung der Neugeborenen lässt bis heute tendenziell darauf schließen, welches Geschlecht erwartet wird. Vielleicht haben sich die Konventionen etwas gelockert, sind immer wieder andere Moden und Farben en vogue. Das Kinderzimmer des kleinen Paul jedoch rosa zu streichen, birgt für die meisten von uns eine Irritation. Denn bestimmte Farben, so scheint es, sind fix mit einer bestimmten Geschlechtszugehörigkeit assoziiert. Die Vorliebe insbesondere jüngerer Mädchen für Rosa- und Rottöne bzw. von Jungs für die Farben Blau oder Schwarz inspirierte die koreanische Künstlerin JeongMee Yoon zu ihrem *Pink & Blue Project*, in dem sie Jungen und Mädchen in verschiedenen Altersstadien im Kreis ihrer Lieblingsstücke, Spielzeuge und Einrichtungsgegenstände fotografiert und das auf der nach ihrem Namen benannten Internetseite zu besichtigen ist.

> It is thus clear, both from everyday observation and from research results, that both adults and young children are aware that pink is for girls and blue is for boys. However, do little girls actually prefer pink? Do young boys actually like blue? (LoBue & DeLoache, 2011, S. 657)

Dass die Geschlechterklischees in Kinderzimmern weltweit – einen gewissen Wohlstand vorausgesetzt – übergreifend sind, zeigt Abb. 1.9.

Abb. 1.9   Ranger versus Lillifee: Geschlechterklischees im Kinderzimmer

Und, so müssen wir weiter fragen, ist dies wirklich eine evolutionär und/oder genetisch bedingte Disposition? Die Nachweise sind diffus, offenbaren mal eine generelle Präferenz von Primärfarben bei Jungen wie bei Mädchen, mal die Vorliebe Neugeborener für Blautöne aller Art, mal die für die Farbe Rot bei Kindern im Vorschulalter. (LoBue & DeLoache, 2011, S. 657) Nicht die genderspezifische Farbvorliebe scheint daher der Fall zu sein, sondern vielmehr ein Verhaltensstereotyp, welches sich unter anderem in der Farbe der Kleidung oder der Wahl der Spielzeuge als eine Art Geschlechterkompetenz manifestiert.

> Being a ‚girl' or a ‚boy' then, is not only being more competent than a ‚baby,' but also being competently female or male, that is, learning to produce behavioral displays of one's ‚essential' female or male identity. (West & Zimmermann, 1987, S. 142)

Inwieweit die Stereotypisierung jedoch eine Konsequenz angeborener oder in der frühkindlichen Entwicklung eingeübter Präferenzen bzw. die Übernahme des Verhaltenscodes primär auf Sozialisations- und Wissenseffekte zurückzuführen ist, muss weiter erforscht werden. Sicher scheint aber, dass die Tendenzen bereits sehr früh erkennbar sind, i.e. ab der zweiten Hälfte des zweiten Lebensjahres von Eltern, Erziehern und Gleichaltrigen mehr oder bewusst motiviert und inspiriert und ab dem Vorschulalter nahezu unveränderlich und prägend für eine nahezu lebenslange Lebensspanne sind. (LoBue & DeLoache, 2011, S. 665; Cunningham & Macrae, 2011)

Tatsächlich haben die für uns heute plausiblen Geschlechterfarben historisch eine ganz andere Tradition: Die typische Mädchen- und Frauenfarbe war lange Zeit Blau, während Rosa, i.e. das „kleine Rot", als Zeichen für Macht und Status vornehmlich Jungen, Männern und Herrschern vorbehalten war (was heute im kirchlichen Kontext noch sichtbar nachzuvollziehen ist). Die „Kriegsbemalung" kennt die Farbe Rot stellvertretend für vergossenes oder zu vergießendes Blut als Kampfsignal. Die Himmelsfarbe Blau dagegen symbolisiert den Frieden und die Mystik der Mutter Gottes, i.e. eine Art überirdische, zurückhaltende Form der Eleganz.

> Die allgemein akzeptierte Regel ist Rosa für Jungen und Blau für die Mädchen. Der Grund dafür ist, dass Rosa als eine entschlossenere und kräftigere Farbe besser zu Jungen passt, während Blau, weil es delikater und anmutiger ist, bei Mädchen hübscher aussieht. (Earnshaw's Infants' Department, June 2018, zit. nach Vierjahn, 2020)

Die „Vertauschung" fand ab den 40er Jahren des vergangenen Jahrhunderts statt. Über die Gründe wird spekuliert. So fokussiert eine These die mit der Arbeitskleidung der Matrosen und Handwerker assoziierte „Vermännlichung" der Farbe Blau. Die Verweltlichung des Lebens, einhergehend mit einem zunehmenden Bedeutungsverlust religiöser Symbolik wie eben auch der Farbenlehre, könnte ein weiterer Auslöser der Veränderung sein. Inwieweit das Unternehmen Mattel 1959 mit der Markteinführung der Barbie-Puppe in grellem Pink für den Wandel der „Mädchenfarbe" kausal verantwortlich ist, ist unklar. Eine hohe Korrelation zwischen der Marketingoffensive und maßgeblichen Sozialisationseffekten z. B. in Spielsituationen und der Ausstattung der Kinderzimmer, die bis heute sichtbar sind, ist jedoch nicht von der Hand zu weisen.

Soziales Lernen funktioniert durch Rollenvorbilder, die Orientierung vermitteln, Zugehörigkeit erlauben, aber auch Abgrenzung ermöglichen. Problematischer als die Farblogik ist deshalb der dahinter sich verbergende Verhaltenscode, der überholte oder widersprüchliche Klischees tradiert: In der fast ausschließlich rosarot vermarkteten Puppenwelt haben junge Väter offensichtlich keinen Zutritt (Schnerring & Verlan, 2015). In ihrer jeweiligen Rolle (von der Pubertät einmal abgesehen) streben junge wie alte Menschen, Mädchen wie Jungen nach Kongruenz. Dass und wie die Stereotypen über kulturelle Grenzen und soziale Schichten hinweg erlernt und gefestigt werden, offenbart die *Global Early Adolescent Study* in Zusammenarbeit der John Hopkins University und der World Health Organization (WHO), die jährlich in 15 Ländern jeweils etwa 450 Heranwachsende und ihre Eltern oder Erziehungsberechtigten befragt. Genderstereotype werden im sozialen Kontext verinnerlicht und erlernt, indem das „passende" Verhalten vorgelebt und normiert, während Abweichungen eher ausgegrenzt und sanktioniert werden. Zwar offenbart das jeweils geäußerte (Anpassungs-)Verhalten dabei kulturell unterschiedliche Varianten. Der Mechanismus der Anpassung aber funktioniert übergreifend gleich.

Wie die stereotype Erwartungshaltung spezifische Verhaltensäußerungen motiviert („Rosenthal-Effekt") und damit eine geschlechtsspezifische Realität produziert („Self-fulfilling-prophecy"), zeigen Untersuchungen zur – eher Jungen als Mädchen zugeschriebenen – mathematischen Kompetenz: Wird eine gemischte Schulklasse mit einer altersgerecht konstruierten Rechenaufgabe konfrontiert und diese mit den Worten eingeführt: „Ihr werdet sicherlich alle gut abschneiden, auch wenn Jungen üblicherweise bei mathematischen Aufgaben überlegen sind!", ist es absehbar, dass nicht nur die Resultate der Mädchen im Vergleich zu den Jungen schlechter ausfallen, sondern auch die Ergebnisse der zuvor motivierten Jungen besser als in einer normalen Vergleichssituation sind. Werden umgekehrt die Mädchen entsprechend sensibilisiert, so entsteht das gegenteilige Phänomen. Zwar mag das Experiment überspitzt erscheinen, doch die realen Effekte weisen zumindest auf Spuren dieser Zusammenhänge, i.e. einer tendenziellen Erwartungshaltung und Selbstwirksamkeit bei den Lehrenden und Schülern, aber auch innerhalb der Gruppen hin. Das geht sogar so weit, dass es bei Mädchen als „cool" gilt, Mathematik nicht zu mögen, während Jungen die Interpretation schöngeistiger Literatur zum Anlass nehmen, gelangweilt aus dem Fenster oder neuerdings auf ihr Smartphone blicken. Dass eine multidimensional zu erfassende Stereotypisierung also erst „die Unterschiede [evoziert), die sie zu beschreiben vorgibt" (Jordan-Young, 2010), offenbart die besondere Herausforderung des Phänomens: Trotz einer eindeutigen Forschungslage darüber, dass die Differenz weniger in der Leistung denn in der Selbsteinschätzung besteht, sind das schulische Rechnen mit Zahlen und der spätere Karriereeinstieg und -aufstieg im MINT-Bereich statistisch weiterhin männlich dominiert. Erwartungen von Eltern und Lehrern bilden einen potenziellen Anfang, ein mit mathematischen Spitzenleistungen korrelierendes weltweitendes Gender Pay Gap das Ende der Story eines geplanten Misserfolgs. Sogenannte „Gender Status beliefs" (Correll, 2004) setzen das Dilemma geschlechtsspezifischer Berufswahlentscheidungen im Kontext Aufstieg und Karriere weiter fort.

> Gender stereotypes are often conceptualized as a broad set of beliefs about the kinds of constrains, attributes, or behaviors that can be (or should be) expected of a person of a given category. By contrast, gender status beliefs are a specific component of gender stereotypes: they are beliefs that men are more socially valued and diffusely more competent at things that ‚count'. (Correll, 2004, S. 98)

Die anerzogenen Kompetenz(fehl)einschätzungen bringen Männer eher dazu, höher qualifizierte Positionen insbesondere im attraktiven MINT-Bereich anzustreben, während Frauen tendenziell zurückhaltend sind, also den Versuch gar nicht erst wagen, sich nicht aktiv ins Spiel bringen, und wenn sie es dann sind, bei der ersten Irritation schnell an den Spielfeldrand drängen lassen (Busch-Heizmann, 2015, S. 578). Das „kleine Rot" einfach als eine Frage des Geschmacks abzutun, ist also gefährlich, wenn auch nicht allein und kausal verantwortlich für die Entwicklung einer Gesellschaft als Ganzes. Und es ist vor allem auch keine Einbahnstraße, wie die in jüngerer Zeit laut werdenden Befürchtungen eines „new gender gaps" (Gunzelmann & Connell, 2006) zeigen. Über die generelle Gefahr hinaus, individuelle Entwicklungsunterschiede nicht ausreichend zu berücksichtigen, offenbart sich bereits eine umgekehrte Tendenz, dass „from kindergarten to graduate school, boys are fast becoming the second" (Conlin, 2003). Vielleicht muss das Thema deshalb von seinem Ende her gedacht werden: Wenn es stimmt, dass überall, wo gut ausgebildete Frauen (und Männer) leben, sich positionieren und in ihren Erfolgen sichtbar sind, Jungen und Mädchen nicht nur in ihren Lebensentwürfen davon profitieren, sondern bereits in Erziehung, Ausbildung und Unterricht, klingt dies nach einer klar definierten Herausforderung.

Unter den Megatrends der globalen Veränderungsdynamik sind die Weichen auf Aufbruch längst gestellt:

Die tradierten sozialen Rollen, die Männern und Frauen in der Gesellschaft zugeschrieben werden, verlieren an gesellschaftlicher Verbindlichkeit. Das Geschlecht verliert seine schicksalhafte Bedeutung und bestimmt weniger über den Verlauf individueller Biografien. Veränderte Rollenmuster und aufbrechende Geschlechterstereotype sorgen für einen radikalen Wandel in Wirtschaft und Gesellschaft hin zu einer neuen Kultur des Pluralismus. (Zukunftsinstitut, o. J.)

Die Hoffnung auf einen konsentierten Pluralismus von Lebensweisen und Rollenmustern jenseits der Klischees beinhaltet, dass das Geborensein als Mann, Frau, drittes oder fluides Geschlecht keine Prognose für den Erfolg im Beruf und privaten Leben mehr bedeuten darf. Dies setzt allerdings voraus, dass der Wandel nicht nur auf der institutionellen und organisationalen, sondern gleichzeitig auf der kulturellen und sozialen, vor allem aber auf der ganz persönlichen Ebene des täglichen Miteinanders erlebt wird und gelingt.

1.3.3   Spiele um Macht – Führungs- und Organisationsaspekte der Genderperspektive

Wenn das Substantiv auch einen weiblichen Artikel hat, sind die semantischen Implikationen des Themas „Macht" doch primär männlich konnotiert. Mit einem Bedeutungskern aus Stärke, Unabhängigkeit, Dominanz und Risikobereitschaft werden tendenziell Männer assoziiert, während Eigenschaften wie Verletzlichkeit, Fürsorge, Sensibilität und Ausgleich eher Frauen zugeordnet werden. Dass dies nur teilweise und mittelbar auf körperliche und hormonelle Aspekte zurückzuführen ist, ist hinlänglich bewiesen. Doch jeder von uns kann schnell den Selbsttest machen, mit welchen Persönlichkeits- und eben auch Geschlechtertypen er oder sie die beiden Auflistungen in Zusammenhang bringt. Nicht wie wahr diese Unterschiede also sind, ist entscheidend, sondern wie und unter welchen Umständen sie wirken und zu Unterscheidungen werden, i.e. „to what extent they result from how we think men and women differ from each other because of gender stereotypes" (Ellemers, 2018, S. 276). Darin schließlich folgert die Konsequenz, wie „männlich", „weiblich", „divers" oder geschlechtsneutral unsere Organisations- und Arbeitswelt tatsächlich gestaltet werden soll und auch kann.

> Gender stereotypes do not only influence the perceived potential of men and women when they are being selected for future careers, but also impact how the work actually performed by men and women is rated and valued. (Ellemers, 2018, S. 279)

Zur Überwindung der tradierten Regeln des Spiels und der klassischen Verteilung der Rollen, vor allem aber zur Öffnung und Veränderung unserer Vorstellungen und Erwartungen von funktionierender Führung und Organisation reicht es nicht – um im Bild zu bleiben – den Regisseur oder die Regisseurin zu wechseln und die Besetzungsliste auszutauschen. Experimente brauchen Freiraum, auf der Bühne wie im Leben, vor allem aber brauchen sie ein gewisses Maß an mentaler Offenheit und real zur Verfügung stehender Zeit. Mit einer neuen Inszenierung und Mediatisierung der Gender- und Diversity-Thematik, wie wir sie gerade auch im Kontext von Digitalisierung und New Work erleben, bieten sich neue und unbelastete Konnotationen einer größeren Vielfalt, Flexibilität und Offenheit gerade an. Für die Frage, wie es gelingen kann, diese ganzheitlich und nachhaltig zu entfalten und zu nutzen, sollten bisher erkannte Möglichkeiten und Hindernisse unbedingt genutzt werden. Die passende Antwort schließlich muss im realen Spielfeld ausgehandelt, in neuen Spielzügen erprobt und in neuen Standards vermittelt werden, um zu einer vielleicht besseren, neuen Normalität zu werden.

1.3.3.1 Man(n) führt – die Entlarvung des Stereotyps

Stereotype sind nicht einfach „weg" zu rationalisieren. Selbst wenn wir faktisch wissen, dass die Streubreite eines Verhaltens innerhalb einer bestimmten Gruppe wesentlich größer ist als zwischen dieser und einer anderen sozialen Entität, halten wir in unserer Wahrnehmung an den einmal definierten Kästchen und Zuordnungen fest. Sich am Unterschied festzuhalten, scheint leichter und wiegt schwerer als eine diffusere Vielfalt und Varianz. Stereotype sind so etwas wie *Vor*-Urteile und damit Navigations- und Orientierungshilfen im *Wahr*nehmen und Erleben unserer Welt. Dabei verwenden wir mehr und lieber Energie darauf, die neuen Eindrücke in die bestehenden Kategorien einzuordnen und in unserem eigenen Verhalten selbst kongruent zu erscheinen als diese Muster, Frames oder Concepts preiszugeben oder zu verändern. Wie diese psychosoziale Wechselwirkung person- und organisationsseitig funktioniert, zeigt Abb. 1.10.

> Stereotypes reflect general expectations about members of particular social groups. However, even if there is an overall difference between these groups, not all individual exemplars in these groups will necessarily differ from each other. For instance, on average, men are taller than women, but we all know individual men and women for whom this is not true or for whom the difference is even reversed. (Ellemers, 2018, S. 277)

Für geschlechtsspezifische Zuordnungen gilt dies in gleichem Maße, d. h. wir sortieren nicht nur andere Männer und Frauen nach unserem System, sondern passen in einer Art vorauseilendem Gehorsam uns selbst auch den in einer bestimmten Situation unter-

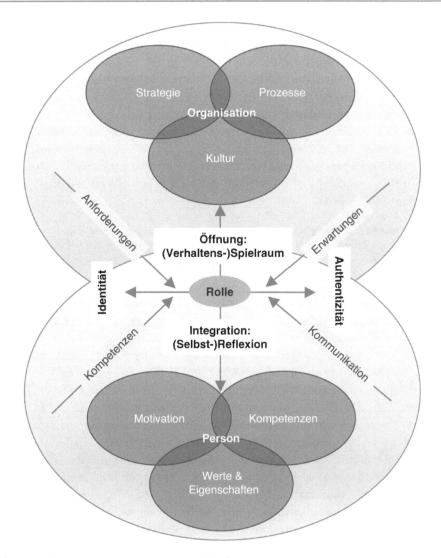

Abb. 1.10 Stereotypisierung als psycho-sozialer Prozess

stellten Konventionen bestmöglich an (Ellemers, 2018 S. 287). Geschlechtsspezifische Stereotype steuern im Sinne einer „präskriptiven" (im Unterschied zur „deskriptiven" = beschreibenden) Norm das ideale spätere Verhalten samt dessen realer Erfolgsaussichten vor.

Gleich einer Brille, die die Koordinaten der Wirklichkeit getönt, gespiegelt oder anders perspektivisch erfasst, prägen Stereotype als mentale Abstraktionen darüber, wie etwas oder jemand zu sein hat, unsere Sichtweise und unterziehen die Fülle der tatsächlich verfügbaren Informationen einer entsprechenden Selektion und Interpretation.

In Bezug auf den Organisations- und Führungskontext können sie als eine Art „naive" oder „idiosynkratische" Theorie (Den Hartog, 1999, S. 226) darüber beschrieben werden, woran Menschen typischerweise beim Thema Führung denken, welche Eigenschaften und Verhaltensweisen sie damit assoziieren und wer oder was für sie der Prototyp erfolgreicher Führung oder Organisation jeweils ist. (Offermann et al., 1994, S. 44) So bestimmt beispielsweise der Grad der „Passung" zwischen der jeweils wahrgenommenen Person oder Situation mit den Merkmalen unserer „impliziten Führungstheorie" (Lord & Maher, 1991) darüber, ob wir unserem Gegenüber überhaupt eine Eignung und Kompetenz zur Führung attestieren, welches Vertrauen wir investieren und welchen Erfolg wir überhaupt als möglich und maßgeblich erachten. (Quaquebeke & Schmerling, 2010, S. 93)

> In other words, when people perceive a leader as a close match to their leader prototype, they will react more favorably (i.e. be more open to and supportive of the leadership) than when they perceive the leader as a poor fit to their implicit leader prototype. (Quaquebeke et al., 2014, S. 192)

Dass sogar die Begründungen, weshalb Männer oder Frauen für dieselbe Führungsposition empfohlen werden, unterschiedlich sind, zeigt eine vergleichende Untersuchung von Personalauswahl- und –entwicklungsgesprächen. Danach werden zwar die gleichen Beurteilungskategorien verwendet, bei den Geschlechtern jedoch in unterschiedlicher Weise, i.e. auf ihre Kongruenz mit dem männlichen oder weiblichen Rollenverhalten hin interpretiert und sanktioniert. Beispielsweise gelten Beharrlichkeit, natürliches Selbstbewusstsein, Interesse und die Fähigkeit, Aufmerksamkeit zu wecken als positive Signale von Frauen, während bei Männern eine straffe und direkte Einflussnahme, Initiative, persönliche Distanz sowie ein starkes und bestimmendes Auftreten positiv bewertet werden. Als negative Signale werden bei Frauen einerseits ihre Schüchternheit, Passivität oder Anspannung, andererseits aber auch ihre Direktheit und Offensive bewertet, während bei Männern vor allem ein geringes Selbstbewusstsein, Zurückhaltung, Entscheidungsschwäche oder geringe Dominanz als kritisch erscheinen. (Baitsch, 2005, S. 8) Im Spagat zwischen ihrem persönlichen Führungsstil und dem männlich geprägten Stereotyp verlieren Frauen deshalb doppelt: entweder als zu wenig „richtige (= weibliche) Frau" oder zu wenig „wirkliche (= männliche) Führungskraft".

Die Phänomene der „Token Women" (Kanter, 1977) oder „Queen Bee" (Arvatea et al., 2018) beschreiben die Kraft stereotypischer Rollenkongruenz: Sowohl die Selbst- als auch die Fremderfahrung weniger weiblicher Führungspersonen in einem dominant männlich geprägten Umfeld erscheint dabei problematisch. Als „Tokenism" wird diese Umkehrung des Stereotyps bezeichnet, wenn gerade erfolgreiche Frauen besonders kritisch beäugt und in ihrem Karrierestreben als „herrisch" (!) oder „überambitioniert" bezeichnet werden. (Ebert-Steinhübel, 2014, S. 29) Schlicht dramatisch ist, dass dabei keine Gewinner, sondern nur Verlierer zu verzeichnen sind (Zimmer, 1988).

> There is a special place in hell for women who don't help each other. (Albright, zit. nach Cooper, 2016)

Der Satz der früheren US-amerikanischen Außenministerin Madeleine Albright, bezogen auf die Präsidentschaftskandidatur von Hillary Clinton, fasst das „Queen Bee-Phänomen" brillant zusammen:

> The queen bee label is given to women who distance themselves from other women in organizations where the majority of leadership positions is held by men. (Arvatea et al., 2018, S. 535)

Um einerseits mit dem eigenen Rollenklischee nicht gleichgesetzt zu werden, zu demonstrieren, dass man den (unterstellten männlichen) Ansprüchen der Toughness, Zielstrebigkeit und Wettbewerbsfähigkeit genügt, behindern sich Frauen in ihrem Führungs- und Entwicklungsanspruch lieber gegenseitig selbst.

Zur konzeptionellen Beschreibung und methodischen Überwindung dieser Schieflagen, i.e. unbewusster asymmetrischer Tendenzen in Wahrnehmung und Verhalten („unconscious biases"), liegen vor allem Arbeiten aus dem pädagogischen Kontext vor (Gramelt, 2010). „Biases" basieren auf Vorurteilen und Voreingenommenheit und zementieren bestehende Ungleichgewichte vor allem hinsichtlich der Verteilung von Macht. (Fleischer, 2016, S. 2) Nicht Gleichheit, sondern Gleichwertigkeit durch einen respektvollen und wertschätzenden Umgang, die Anerkennung von Vielfalt und Diversität, die Sensibilisierung für Diskriminierung und Privilegierung sowie die Ermutigung, dem kritisch entgegenzuwirken, ist das übergeordnete Ziel. „Unbewusstheit" zielt auf den gar nicht mehr hinterfragten, gleichsam inventarisierten kognitiven Prozess.

Die Verinnerlichung von Machtverhältnissen verläuft diskursiv, d. h. sie findet in und durch Sprache im verbalen und nonverbalen Austausch statt. (Fleischer, 2016, S. 5) Die männliche „Oberhand", die Netzwerke der „Old Boys", die Häufigkeit der Vornamen Thomas und Michael im obersten Positionsgerangel, aber auch das generische Maskulinum in den Stellen- und Funktionsbezeichnungen offenbaren hier ihre meist unsichtbare Macht. Anti-Bias-Trainings in Unternehmen finden unter der Überschrift „Kulturentwicklung" statt, da es um die Spiegelung und Veränderung einer persönlichen Haltung geht. Noch wichtiger wäre es jedoch, die Problematik in und an Fachthemen und konkreten Verfahren festzumachen. Zum einen wird das alltägliche (Fehl-)Verhalten damit greifbar, kommen die großen Linien im Kleinen in den Blick. Zum anderen werden so bestehende Instrumente, Prozesse und Systeme von der Personalauswahl und -entwicklung über die Marketing- und Vertriebskommunikation bis zur Strategie und dem Reporting sprachlich und inhaltlich an eine neue Lebensrealität angepasst. Und schließlich wird durch die Einführung der Trainings auch ein Zeichen gesetzt, i.e. man positioniert sich als ein Unternehmen oder eine Institution, die Diversität und Chancengleichheit nicht nur als Aushängeschild verwendet, sondern aktiv vorantreibt, nutzt und evaluiert.

1.3.3.2   Führen Frauen anders? (K)Eine Umkehr der Verhältnisse

Haben Frauen tatsächlich andere (Führungs-)Eigenschaften als Männer, praktizieren sie eigene Verhaltensstile, und kommt dieser Mix aus Person und Verhalten in typischen

Führungspositionen besser an? Die Erkenntnislage zu diesen Fragen ist divers, im Kern lautet die Antwort darauf jedoch – ganz rational gesehen – „nein". Was wir dennoch erleben und dann wiederum zum Gegenstand wissenschaftlicher Hypothesen machen können, ist eine unterschiedliche Etikettierung von Eigenschaften und Verhalten als „weiblich" oder „männlich" im Führungs- und Karrierekontext. Die Entscheidung ob, wie und vor allem weshalb Frauen möglicherweise anders führen als Männer, muss daher – nicht, weil sie theoretisch unlösbar erscheint, sondern weil sie einen empirischen Anspruch hat – stärker in die Praxis getragen werden. Solange jedoch diese maximal männlich geprägt ist, kommt den Ausnahmerollen immer auch eine ganz bestimmte, weil herausgehobene Bedeutung zu, kann also der Kontext Führung niemals als neutrales Handlungsfeld bewertet und verglichen werden.

Mit dem Begriff der „Glass Ceiling" schuf die Herausgeberin des Women Work Magazines, Gay Bryant, 1984 ein materielles und ideelles Symbol für die reale Begrenztheit von Gleichbehandlung und Neutralität. Die „gläserne Decke", so führten dies zwei Jahre später die Journalisten Carol Hymowitz und Timothy Schellhardt im Wall Street Journal aus, existiert irgendwo an der Spitze des mittleren Managements, von beiden Seiten aus durchsichtig und deshalb so unüberwindlich für die, die darunter sind. (Boyd, 2008, S. 1) Als Metapher drückt sie nicht nur die Barriere auf dem Weg nach oben aus, sondern offenbart zugleich die Tücke einer *un*begreiflichen, weil einfach nicht sichtbaren und klar erfassbaren Begrenzung persönlicher Freiheit und Entfaltung, die von allen Minderheiten – nicht nur Frauen im Management – zu erdulden ist. Kommen Frauen also entweder gar nicht erst in entsprechende Entscheidungspositionen oder aber gerade dann, wenn diese im Grunde bereits als „verlorene Posten" zu bezeichnen sind? Die „gläserne Klippe" („glass cliff"), über die Frauen zu stürzen drohen, nachdem sie – häufiger als Männer – berufen werden, wenn bereits eine prekäre Geschäftsentwicklung der Unternehmen abzusehen ist, muss gar nicht zwingend eine Folge falscher (Führungs-) Entscheidungen sein. Sie bedeutet vor allem die Konsequenz einer geschlechtsspezifisch unterschiedlichen Zuschreibung und Bewertung von Erfolg.

> (…) the challenges that men reported facing on their way up an organizational hierarchy are more likely to serve a positive self-developmental purpose than those faced by women – whose challenges are better characterized as obstacles. (Ryan & Haslam, 2007, S. 554)

Neuere Studien haben zwar den Mythos der gläsernen Klippe dahingehend entlarvt, dass „female top-managers are not at higher risk than men to be promoted to precarious leadership positions." (Bechtoldt et al., 2018, S. 295) Nicht der Karrierestopp an der Spitze sollte daher ausschließlicher Fokus weiterer Untersuchungen sein, sondern die ganz unterschiedlichen Herausforderungen und die Chancen zu ihrer Bewältigung auf dem Weg dorthin.

> In truth, women are not turned away only as they reach the penultimate stage of a distinguished career. They disappear in various numbers at many points leading up to that stage. (Eagly & Carli, 2007)

Vielleicht ist es an der Zeit, die „Frauenfrage" im Management anders zu stellen, um neue Antworten zu bekommen, die über einen Diskurs „Mann versus Frau" hinausgehen. Dann ginge es weniger darum, die „gegebenen" von den „erworbenen" oder „zugeschriebenen" Anteile zu unterscheiden, sondern den Fokus auf die Lösung der Missverständnisse und Missverhältnisse zu richten, i.e. Stereotype zu öffnen und mentale oder strukturelle Schranken und Hindernisse zu überwinden. Die Motivation dafür geht über moralische und rechtliche Argumente hinaus: Wenn Talent gleich verteilt ist, dann ist die Nutzung nur etwa der (männlichen) Hälfte dieses Talents eine ökonomische Dummheit, ebenso wie der Vorzug homogener vor heterogenen Teams zwar bequemer, nachweislich aber auch ärmer ist an potenzieller Innovation, kultureller Offenheit, struktureller Flexibilität sowie einem betriebswirtschaftlichem und sozialem Return. (Bertrand, 2018, S. 5).

Die positive Einschätzung weiblicher Führungskompetenz wächst mit ihrer Empirie, i.e. der Chance, diese tatsächlich erleben und bewerten zu können. Das zumindest könnte ein vorläufiges Fazit der bisherigen Erkenntnisse sein (und ein Argument für die Frauenquote, die diese Sichtbarkeit zumindest ansatzweise erhöht). Zumal Untersuchungen wie ein 360-Grad-Feedback mit 1000 Absolventen des Executive-Programms am Institut Européen d'Administration des Affaires (Insead) deutlich bestätigt haben: Hinsichtlich der Kategorien „Envisioning", „Energizing", „Designing and aligning", „Rewarding and feedback", „Team building", „Outside orientation", „Tenacity" und „Emotional intelligence" schnitten Female Leaders sowohl in der Einschätzung durch Männer als auch in der Einschätzung durch Frauen besser ab. Falls also ein Gender Bias existierte, dann wäre er in diesem Fall eher nach der weiblichen denn nach der männlichen Seite hin dominiert. (Ibarra & Obodaru, 2009) Bemerkenswertes Ergebnis der Untersuchung ist aber auch, dass das bisher als gültig angenommene „Selbstunterschätzungssyndrom" (Friedel-Howe, 2003, S. 549) keine Rolle mehr spielt. Entweder haben die Frauen diesbezüglich also dazu gelernt, oder aber sie wurden in ihrer Sozialisation gar nicht mehr so sehr beschränkenden Fremdbildern konfrontiert.

Insofern passt es gut, dass die 10 Jahre nach ihrer ersten Version und einer Reihe von Folgestudien erschienene Standortbestimmung zur globalen Genderparität der Unternehmensberatung McKinsey nicht mit dem Titel „Women *differ*", sondern „Women *matter*" (2007 ff.; Desvaux et al., 2017) überschrieben ist. Die auf der Basis eines situationsorientierten und ganzheitlichem Mix aus transaktionalem, transformationalem und laissez-faire- (Full-Range-) Leaderships (Eagly & Carli, 2003) erhobenen wichtigsten 9 Verhaltensformen der Führung sind, so das Ergebnis, zwischen Männern und Frauen in der Summe gleich verteilt. Die Themen „People development", „Role model", „Expectations and rewards" werden stärker von weiblichen, die Themen „Individualistic decision making", „Control and corrective action" stärker von männlichen Führungskräften wahrgenommen. Aspekte wie „Intellectual stimulation" oder „Efficient communication" zeigen keinen Unterschied, hinsichtlich „Inspiration" und „Participation making" liegen Frauen leicht in Führung. (Desvaux et al., 2017, S. 14)

Das heißt, die Kompetenzen und Präferenzen der Geschlechter ergeben zusammen erst ein komplettes Bild.

> This analysis revealed, above all, that organizational performance requires a diversity of leadership styles. In addition to greater gender diversity in top management, companies therefore have every interest in welcoming, nurturing, and recognizing a wide range of leadership behaviors, in order to reinforce all the dimensions of organizational performance. (Desvaux et al., 2017, S. 14)

Ganz gleich, worin Führungserfolg jeweils konstatiert wird, welche Führungsaufgaben definiert und welche Verhaltensstile einzeln oder kollektiv jeweils als Optimum erscheinen, sind zwei Schlussfolgerungen an dieser Stelle wesentlich: Erstens geht es nicht um ein Entweder-Oder, sondern um ein synergetisches Miteinander talentierter Männer und Frauen in der Organisation. Zweitens gibt es ein Erfolgskriterium, das für eine zukunftsfähige Führung hervorzuheben ist:

> One of the biggest developmental hurdles that aspiring leaders, male and female alike, must clear is learning to sell their ideas - their vision of the future - to numerous stakeholders. (Ibarra & Obodaru, 2009)

Ausgerechnet beim Thema „Envisioning", also der Fähigkeit, Zukunftsaussichten zu identifizieren, zu formulieren und zu inspirieren, punkten die Frauen gemäß der Insead-Studie jedoch schlechter – und zwar nicht in der Einschätzung ihrer eigenen Geschlechtsgenossinnen, männlichen oder weiblichen Vorgesetzten oder Teammitgliedern, sondern ausschließlich in der Bewertung durch die direkte männliche Konkurrenz. Den Wettbewerb können – und müssen – Führungsmänner und -frauen allerdings gemeinsam ausfechten, gerne so ausführlich und intensiv wie möglich, damit ein veränderungsaffines und lernendes Leadership schließlich gelingt.

1.3.3.3 Gemischt ans Ziel – Effekte und Grenzen von Diversity

> The single word that jumps to mind by thinking about diversity is wonder. (Page, 2011, S. 4)

Über Vielfalt, so könnte man meinen, muss eigentlich gar nicht mehr entschieden werden. - Ist sie nicht bereits Norm und Realität zugleich, in einer multikulturellen Lebens- und Arbeitswelt, der Pluralität familiärer Konstellationen und beruflicher Biografien, in der allmählichen Entgrenzung formaler und nicht formaler Bildungswege etc.? Die Entscheidung fokussiert daher nicht auf Diversität an sich, sondern auf die Frage, welcher Modus an welcher Stelle, in welcher Mischung oder Intensität (noch) weiter zu forcieren ist. In der Führung bedeutet dies schlicht die Erhöhung der Zahl der „Unbekannten" im jeweiligen, besser oder schlechter aufgestellten Spiel. Denn diverse Teams sind – wenn sie denn gelingen – erfolgreicher, weil kreativer, innovativer und damit beweglicher und differenzierter auf einem in ständiger Veränderung sich befindlichen Terrain. Umgekehrt gilt aber auch: Der Erfolg gemischter Teams oder eines

„mixed Leaderships" (Fröse, 2009) ist kein Selbstläufer, sondern erfordert viel Arbeit, eine auf dynamische Entwicklung hin orientierte Strategie und eine auf Vielfalt, Offenheit und Lernfähigkeit hin ausgerichtete Führungs- und Verhaltenskultur.

Dem Wortsinn nach bezeichnet „Diversität" die Ursache und das Ergebnis von Komplexität zugleich. Diversität führt zu Emergenz, da die Vielfalt der Interaktionen zwischen den diversen Teilen selbst wiederum neue Teile und Phänomene produziert. (Page, 2011, S. 6)

> Complexity is about rich interconnectivity. – Diversity creates complexity in terms of multiplicity and variations. (Uhl-Bien & Arena, 2017, S. 9; Page, 2011, S. 83)

Die innovations- und veränderungsfördernden Effekte von Diversity sind im kulturellen und wirtschaftlichen Kontext hinreichend untersucht. (Christen & Reimund, 2020; Dixon-Fyle et al., 2020; EU, 2008) Neben einem normativen Engagement für Vielfalt, Pluralismus und Gleichwertigkeit erhöht Diversity auch die Chance auf eine höhere Wirtschaftlichkeit und Rentabilität, eine größere Kundenzufriedenheit und eine insgesamt bessere Wahrnehmung bei allen Stakeholdern der Organisation. (Christen & Reimund, 2020) Über die Gender-Perspektive hinaus ist daher ein strategisches Diversity-Management, das seit den 1990er Jahren Einzug in die erst US-amerikanische, später auch europäische und deutsche Unternehmenswirklichkeit fand, ein probates Mittel zum Zweck für die Aufdeckung und Aufhebung struktureller Ungleichheiten und die Sichtbarmachung von Vorurteilen oder Biases. Seit der Einführung des Allgemeinen Gleichbehandlungsgesetzes (AGG) im Jahr 2006 besteht auch eine rechtliche Vorgabe, gegen Diskriminierung aktiv vorzugehen und Chancengleichheit weiter voranzutreiben.

Als Akteure des Diversity-Managements sind bislang vorrangig die Personal- oder HR-Abteilungen größerer Unternehmen bekannt. Wenn es jedoch gelingen soll, das Thema in seiner umfassenden kulturellen, ökonomischen und sozialen Relevanz weiterzuentwickeln, muss es direkt in und durch die strategische Unternehmensführung repräsentiert und vermittelt werden. Für die Gender Diversity gilt, was für das gesamte Phänomen zutreffend ist. Um ganzheitliche Effekte zu erzielen, müssen ihre Themen aus der Nische der Frauenförderung heraus in die Planung einer strategischen Performance integriert werden. Das kann weder aufoktroyiert noch irgendwie nebenher geschehen. Diverse bzw. geschlechterheterogene (Führungs-)Teams sind hierfür eine gute Keimzelle, um über eine positive Aufmerksamkeit und nachvollziehbare Erfolgsquoten ein entsprechendes Commitment und klare Zielvorgaben zu erreichen. Dass "executive teams with more than 30 % women are more likely to outperform those with fewer or no women" (Dixon-Fyle et al., 2020, S. 17), überzeugt noch nicht. Zum einen untermauern Zahlen zwar einen Verdacht oder Befund. Eine aktivierende Wirkung vollzieht sich allein daraus jedoch nicht. Und es werden schnell Gegenrechnungen aufgemacht, wann und wie spezifische Mischungen sich eben gerade als nicht erfolgreich, weil zerstritten, unproduktiv, wenig zielorientiert u. a.m. herausgestellt haben. Gender Diversity ist deshalb eine Chance für eine höhere Repräsentation weiblicher Talente im Management. Es ist keine Garantie, wohl aber eine Option auf einen nachhaltigeren, weil dauerhafteren und ganzheitlicheren Erfolg. (Reinwald et al., 2015, S. 266)

1.4   Die Fortsetzung: Führung als Veränderungsenergie

Meine liebste Definition, die allerdings auf keine Originalquelle mehr zurückzuverfolgen ist, beschreibt Führung als die „Zufuhr wohldosierter Bewegung." In der Schlichtheit der Aussage sind doch alle Wesensmerkmale zusammengefasst: Führung ist eine bewusste Intervention hinsichtlich der Richtung und der Intensität, die es in einer bestimmen Situation zu entscheiden und zu verantworten gilt. Führung kann „verpuffen" oder umgekehrt die gesamte Konstellation in einem System positiv beeinflussen. Führung kann, muss aber nicht von den immer gleichen oder einzelnen Akteuren ausgehen, darf sowohl von innen als auch von außen angestoßen und in verteilten Rollen praktiziert werden. Führung erfordert und verteilt die Inanspruchnahme von Verantwortung und Macht und geht zugleich in seiner Wirkung weit über diese hinaus. Denn Führung entscheidet sich im jeweiligen Gegenüber, gleich ob Struktur, Prozess, Person, Regel oder Idee, deren Beweglichkeit nämlich die Aufnahme oder den Abprall des Schwungs bestimmt. Führung setzt Achtsamkeit voraus und Empathie, um die jeweils passende Dosis für Einzelne oder das gesamte Gefüge zu finden. Führung zielt auf die Balance zwischen Individuum und Kollektiv, zwischen Bewegung und Stillstand, zwischen Chaos und Komplexität. Führung ist gelebte Interaktion, ist lebendiger Prozess, ist Entwicklung im und vom System und ist deshalb „extrem kommunikationsintensiv" (Hofert, 2019, S. 40). Führung setzt die Kraft von Ideen in kollektives Handeln um und bedeutet deshalb, wie in Abb. 1.11 visualisiert, Veränderungsenergie.

Abb. 1.11 Führung ist Veränderungsenergie

1.4.1 Komplexität – Verdacht auf Unlogik im System

In a real world, leaders have to cope with complexity, in a thin line between order and disorder or, in other words, at the edge of the chaos. (Olmedo, 2012, S. 87)

Die Herausforderung von Führung wächst mit der internen und externen Komplexität, d. h. der erlebten Vielfalt, Vielschichtigkeit, Widersprüchlichkeit und Dynamik von Systemen in Veränderung. Die „neue" Führung, die wir brauchen, ist eine Führung des „Sowohl-als-auch": Auf der einen Seite gilt es, Ordnung und Stabilität aufrechtzuerhalten, Klarheit und Transparenz zu vermitteln und Verantwortung nicht nur zu teilen, sondern auch zuzuteilen, wenn auch nicht zwingend nach einem hierarchischen Prinzip. Auf der anderen Seite geht es um das Handling der internen und externen Kommunikation, die – nicht nur als Folge der Digitalisierung und Globalisierung – zunehmend als ungenau, mehrdeutig und widersprüchlich erscheint. Die Komplexitätsherausforderung besteht nun weder darin, diese auf möglichst einfache und eindeutige Zusammenhänge zu überführen, also die neue Offenheit bzw. das erlebte Chaos in die alte Ordnung linearer Prozesse und Zusammenhänge zu übersetzen, noch das neue Paradigma rein unter eben dieser Logik des Fortschritts zu vermitteln. Der „shift from traditional models of control-leaders to 'complex leadership' models" (Olmedo, 2012, S. 79) ist vielmehr ein Versuch, diese neue (Un-)Logik als Erfahrungshintergrund für eine Form des Leaderships zu begreifen, das alle ihm zur Verfügung stehenden Facetten der Führung integriert und nutzt. Dazu muss dieses in der Lage sein, mit Paradoxien umzugehen, Vielfalt und Unterschiede auszuhalten und Chancen für Lernen und Innovation auf allen Ebenen zu eröffnen.

Das Management von Komplexität ist stets strategischer und normativer Natur, geht also über die Intention kurzfristiger Effekte hinaus und zielt auf gemeinsame Werte und Potenziale, die im Netzwerk der Akteure entstehen und nutzbar sind. Das schließt durchaus zufällige oder ungeplante Episoden und Erkenntnisse mit ein. Wer oder was dieses Leadership in personam realisiert, ist dabei sekundär. Der Führungsprozess legitimiert sich vielmehr im erweiterten Gestaltungshorizont durch eine insgesamt höhere Selbstorganisation und ein besseres Verständnis der Akteure von und in diesem gemeinsamen Tun im System. Komplexe Systems sind allerdings nur dann überlebensfähig und in ihrer jeweiligen Umwelt erfolgreich, wenn sie die Fähigkeit besitzen, diese Erfolgsbedingungen zu erfassen und zu übersetzen und sich im externen und internen Wandel so zu positionieren, dass die normativen, strategischen und operativen Fäden des Netzwerks weder überdehnt noch reißen werden. Rein mechanisch oder rechnerisch führt das „Complexity Management" (noch) nicht zum gewünschten Erfolg: Zur Handlungsfähigkeit (durch Integration), Beziehungsfähigkeit (durch Interaktion) kommt Lern- und Entwicklungsfähigkeit (durch Motivation und Sinn) ergänzend hinzu. Die Sicherstellung, Entwicklung und Balance dieser drei Dimensionen – so wird es später zu beschreiben sein – ist der Kern eines Learning Leaderships.

1.4.2   Veränderung braucht eine Story – Telling the Change

Das „Prinzip Gartenzaun" (Pabst, 2009) zählt zu den wichtigsten Mythen rund um erfolgreiches Leadership. In seinen *Abenteuern von Tom Sawyer und Huckleberry Finn* erzählt Mark Twain, wie Tom, die ihm von seiner Tante Polly auferlegte Strafarbeit (das Steichen des Gartenzauns) nicht nur erfolgreich an seine Freunde weitergibt, sondern ihnen diese auch als besondere Ehre in ganz realen Marktwerten „verkauft".

> To awaken a person's desire, all that is needed is to make the object difficult to reach (Twain, 1876, zit. nach Zwerenz, 2020, S. 95).

In Führungstrainings wird die Story gerne verwendet, wenn es um die Frage der Motivation und Delegation geht – mittels Bedeutsamkeit, Zugehörigkeit und erlebtem Sinn.

Über die jeweilige „Moral" hinaus bietet das narrative Prinzip noch einen weitaus größeren Nutzen für die Führung(skommunikation). Geschichten eröffnen eine emotionale (Gefühl) und kognitive (Sprache und Thema) Anschlussfähigkeit. Die Fähigkeit, gute und überzeugende Geschichten zu erzählen und die Mitglieder einer Organisation als Protagonisten darin einzubinden, gilt daher als besonderes Führungstalent. Dabei geht es weniger um Fiktion, denn um einen ganz realen Kontext, i.e. „wo das Unternehmen steht, wo die Probleme liegen, in welche Richtung man gehen sollte und warum" (Gardner, 2004, S. 154). Gute Geschichten beantworten in der Tiefe unsere expliziten oder impliziten Fragen nach dem „Why". Das gilt auch für die Führungspersonen selbst: Warum sind sie in der Position, was treibt sie ganz persönlich an, wozu und wohin wollen sie sich in ihrem Leadership zukünftig entwickeln? Im organisationalen Kontext lagen bisher vor allem die sogenannten Führungsmythen (wie die legendären Keimzellen internationaler Konzerne in Garagen, Wohnzimmern oder Hinterhöfen) vor. Die Kommunikation von Metaphern und Stories im Organisationskontext bietet jedoch noch weitaus mehr: Sie transportiert Werte und generiert – über die Sammlung von Ereignissen und Hintergründen hinaus – übergreifenden Sinn in einem individuellen und kollektiven Verstehensprozess. Als gemeinsamer Erfahrungshintergrund taugen die Geschichten allerdings nur, wenn sie einerseits überzeugend und immer wieder inspirierend, andererseits aber auch so glaubwürdig, authentisch und konsistent erscheinen, dass theoretisch jeder daran anzuknüpfen und den roten Faden auf seine Art fortzusetzen weiß.

In der Managementlehre ist das sogenannte *Storytelling* ein relativ neues Instrument zur Generierung einer größeren Akzeptanz und höheren Partizipation im Entwicklungs- und Veränderungsprozess. Gute Geschichten, das kennen wir alle, ziehen uns in ihren Bann, überzeugen uns emotional – noch bevor wir rational alle Details überhaupt begreifen. Für erfolgreiche Strategie- und Changeprojekte ist daher die Er-Findung und Kommunikation einer im Wortsinne packenden „Story" ein wesentlicher Erfolgsfaktor. Das beginnt mit einem Titel, führt in einem roten Faden durch unterschiedliche Ebenen und Kapitel, wird unterstützt durch eine ansprechende Visualisierung und schließt mit einem kritischen Resümee. „Telling the Change" bedeutet allerdings auch, dass das Ende nicht vom Anfang her schon feststehen, sondern kollektiv erarbeitet, i.e. geschrieben werden muss.

> Stories are like viruses. They are contagious. Tell a story to someone and you will get one back in return. (Silverman, 2006, S. XVII)

Geschichten vermitteln und ermöglichen soziale und *psycho*logische Konsistenz und Anschlussfähigkeit. Deshalb können die passenden Unternehmens-, Führungs- und Change-Geschichten auch nicht einfach „gekauft", „geklaut" oder anders aufoktroyiert werden. Sie sind semantisch, syntaktisch und pragmatisch nur anschlussfähig in der gemeinsamen Sprache, dem präferierten Code, dem zur Verfügung stehenden Werte- und Verstehensrepertoire einer Abteilung oder Organisation. Diese Einbindung von Wissen und Informationen in einen übergreifenden Bedeutungskontext kann auch umgekehrt genutzt werden, um implizite Erfahrungen und Erkenntnisse zu formulieren und für alle anderen verfügbar zu machen. Darin liegt nicht nur ein ökonomisches, sondern auch ein enormes soziales und mentales Bindungs- und Aktivierungspotenzial.

1.4.3   Rolle wechsle dich – vom Leader zum Leadership und wieder zurück

In ihrem 2006 publizierten Buch *The Leaders of the Future 2* spiegeln die Herausgeber Frances Hesselbein und Marshall Goldsmith die Veränderungen im Führungs- und Organisationsumfeld seit der Erstveröffentlichung 10 Jahre zuvor. Die grundlegenden Mechanismen und Voraussetzungen für Führung, so leiten sie dabei ein, liegen immer noch in der persönlichen Qualität des Führens, weniger in den angewandten Techniken und Instrumenten. Ebenfalls nicht neu, jedoch umfassend in seinen Wirkungen ist der Anspruch, einer externen Dynamik und Komplexität durch die Entwicklung einer lernenden Organisation täglich neu gerecht zu werden. „Learning to be" a leader ist nicht mehr das Ziel der Führungsexzellenz, sondern vielmehr die Voraussetzung, um im Spagat zwischen Vielfalt und Integration, Vertrauen und Widerspruch handlungs-fähig im Sinne eines permanent neu unter Beweis zu stellenden „Learnings (to practice) Leadership" zu sein. (Hesselbein & Goldsmith, 2006, S. XII; XIV) Zur konzeptionellen Auslotung und praktischen Erprobung dieses Führens im Handlungsvollzug muss die Führungslogik stärker als bisher vom Innen zum Außen, i.e. auf die Entwicklung der Organisation und Erkenntnis der Situation und – wirklich erst dann – zurück auf die Reflexion und Stärkung der jeweiligen Person gerichtet sein. Die aktuelle Heraus-forderung liegt deshalb weniger darin, spezifische Eigenschaften gut ausgebildeter und authentisch agierender Führungspersönlichkeiten zu bewerten, sondern vielmehr darin, im kollaborativen (Führungs-)Netzwerk von der identifizierten Kreativität und Einsicht zu profitieren. Das „Shaping of Profiles" charismatischer, entscheidungs- und kommunikationsstarker Persönlichkeiten wird damit nicht überflüssig, ist jedoch weniger Ziel denn eine ex ante selbst zu kreierende Voraussetzung. Weit wichtiger als die Durchsetzungskraft der einzelnen Idee oder Person ist die darin gemeinschaftlich erwirkte Kraft der Transformation.

Die über allem stehende Frage, was „gute" Führung eigentlich ist, wie bzw. durch wen diese wie zu praktizieren ist und welche Rahmenbedingungen dazu erforderlich sind, wird seit Anfang der 1990er Jahre in einem weltweiten Projekt zur *Global Leadership and Organisational Behavior Effectiveness* untersucht. Erkennbar ist so etwas wie ein übergreifender Konsens hinsichtlich grundlegender Werte wie Gerechtigkeit, Ehrlichkeit und Vertrauen (Den Hartog, 1999) sowie ein generelles Apriori einer ethischen Reflexion vor dem wie auch immer zu definierenden Erfolg. Gelebte Werte beantworten die explizit oder implizit gestellte Frage nach dem „Wozu". - Was also, wenn Führung nicht die Antwort wäre, sondern die Frage? Wenn gute Führung nicht als Lernziel, sondern als Mittel für ein besseres Lernen von Menschen und sozialen Systemen zu verstehen ist? Die Umkehr der Perspektive macht nicht die vielen weniger oder besser tauglichen Ansätze und Methoden des Führens obsolet, bringt diese aber in einen neuen gedanklichen Zusammenhang: Nicht Führung setzt den Rahmen, sondern die Reflexions- und Reaktions-, d. h. Lernfähigkeit einer Person oder Organisation.

Der psychologische „Kniff" für diesen Positions- und Perspektivwechsel heißt „Reframing". Dabei erfolgt eine Umdeutung der Referenzen von innen nach außen oder umgekehrt, d. h., das, was bisher als Lösung galt, wird zur Randbedingung bzw. das, was bisher als Rahmen kaum beachtet wurde, wird ins Zentrum gerückt. Ein Reframing von Leadership zielt vor allem auf eine Öffnung und Verteilung der Führungsverantwortung. Darüber fokussiert es die als „gegeben" vorausgesetzten Grenzen einer Situation. Ziel ist nicht die Preisgabe, sondern die Veränderung des Leaderships quasi from-the-inside-out:

> The question is: may we 'reframe' leadership? And, so as not to reify leadership into an agency beyond its reach, let us acknowledge that any change in leadership would need to be accompanied by structural and contextual changes (…) because the conditions in the world are shaped by other properties beyond leadership. (Raelin, 2016, S. 4)

Mit einem Reframing, i.e. Umdeuten des Leaderships stürzen wir das Thema Führung zunächst von seinem Sockel, um es danach in einem flexiblen und interaktiven Kontext organisationaler und personaler Veränderung neu und wirkungsvoller zu formieren. Wenn dies gelingt, haben wir die Chance, nicht mehr zwischen den bisherigen offenen Fragen, widersprüchlichen Moden und gegensätzlichen Positionen zu Führung und Organisation zerrieben zu werden, sondern mit der Idee einer verteilten Führung und eines organisationsweiten Lernens sowohl die Führung als auch die Organisation unter der Prämisse des Lernens neu zu erfinden. Persönliche Führungskompetenz ist nicht mehr End- sondern Ausgangspunkt und immer nur Mittel zum Zweck, sich selbst zu reflektieren und andere auf diese Reise mitzunehmen.

1.4.4   Fazit und Ausblick – Lernen als Chance

> Learning will also be crucial. Managers will have to learn new mindsets and skills.
> (Roosevelt, 1996, S. 65)

Führung neu zu lernen, reduziert sich nicht auf das Erlernen einer neuen Qualifikation. Führung neu zu lernen, zielt vielmehr auf die Verinnerlichung von (Führungs-)Verhaltensoptionen, die eine größere Variabilität des persönlichen und des gemeinsamen Handelns erlaubt. Führung neu zu lernen, heißt nicht, den eigenen Stil komplett preiszugeben, diesen jedoch um einen reflexiven Stil des Lernens zu erweitern. Lernende Führung ist der Weg – nicht das Ziel – im kollaborativen und kommunikativen Miteinander zwischen Mensch und Organisation. Dabei sind traditionelle Konzepte von Führung, Lernen und Organisation ebenso wichtig wie aktuelle Instrumente, Methoden und Ideen.

Das Fazit für den ersten Teil dieser Führungsgeschichte und der Ausblick für die folgenden Kapitel bilden drei wesentliche Punkte:

1. Lernen bedarf einer internen und externen Motivation.

Effektives Lernen, das wissen wir aus gelebter Praxis und angewandter Theorie, funktioniert nicht auf Kommando, und schon gar nicht, wenn wir selbst es nicht wollen oder als sinnvoll erachten. Vielmehr setzt es einen besonderen Mix aus „Selbstbestimmtheit" und „integrierter Selbstregulation" voraus, die in einem Mix aus intrinsischer Motivation und gezielten extrinsischen Anreizen entsteht. (Deci & Ryan, 1993, S. 236) Edward L. Deci und Richard M. Ryan wiesen erstmals auf diesen im Kontext Motivation, Zielbildung und Leistung als elementaren Wirkungszusammenhang hin. Kurz gefasst ist ein je spezifisches Zusammenspiel erlebter Autonomie (Selbständigkeit und Verantwortung), Kompetenz (erfahrener und vor allem rückgemeldeter Erfolg und Bewältigung) sowie Ganzheitlichkeit (Sinn, Bedeutsamkeit und Beitrag) die Voraussetzung für ein im Voraus und im Nachhinein als positiv und erfolgreich erlebtes Verhalten. Das gilt für alle Menschen gleich: Zu einer für uns als wichtig und bedeutsam erkannten Sache einen Beitrag zu leisten und für diesen positiven Effekt eine wertschätzende Rückmeldung zu erhalten, i.e. so etwas wie „Sinn" in unserem Tun zu erfahren, ist auf Dauer überlebenswichtig, - sofern die elementaren Bedürfnisse oder „Hygienefaktoren" zur Sicherstellung unserer materiellen und physischen Existenz gegeben sind. Ein Learning Leadership bezieht daher neben den Entwicklungs- und Gestaltungsperspektiven für Menschen, Prozesse und Systeme stets auch den ganz persönlichen Wissens-, Motivations- und Inspirationshorizont der eigenen Person und Führungsverantwortung mit ein.

2. Lernen ist Ziel und lebenslange Herausforderung zugleich.

Lebenslanges Lernen als Führungsthema zu postulieren, ist vor allem deshalb eine besondere Herausforderung, weil trotz aller Popularität und politischen Inanspruchnahme die Themen Bildung und Lernen immer noch allzu eng und instrumentell auf institutionelle Bezüge, Lebensphasen und formale Qualifikationen hin gesehen werden. Zwar gilt der Spruch „was Hänschen nicht lernt..." in unserem zunehmend durchlässigen Bildungssystem als überholt. Dennoch scheinen die auf einer gewissen Ebene der Karriere- und Lebensleiter angesiedelten Führungspositionen und die Erfahrung – oder das Bekenntnis – weiter lernen zu *müssen* mit dem eigenen Selbstverständnis kaum kompatibel. Solange jedoch Lernen eher als Eingeständnis des Nichtwissens oder Scheiterns denn als Streben nach Verständnis und Innovation konnotiert ist, bleiben die Lust am Lernen und rein explorative Entwicklungsprozesse auf der Strecke. Führung neu zu lernen, setzt deshalb eine Organisations-, Führungs- und Lernkultur voraus, die Stabilität, Autorität und Entscheidungsfähigkeit nicht mit einem statischen, sondern vielmehr einem dynamischen Bildungsprozess assoziiert und das Lernen zum Thema macht, in aller Offenheit und Bewusstheit für die möglichen Irrtümer und Fehlannahmen auf einem durch Unsicherheit und Widersprüchlichkeit gepflasterten Weg. Auch Lernen will gelernt werden, das ist der Auftrag eines Learning Leadership auch und gerade an die Führungskräfte selbst. Neben den ganz realen Widrigkeiten und Herausforderungen der Unternehmensführung kommen diese mentalen Anforderungen noch dazu. Womöglich liegt gerade darin die Antwort auf die Frage:

> Why is it that certain people seem to naturally inspire confidence, loyalty, and hard work, while others (who may have just as much vision and smarts) stumble, again and again? (Bennis & Thomas, 2002)

Und vielleicht ist es auch der steinige Weg eines „learnings from differences and crucibles", der – nach den Führungsforschern Warren Bennis und Robert J. Thomas – erst zu einer gerundeten Führungspersönlichkeit führt, „[to] gain a clearer vision of who they are, the role they play, and their place in the world." (2002).

3. **Führung lernen heißt: Lernen zu lernen.**
Nicht lernen, um zu führen, sondern führen, um zu lernen sowie insgesamt mehr Führung – und Lernen – auch angesichts eines potenziellen Scheiterns zu wagen, ist also der Auftrag, den wir aus der Geschichte der Führung für eine bessere Zukunft des Leaderships mitnehmen. Führung wird jenseits der traditionellen zweidimensionalen Logik als reflektiertes Handeln begriffen, das sich in einem mehrdimensionalen, interaktiven Prozess vollzieht und eine höhere kollektive Veränderungs- und Lernfähigkeit intendiert. Das bedeutet, die Perspektiven des jeweils Denk- und Machbaren immer wieder neu zu auszuloten, für die konkrete Situation zu vermitteln und auf Machbarkeit und Akzeptanz hin zu prüfen. Das fordert Mut, beinhaltet es doch, die bisherigen Pfade des Wissens substanziell zu prüfen, anzupassen oder komplett zu verlassen. Fehler- und Unsicherheitstoleranz werden dabei zu einer völlig neuen und für viele ungewohnte, jedoch unabdingbaren Führungs- und Organisationskompetenz. Mut jedoch darf nicht mit Stärke (um jeden Preis) oder Macht verwechselt werden: Die auf der anderen Seite

der Veränderung erwachsene Angst, Unsicherheit oder Inkompetenz katapultiert gerade in Zeiten radikalen Wandels gerne so genannte Great Men oder (seltener) Women an die Spitze. Damit verschiebt sich das systemische Gleichgewicht zu Ungunsten der scheinbar Wissenden, und der Lernprozess stagniert. Im englischen Begriff „Empowerment" steckt diese verteilte Logik von Stärke im System: Ein so verstandenes „starkes" Leadership überträgt die Prozesse des Ausprobierens und Mitgestaltens an das Kollektiv.

Lernende Führung schafft sich damit nicht selbst ab, sondern positioniert sich neu – jenseits von Schwarz und Weiß – als Perspektivenwechsler, Erfinder und Rahmengeber eines auf Lernen hin ausgerichteten Systems. Agile Kommunikations- und Kollaborationssysteme brauchen deshalb gerade nicht weniger Führung, sondern eher mehr – jedoch in einer anderen Form. Ein Learning Leadership entfaltet sich in und durch das Prinzip des lebenslangen Lernens einer Person und Organisation, über die privaten und beruflichen, informellen und institutionellen Bezüge hinweg. Wir müssen daher zuerst die Logik sozialer Systeme verstehen, um das Lernen dort zu platzieren und zuerst das Lernen begreifen, um eine bessere Selbst- und Unternehmensführung daraus abzuleiten. Learning Leadership ist keine weitere Führungsphilosophie, sondern vielmehr eine Art „Empowerment" für den eingeschlagenen Transformationsprozess, „das Anstiften zur (Wieder-)Aneignung der Selbstbestimmung über das eigene Leben" (Lutschewitz, 2020, S. 6), vor allem aber über einen souveränen Führungs-, Organisations-, Kommunikations- und Lernprozess. Führung kann und muss also gelernt werden, und zwar immer wieder neu in einem proaktiv reflektierenden Prozess.

Literatur

Adler, P. S., & Kwon, S.-W. (2002). Social capital: Prospects for a new concept. *The Academy of Management Review, 27*(1), 17–40.

AllBright Stiftung. (Hrsg.). (2019). Entwicklungsland. Deutsche Konzerne entdecken erst jetzt Frauen für die Führung. Bericht der AllBright Stiftung, September 2019. https://static1.squarespace.com/static/5c7e8528f4755a0bedc3f8f1/t/5d87daa592c75f103f5978ff/1569184438389/AllBrightBericht_Herbst2019_Entwicklungsland.pdf. Zugegriffen: 9. Apr. 2021.

Allport, G. W., & Odbert, H. S. (1936). Trait-names: A psycho-lexical study. *Psychological Monographs, 47*(1), 1–171. https://doi.org/10.1037/h0093360. Zugegriffen: 9. Apr. 2021.

Arvatea, P. R., Walczak Galileab, G., & Todescat, I. (2018). The queen bee: A myth? The effect of top-level female leadership on subordinate females. *The Leadership Quarterly, 29*, 544–548.

Avolio, B. J., & Bass, B. M. (1991). *The full range of leadership development programs: Basic and advanced manuals*. Bass, Avolio & Associates.

Avolio, B. J., & Gardner, W. L. (2005). Authentic leadership development: Getting to the root of positive forms of leadership. *The Leadership Quarterly, 16*, 315–338.

Avolio, B. J., Reichard, R. J., Hanah, S. T., Walumbwa, F. O., & Chan, A. (2009a). A meta-analytic review of leadership impact research: Experimental and quasi-experimental studies. *The Leadership Quarterly, 20*, 764–784.

Avolio, B. J., Walumbwa, F. O., & Weber, T. W. (2009b). Leadership: Current theories, research, and future directions. *Annual Revue of Psychology, 60*, 421–449.

Baitsch, C. (2005). Wenn Zwei das Gleiche tun... Zum Einfluss unterschiedlicher Wahrnehmung von Frauen und Männern auf die Personalbeurteilung. Tipps und Anregungen für die betriebliche Praxis. Hrsg von der Behörde für Soziales und Familie (bsf), Hamburg, http://www.hamburg.de/contentblob/118366/data/personalpolitik-5.pdf. Zugegriffen: 9. Apr. 2021.

Baron-Cohen, S. (2003). *The essential difference: Male and female brains and the truth about autism.* Basic Books.

Baron-Cohen, S. (2008). Autism, hypersystemizing, and truth. *The Quarterly Journal of Experimental Psychology, 61*(1), 64–75.

Bass, B. M. (1990). From transactional to transformational leadership: Learning to share the vision. *Organizational Dynamics, 18*(3), 19–31.

Baumgarten, F. (1933). *Die Charaktereigenschaften.* Beiträge zur Charakter- und Persönlichkeitsforschung, H. 1. Francke.

Beauvoir, S. (2000[1949]). *Das andere Geschlecht. Sitte und Sexus der Frau* (23. Aufl.). Rowohlt.

Bechtoldt, M. N., Bannier, C. E., & Rock, B. (2018). The glass cliff myth? - Evidence from Germany and the U.K. *Leadership Quarterly, 30*(3), 273–297.

Bennis, W. (2009 [1989]). *On becoming a leader* (4. Aufl.). Basic Books.

Bennis, W, & Thomas, R. J. (2002). Crucibles of leadership. *Harvard Business Review*, Sept. 2002. https://hbr.org/2002/09/crucibles-of-leadership. Zugegriffen: 8. Apr. 2021.

Bertrand, M. (2018). *The glass ceiling.* Becker Friedman Institute for Research in Economics, Chicago. Working Paper Nr. 2018–38, DOI: https://doi.org/10.2139/ssrn.3191467. Zugegriffen: 8. Apr. 2021.

Blake, R. R., & Mouton, J. S. (1964). *The managerial grid: Key orientations for achieving production through people.* Gulf

Bock, U., & Nüthen, I. (2014). Genderprofessuren eine Erfolgsgeschichte? Ein Blick hinter die Kulissen. *Femina Politica, 2*(2014), 154–158.

Boyd, K. S. (2008). Glass Ceiling. *Encyclopedia of Race, Ethnicity, and Society*, 549–552, http://www.sagepub.com/northouse6e/study/materials/reference/reference14.1.pdf.   Zugegriffen: 2. Apr. 2021.

Brankovic, M. (2021). Erfolg per Frauenquote. Gemischte Vorstände bringen Rendite. *Frankfurter Allgemeine Sonntagszeitung*, 14. März.

Bregeny, C. T., Ryan, M. K., Moss-Racusin, C. A., & Ravetz, G. (2020). In some professions, women have become well represented, yet gender bias persists – perpetually by those who think it is not happening. *Science advances*, 6, Juni. DOI: https://doi.org/10.1126/sciadv.aba7814. Zugegriffen: 10. Apr. 2021.

Bryman, A. (1992). *Charisma and leadership in organizations.* Sage.

Burel, S. (2020). *Quick Guide Female Leadership. Frauen in Führungspositionen in der Arbeitswelt 4.0.* Springer.

Busch-Heizmann, A. (2015). Frauenberufe, Männerberufe und die "Drehtür" – Ausmaß und Implikationen für West- und Ostdeutschland. *WSI-Mitteilungen, 8*(205), 571–582.

Butler, J. (2006 [1990]). *Gender Trouble: feminism and the subversion of identity.* Routledge.

Centola, D., Becker, J., Brackbill, D., & Baronchelli, A. (2018). Experimental evidence for tipping points in social convention. *Science, 360*(6369), 1116–1119.

Christen, C., & Reimund, W. (Hrsg.). (2020). Charta der Vielfalt e. V., Berlin, https://www.diversity-trends.de. Zugegriffen: 8. Apr. 2021.

Cohen, M., March, J. G., & Olsen, J. P. (1972). A garbage can model or organizational choice. *Administrative Science Quarterly, 17*, 1–25.

Comelli, G., & Rosenstiel L. v. (2011). *Führung durch Motivation. Mitarbeiter für Unternehmens-ziele gewinnen* (4. Aufl.). Vahlen.

Comelli, G., Rosenstiel, L. v., & Nerdinger, F. W. (2014). *Führung durch Motivation. Mitarbeiter für die Ziele des Unternehmens gewinnen* (5. Aufl.). Vahlen.

Conlin, M. (2003). The new gender gap: from kindergarten to grad school, boys are becoming the second sex. *Business Week*, 26. Mai, 74–82.

Cooper, M. (2016). Why women (sometimes) don't help other women. *The Atlantic*, June, https://www.theatlantic.com/business/archive/2016/06/queen-bee/488144/. Zugegriffen: 10. Juli 2021.

Correll, S. J. (2004). Constraints into preferences: Gender, status, and emerging career aspirations. *American Sociological Review, 69*(1), 93–113.

Costa, P. T., & McCrae, R. R. (1992). Four ways five factors are basic. *Personality and Individual Differences, 13*, 653–665.

Cunningham, S. J., & Macrae, C. N. (2011). The colour of gender stereotyping. *British Journal of Psychology, 102*(3), 598–614.

Deci, E. L., & Ryan, R. M. (1993). Die Selbstbestimmungstheorie der Motivation und ihre Bedeutung für die Pädagogik. *Zeitschrift Für Pädagogik, 39*(2), 223–238.

Deci, E. L., & Ryan, R. M. (2000). The "What" and "Why" of goal pursuits: Human needs and the self-determination of behavior. *Psychological Inquiry, 11*(4), 227–268.

Deci, E. L., Koestner, R., & Ryan, R. M. (2001). Extrinsic rewards and intrinsic motivation in education: Reconsidered once again. *Review of Educational Research, 71*(1), 1–27.

Decker, C., van Quaquebeke, N. (2014). Respektvolle Führung. In J. Felfe (Hrsg.), *Trends der psychologischen Führungsforschung. Neue Konzepte, Methoden und Erkenntnisse* (S. 89–101). Hogrefe.

Den Hartog, D. W. (1999). Culture specific and cross-culturally generalizable implicit leadership theories: Are attributes of charismatic/transformational leadership universally endorsed? *Leadership Quarterly, 10*(2), 219–239.

Desvaux, G. et al. (2017). Women matter. Time to accelerate. Ten years of insights into gender diversity. Hrsg. McKinsey & Company, o.O., https://www.mckinsey.com/~/media/McKinsey/Featured%20Insights/Women%20matter/Women%20Matter%20Ten%20years%20of%20insights%20on%20the%20importance%20of%20gender%20diversity/Women-Matter-Time-to-accelerate-Ten-years-of-insights-into-gender-diversity.pdf?shouldIndex=false. Zugegriffen: 8. Apr. 2021

Dinh, J. E., et al. (2014). Leadership theory and research in the new millennium: Current theoretical trends and changing perspectives. *The Leadership Quarterly, 25*, 36–62.

Dixon-Fyle, S., Hunt, V., Dolan, K., & Prince, S. (2020). Diversity wins. How inclusion matters. Hrsg. McKinsey & Company, o.O., https://www.mckinsey.com/~/media/McKinsey/Featured%20Insights/Diversity%20and%20Inclusion/Diversity%20wins%20How%20inclusion%20matters/Diversity-wins-How-inclusion-matters-vF.pdf. Zugegriffen: 8. Apr. 2021.

Drucker, P. F. (2001). The next society. *The Economist*, 3. November. https://www-economist-com.ezproxy.ub.unimaas.nl/special-report/2001/11/03/the-next-society. Zugegriffen: 6. Apr. 2021.

Eagly, A. H., & Carli, L. L. (2003). The female leadership advantage: An evaluation of the evidence. *The Leadership Quarterly, 14*, 807–834.

Eagly, A. H., & Carli, L. L. (2007). Women and the labyrinth of leadership. *Harvard Business Review*, September. https://hbr.org/2007/09/women-and-the-labyrinth-of-leadership. Zugegriffen: 10. Apr. 2021.

Ebert-Steinhübel, A. (2013). Kommunikation im Change-Prozess. In G. Bentele, M. Piwinger, & G. Schönborn (Hrsg.), *Kommunikationsmanagement. Strategien, Wissen, Lösungen, 80*(3.93), 1–18.

Ebert-Steinhübel, A. (2014). Frauen führen anders – Männer auch? Erkenntnisse und Implikationen der Genderforschung. In S. Laske, A. Orthey, & M. J. Schmid (Hrsg.), *PersonalEntwickeln, 180*(4.82), 1–38.

Eckardt, G. (2017). *Persönlichkeits- und Differentielle Psychologie. Quellen zu ihrer Entstehung und Entwicklung.* Springer.

Eckes, T. (2008). Geschlechterstereotype: Von Rollen, Identitäten und Vorurteilen. In T. Eckes (Hrsg.), *Handbuch Frauen- und Geschlechterforschung* (S. 178–189). Springer.

Edding, C. (2012). *Was wünschen sich Frauen von ihrer Arbeit?* Literaturrecherche im Auftrag der Bertelsmann Stiftung. Bertelsmann.

Ellemers, N. (2018). Gender stereotypes. *Annual Revue of. Psychology, 69*, 275–298.

Ende, M. (1979). *The neverending story.* Penguin.

Endres, S., & Weibler, J. (2020). Understanding (non)leadership phenomena in collaborative interorganizational networks and advancing shared leadership theory: An interpretive grounded theory study. *Business Research, 13*, 275–309. https://doi.org/10.1007/s40685-019-0086-6. Zugegriffen: 10. Apr. 2021.

EU (2005). EQUAL-Leitfaden zu Gender Mainstreaming. Europäische Kommission, Luxemburg, https://ec.europa.eu/employment_social/equal_consolidated/data/document/gendermain_de.pdf. Zugegriffen: 6. Apr. 2021.

EU (2008). Continuing the diversity journey – business practices, perspectives and benefits. https://ec.europa.eu/social/BlobServlet?docId=749&langId=en. Zugegriffen: 9. Apr. 2021.

Eysenck, H. J. (1947). *Dimensions of personality.* Routledge.

Felfe, J. (2006). Validation of a German version of the „Multifactor Leadership Questionnaire" (MLQ Form 5 × Short) by Bass and Avolio (1995). *Zeitschrift für Arbeits- und Organisationspsychologie, 50*(2), 61–78.

Felfe, J. (Hrsg.). (2015). *Trends der psychologischen Führungsforschung: Neue Konzepte, Methoden und Erkenntnisse.* Hogrefe.

Felfe, J., & Goihl, K. (2014). Deutscher Multifactor Leadership Questionnaire (MLQ). *Zusammenstellung sozialwissenschaftlicher Items und Skalen (ZIS).* https://doi.org/10.6102/zis22. Zugegriffen: 10. Apr. 2021.

Fiedler, F. E. (1967). *A theory of leadership effectiveness.* Mc Graw-Hill.

Fleischer, E. (2016). Der Anti-Bias-Ansatz als Methode politischer Erwachsenenbildung. *Magazin erwachsenenbildung.at.* https://www.erwachsenenbildung.at/magazin/16-28/meb16-28.pdf. Zugegriffen: 9. Apr. 2021.

Frey Steffen, T. (2017). *Gender.* Reclam.

Friedel-Howe, H. (2003). Frauen und Führung: Mythen und Fakten. In L. v. Rosenstiel, E. Regnet, & M. E. Domsch (Hrsg.), *Führung von Mitarbeitern. Handbuch für erfolgreiches Personalmanagement* (5. Aufl., S. 547–559). Schäffer Poeschel.

Fröse, M. W. (2009). Mixed Leadership – presencing gender in organisations. In M. W. Fröse & A. Szebel-Habig (Hrsg.), *Mixed Leadership: Mit Frauen in die Führung!* (S. 17–53). Haupt.

Fröse, M. W., Kaudela-Bau, S., & Dievernich, F. E. P. (2019). Emotion und Intuition in Führung und Organisation. In M. W. Fröse (Hrsg.), *Annäherung an Führung und Organisation* (S. 159–175). Ergon.

Funk, W. (2018). *Gender Studies.* Fink.

Furtner, M. (2016). *Effektivität der transformationalen Führung. Helden, Visionen, Charisma.* Springer.

Furtner, M., & Baldegger, U. (2013). *Self-Leadership und Führung, Theorien, Modelle und praktische Umsetzung.* Springer.

Galton, F. (1884). Measurement of character. *Fortnightly Review, 36*, 179–185, https://galton.org/essays/1880-1889/galton-1884-fort-rev-measurement-charakter.pdf. Zugegriffen: 8. Apr. 2021.

Gardner, W. L. (2004). Gute Geschichten erzählen, Interview. *manager magazin, 12,* 154, https://heft.manager-magazin.de/EpubDelivery/manager-lounge/pdf/37163618. Zugegriffen: 8. Apr. 2021.

Gardner, W. L., Avolio, B. J., & Walumba, F. O. (Hrsg.). (2005). *Authentic leadership theory and practice: Origins, effects and development.* Elsevier.

Garfinkel, H. (2006[1967]). Passing and the managed achievement of sex status in an intersexed person. In Studies in Ethnomethodology. Englewood Cliffs, Prentice Hall. Zit. nach S. Stryker, & S. Whittler (Hrsg.), *The transgender study reader* (S. 58–91). http://www.calstatela.edu/faculty/tbettch/Garfinkel_Passing.pdf. Zugegriffen: 8. Apr. 2021

Gigerenzer, G. (2004). Fast and frugal heuristics: The tools of bounded rationality. In D. J. Koehler & N. Harvey (Hrsg.), *Blackwell Handbook of Judgment and Decision Making* (S. 62–88). Blackwell.

Graf, N., & Scamperle, P. (2020). Veränderungsverwechslungen. Transformation versus change. *Manager Seminare, 269,* 60–67.

Gramelt, K. (2010). *Der Anti-Bias-Ansatz. Zu Konzept und Praxis einer Pädagogik für den Umgang mit (kultureller) Vielfalt.* VS Verlag.

Graumann, C. F. (1972). Interaktion und Kommunikation. In C. F. Graumann (Hrsg.), *Handbuch der Psychologie* (S. 1109–1262). 7(24). Hogrefe.

Gunzelmann, B., & Connell, D. (2006). The new gender gap: social, psychological, neuro-biological, and educational perspectives. *Educational Horizons,* 94–101.

Gurian, M. (2011). *Boys and girls learn differently!: a guide for teachers and parents* (2. Aufl.). Jossey-Bass.

Hasebrook, J., & Maurer, H. A. (2004). Learning support systems for organizational learning. *World Scientific Publishing.* https://doi.org/10.1142/5529. Zugegriffen: 10. Apr. 2021.

Hersey, P. H., & Blanchard, K. H. (1969). *Management of organizational behavior. Utilizing human resources.* Prentice-Hall.

Hesselbein, F., & Goldsmith, M. (Hrsg.). (2006). *The leader of the future 2: Visions, strategies, and practices for the new era. Leader to leader institute.* Jossey-Bass.

Hirschfeld, A., Mütze, J., & Gilde, J. (2019). Female Founders Monitor. Hrsg. vom Bundesverband Deutsche Startups e. V., https://deutschestartups.org/wp-content/uploads/2019/05/Female_Founders_Monitor_2019.pdf. Zugegriffen: 8. Apr. 2021.

Hofert, S. (2019). Dem Gemeinwohl dienen. Neue Rollenkonzepte und die Idee der verteilten Führung. In H. R. Fischer, H. K. Stahl, P. Schettgen, & H. Schlipat (Hrsg.), *Dienende Führung. Zu einer neuen Balance zwischen ICH und WIR* (S. 33–44). Schmidt.

Ibarra, H., & Obodaru, O. (2009). Women and the vision thing. *Harvard Business Review,* Jan. 2009. https://hbr.org/2009/01/women-and-the-vision-thing. Zugegriffen: 6. Apr. 2021.

Jordan-Young, R. (2010). Die Suche nach dem kleinen Unterschied. *Focus Magazin,* 19, http://www.focus.de/wissen/mensch/neurowissenschaft/tid-18356/neurowissenschaft-die-suche-nach-dem-kleinen-unterschied_aid_506269.html. Zugegriffen: 6. Apr. 2021.

Kahnemann, D. (2012). *Schnelles Denken, langsames Denken.* Siedler.

Kahnemann, D., & Tversky, A. (1979). Prospect theory: An analysis of decision under risk. *Econometrica, 47*(2), 263–291. https://doi.org/10.2307/1914185. Zugegriffen: 8. Apr. 2021.

Kanter, R. M. (1977). Some effects of proportions on group life: Skewed sex ratios and responses to token women. *American Journal of Sociology, 82,* 965–990, https://doi.org/10.1086/226425. Zugegriffen: 8. Apr. 2021.

Kayode, B. K., Mojeed, A. Q., & Fatai, I. A. (2014). Leadership and decision-making: A study on reflexive leadership between leadership style and decision-making approach. *British Journal of Education, 4*(4), 473–484.

Klages, L. (1926). *Grundlagen der Charakterkunde.* Bouvier.

Knapp, G.-A. (2001). *Soziale Verortung der Geschlechter*. Westfälisches Dampfboot.

Kouzes, J. M., & Posner, B. Z. (2017). *The leadership challenge: How to get extraordinary things done in organizations* (6. Aufl.). Wiley.

Krell, G. (1997). „Vorteile eines neuen, weiblichen Führungsstils" – zur Fragwürdigkeit einer derzeit vielstrapazierten Behauptung. In G. Krell (Hrsg.), *Chancengleichheit durch Personalpolitik. Gleichstellung von Frauen und Männern in Unternehmen und Verwaltungen. Rechtliche Regelungen – Problemanalysen – Lösungen* (S. 299–307). Gabler.

Krell, G. (2012). „Geschlecht", „Führung", „Karriere" und deren Verschränkungen als diskursive Fabrikationen. In G. Krell, D. Rastetter, & K. Reichel (Hrsg.), *Geschlecht macht Karriere in Organisationen. Analysen zur Chancengleichheit in Fach- und Führungspositionen* (S. 17–40). Edition sigma.

Kuzmina, O., & Melentyeva, V. (2021). Gender diversity in corporate boards: Evidence from quota-implied discontinuities. NES Working Paper Series, Nr. 282, Januar. https://www.nes.ru/files/Preprints-resh/WP282.pdf. Zugegriffen: 8. Apr. 2021.

Lewin, K., Lippitt, R., & White, R. K. (1939). Patterns of aggressive behavior in experimentally created social climates. *The Journal of Social Psychology, 10*(2), 271–299.

LoBue, V., & DeLoache, J. S. (2011). Pretty in pink: The early development of gender-stereotyped colour preferences. *The British Psychological Society, 29*, 656–667. https://doi.org/10.1111/j.2044-835X.2011.02027.x. Zugegriffen: 10. Apr. 2021.

Longman, K. A., & Madsen, S. R. (Hrsg.). (2014). *Women and leadership in higher education. Series: Women and leadership: Research, theory, and practice*. Information Age Publishing.

Lord, R. G., & Maher, K. J. (1991). *Leadership and information processing: Linking perceptions and performance*. Unwin Hyman.

Lück, H. E. (2009). Der Hawthorne-Effekt – ein Effekt für viele Gelegenheiten? *Gruppendynamik und Organisationsberatung, 40*(1), 102–114. https://doi.org/10.1007/s11612-009-0055-1. Zugegriffen: 8. Apr. 2021.

Lutschewitz, C. (2020). *Philosophie im Leadership. Sokrates als Inspiration und Empowerment*. Springer.

Maciariello, J. A. (2006). Peter F. Drucker on Executive Leadership and Effectiveness. In F. Hesselbein, & M. Goldsmith (Hrsg.), *The leader of the future 2: Visions, strategies, and practices for the new era* (S. 3–27). Jossey-Bass.

MacBeath, J., Dempster, N., Frost, D., Johnson, G., & Swaffield, S. (2018). *Strengthening the connections between leadership and learning. Challenges to policy, school and classroom practice*. Routledge.

Maletzke, G. (1978 [1963]). *Psychologie der Massenkommunikation. Theorie und Systematik*. Neudruck. Hans-Bredow-Institut.

March, J. G. (1990). Die Entscheidung der Torheit. In J. G. March (Hrsg.), *Entscheidung und Organisation. Kritische und konstruktive Beiträge, Entwicklungen und Perspektiven* (S. 281–295). Gabler.

March, J. G. (2016). *Zwei Seiten der Erfahrung. Wie Organisationen intelligenter werden können*. Carl-Auer.

March, J. G., & Weil, T. (2005). *On leadership*. Blackwell.

Mast, C. (2000). *Effektive Kommunikation für Manager. Informieren, Diskutieren, Überzeugen*. Verlag Moderne Industrie.

Matthews, G., Deary, I. J., & Whiteman, M. C. (2009). *Personality Traits* (3. Aufl.). Cambridge University Press.

MVBZ. Margherita-von-Brentano-Zentrum. (2020). Portal „Datensammlungen Geschlechterforschung", https://www.mvbz.org/genderprofessuren. Zugegriffen: 9. Apr. 2021.

Neuberger, O. (1978). Führung. In A. Mayer (Hrsg.), *Organisationspsychologie* (S. 272–304). C.E. Poeschel.

Neuberger, O. (1990). Der Mensch ist Mittelpunkt. Der Mensch ist Mittel. Punkt. 8 Thesen zum Personalwesen. *Personalführung, 1,* 3–10.

Neuberger, O. (2002). *Führen und führen lassen. Ansätze, Ergebnisse und Kritik der Führungsforschung* (6., völlig neu bearbeitete und erweiterte Aufl.). Lucius & Lucius.

O'Connor, J., & McDermott, I. (1998). *Die Lösung lauert überall. Systemisches Denken verstehen und nutzen.* VAK.

OECD. (2019). *Fast forward to gender equality.* OECD Publishing, Paris. https://doi.org/10.1787/g2g9faa5-en. Zugegriffen: 10. Apr. 2021.

Offermann, L. R., Kennedy, J. K., & Wirtz, P. W. (1994). Implicit leadership theories: Content, structure, and generalizability. *Leadership Quarterly, 5*(1), 43–58.

Olmedo, E. (2012). The future of leadership: The new complex leaders' skills. *Global Journal of Accounting and Economic Research, 1*(1), 79–90.

Over, D. (2004). Rationality and the normative/descriptive distinction. In D. H. Koehler & N. Harvey (Hrsg.), *Blackwell handbook of judgment and decision making* (S. 3–18). Blackwell.

Pabst, M. (2009). Das Prinzip Gartenzaun. *Neue Zürcher Zeitung.* 10. Mai. https://www.nzz.ch/das_prinzip_gartenzaun-1.2526266. Zugegriffen: 8. Apr. 2021.

Page, S. E. (2011). *Diversity and complexity.* Princeton University Press.

Pearce, G. L., & Conger, J. A. (2003). *Shared leadership. Reframing the hows and whys of leadership.* Sage.

Powell, G. N. (1990). One more time: Do male and female managers differ? *Academy of Management Executive, 12,* 731–743.

Prentice, D. L., & Carranza, E. (2004). Sustaining cultural beliefs in the face of their violation: The case of gender stereotypes. In M. Schaller & C. S. Crandall (Hrsg.), *The psychological foundations of culture* (S. 259–280). Lawrence Erlbaum Associates.

Quaquebeke, N. v., & Schmerling, A. (2010). Kognitive Gleichstellung. Wie die bloße Abbildung bekannter weiblicher und männlicher Führungskräfte unser implizites Denken zu Führung beeinflusst. *Zeitschrift für Arbeits- und Organisationspsychologie, 54*(3), 91–104, DOI: https://doi.org/10.1026/0932-4089/a000020. Zugegriffen: 10. Apr. 2021.

Quaquebeke, N., & v., Graf, M. M., & Eckloff, T. (2014). What do leaders have to live up to? Contrasting effects of central tendency- versus ideal-based leader prototypes in leader categorization processes. *Leadership Quarterly, 10*(2), 191–217.

Raelin, J. (2016). Imagine there are no leaders: reframing leadership as collaborative agency. *Leadership, 12*(2), URL: http://lea.sagepub.com/content/12/2/131.full.pdf+html, 1–44. Zugegriffen: 10. Apr. 2021.

Reinwald, M., Hüttermann, H., Kröll, J., & Boerner, S. (2015). Gender Diversity in Führungsteams und Unternehmensperformanz: Eine Metaanalyse. *Zeitschrift für betriebswirtschaftliche Forschung (ZfbF),* September, 262–296.

Roethlisberger, F. J., & Dickson, W. J. (1939). *Management and the worker.* Harvard University Press.

Roosevelt, T. R. (1996). *Redefining diversity.* Amacom.

Rosenstiel, L. v. (1987). *Grundlagen der Organisationspsychologie. Basiswissen und Anwendungshinweise* (2., überarb. und ergänzte Aufl.). C.E. Poeschel.

Rosenstiel, L. v. (1995). Kommunikation und Führung in Arbeitsgruppen. In H. Schuler (Hrsg.), *Lehrbuch Organisationspsychologie* (2., korr. Aufl., S. 321–375). Huber.

Rosenstiel, L., & v., Regnet E., & Domsch, M. E. (Hrsg.). (2003). *Führung von Mitarbeitern. Handbuch für erfolgreiches Personalmanagement* (5. Aufl.). Schäffer-Poeschel.

Roth, G. (2007). *Persönlichkeit, Entscheidung und Verhalten. Warum es so schwierig ist, sich und andere zu ändern.* Klett-Cotta.

Ryan, M. K., & Haslam, S. A. (2007). The glass cliff: Exploring the dynamics surrounding the appointment of women to precarious leadership positions. *Academy of Management Review, 32*(2), 549–572.

Salwender, M., & Schöl, C. (2019). Der Frauen Leid, der Männer Freud: Geschlechtsstereotype im Führungskontext. *The Inquisitive Mind, 1*(2019). https://de.in-mind.org/article/der-frauen-leid-der-maenner-freud-geschlechtsstereotype-im-fuehrungskontext?page=. Zugegriffen: 8. Apr. 2021.

Scheidlinger, S. (1994). The Lewin, Lippitt and White study of leadership and "social climates" revisited. *International Journal of Group Psychotherapy, 44*(1), 123–127. https://doi.org/10.108 0/00207284.1994.11490737. Zugegriffen: 8. Apr. 2021.

Schettgen, P. (1991). *Führungspsychologie im Wandel: Neue Ansätze in der Organisations-, Interaktions- und Attributionsforschung.* Deutscher Universitätsverlag.

Schimank, U. (1996). *Theorien gesellschaftlicher Differenzierung.* Leske & Budrich.

Schlegel, A. W. (1884). *Vorlesungen über schöne Literatur. Gehalten zu Berlin in den Jahren 1801–1804.* Dritter Teil (1803–1804): Geschichte der romantischen Literatur. Neudruck hrsg. von Seuffer B (1884), Gebr. Henniger, Heilbronn, https://www.google.de/books/edition/A_W_ Schlegels_Vorlesungen_über_schöne/GJ8zAQAAMAAJ?hl=de&gbpv=1&dq=Schlegel+Vorl esungen+über+schöne+Literatur+und+Kunst&printsec=frontcover. Zugegriffen: 8. Apr. 2021.

Schnerring, A., & Verlan, S. (2015) Rosa vs. Blau. Mehr als ein Farbspiel. https://www.zukunfts-institut.de/artikel/rosa-vs-blau-mehr-als-ein-farbspiel/. Zugegriffen: 8. Apr. 2021.

Schößler, F. (2008). *Einführung in die Gender Studies.* Akademie.

Schuler, H. (Hrsg.). (1995). *Lehrbuch Organisationspsychologie* (2., korr. Aufl.). Hans Huber.

Schuler, H. (1998). *Psychologische Personalauswahl. Einführung in die Berufseignungsdiagnostik* (2., unveränd. Aufl.). Verlag für Angewandte Psychologie.

Schulz von Thun, F. (1981). *Miteinander Reden 1: Störungen und Klärungen: Allgemeine Psychologie der Kommunikation.* Rowohlt Taschenbuch.

Schwab, K. (2019). Preface. In World Economic Forum (Hrsg.), Global Gender Gap Report 2020. WEF, Genf. http://www3.weforum.org/docs/WEF_GGGR_2020.pdf, 4. Zugegriffen: 10. Apr. 2021.

Seldon, A. (2018). *The fourth education revolution. Will artificial intelligence liberate or infantilise humanity.* The University of Buckingham Press.

Shannon, C. E., & Weaver, W. (1964 [1949]). *The mathematical theory of communication* (10. Aufl.). The University of Illinois Press.

Sharpe, R. (2000). As leaders, women rule: new studies find that female managers outshine their male counterparts in almost every measure. *Business Week,* 74, November. https://www.bloomberg.com/news/articles/2000-11-19/as-leaders-women-rule. Zugegriffen: 8. Apr. 2021.

Silverman, L. (2006). *Wake me up when the data is over: How organizations use stories to drive results.* Jossey-Bass.

Smith, R. A. (2002). Race, gender, and authority in the workplace: Theory and research. *Annual Review of Sociology, 28,* 509–542.

Spillane, J. P. (2006). *Distributed leadership.* Jossey-Bass.

Steiger, T. (2003). Das Rollenkonzept der Führung. In T. Steiger, & E. Lippmann (Hrsg.), *Handbuch angewandte Psychologie für Führungskräfte. Führungskompetenz und Führungswissen* (2. Aufl., S. 43–73). Springer.

Stippler, M., Moore, S., & Rosenthal, S. (2010). *Führung. Ansätze, Entwicklungen, Trends.* Berteismann Stiftung Leadership Series. Bertelsmann Stiftung, Gütersloh. https://www.dgfp.de/ hr-wiki/Zeitgemäße_Führung_-_Ansätze_und_Modelle.pdf. Zugegriffen: 10. Apr. 2021.

Taucean, I. I., Tamasila, M., & Negru-Strauti, G. (2016). Study on management styles and managerial power types for a large organization. *Procredia – Social and Behavioral Sciences, 221,* 66–75.

Tversky, A., & Kahnemann, D. (2012[1974]). Urteile unter Unsicherheit: Heuristiken und kognitive Verzerrungen. In D. Kahnemann, *Schnelles Denken, langsames Denken* (S. 521–543). Siedler.

Uhl-Bien, M., & Arena, M. (2017). Complexity leadership: Enabling people and organizations for adaptability. *Organizational Dynamics, 46,* 9–20.

Useem, M. (2004). Decision making. In G. R. Goethals, G. Sorenson, & J. MacGregor Burns (Hrsg.), *Encyclopedia of Leadership* (S. 316–322). Sage.

Vester, F. (1974). *Das kybernetische Zeitalter.* S. Fischer.

Vierjahn, B. (2020). Junge oder Mädchen? Kind! Wie Rollenbilder entstehen. https://www.uni-due.de/2020-12-16-rollenbilder-junge-maedchen. Zugegriffen: 8. Apr. 2021.

Vroom, V. H., & Yetton, P. W. (2010 [1973]). *Leadership and decision-making.* Paperback Reprint. University of Pittsburgh Press.

Watzlawick, P., Beavin, J. H., & Jackson, D. D. (1999). *Menschliche Kommunikation. Formen, Störungen, Paradoxien* (8. Aufl.). Huber.

West, C., & Zimmermann, D. H. (1987). Doing Gender. *Gender & Society, 1*(2), 125–151.

Wiener, N. (1948[1992]). *Kybernetik. Regelung und Nachrichtenübertragung im Lebewesen und in der Maschine.* Neuaufl., Econ.

Wiens, K. (2006). The New Gender Gap: What went wrong? *Journal of Education, 186*(3), 11–27.

Wilen-Daugenti, T., Vien, C. L., & Molina-Ray, C. (Hrsg.). (2013). *Women lead: Career perspectives from workplace leaders.* Lang.

Yerkes, R. M., & Dodson, J. D. (1908). The relation of strength of stimulus to rapidity of habit-transformation. *Journal of Comparative Neurology and Psychology, 18,* 459–482. https://doi.org/10.1002/cne.920180503. Zugegriffen: 8. Apr. 2021.

Yukl, G. (2008). The importance of flexible leadership. In R. B. Kaiser (Hrsg.), The importance, assessment, and development of flexible leadership. Practitioner forum presented at the 23rd annual conference of the Society for Industrial-Organizational Psychology. April. San Francisco. https://www.researchgate.net/publication/254848. Zugegriffen: 10. Apr. 2021

Zimbardo, P. G., & Gerrig, R. J. (1999). *Psychologie* (7., neu übers. und bearb. Aufl.). Springer.

Zimmer, L. (1988). Tokenism and women in the workplace: The limits of a gender-neutral theory. *Social Problems, 35*(1), 64–77.

Zukunftsinstitut (o. J.). Megatrend Gender Shift. https://www.zukunftsinstitut.de/dossier/mega-trends/#12-megatrends. Zugegriffen: 8. Apr. 2021.

Zwerenz, D. (2020). Performance incentives to increase motivation: potentials of meaningful activities in project management. *Socio-Economic Challenges, 4*(3), 95–118. https://doi.org/10.21272/sec.4(4).95-118.2020. Zugegriffen: 10. Apr. 2021.

Weiterführende Literatur

Kanter, R. M. (1997). *On the frontiers of management.* Harvard Business School Press.

Individuum versus Kollektiv

Wie und wozu gelingt Organisation?

> Man entdeckt, dass die gesellschaftliche Wirklichkeit viele
> Bedeutungsschichten hat. Jede Schicht, durch die man stößt,
> verändert den Blick auf das Ganze. (Berger, 1984, S. 32)

Zusammenfassung

Es bleibt ein Spannungsfeld, in dem selbst die offenen, netzwerkartig miteinander interagierenden Organisationsmodelle neueren Datums zu begreifen sind: Zwischen funktionaler Differenzierung, Komplexitätsreduktion und sozialer oder normativer Integration vermitteln Organisationen die Chance auf Kommunikation und Kooperation und sind konstitutiv für den Übergang aus der vormodernen in die moderne ebenso wie in die post-moderne Welt. (Scott, 1986, S. 35) Organisationen begleiten unseren Alltag, strukturieren unsere Privatheit sowie unsere gesellschaftliche und berufliche Existenz – ein Leben lang. Dennoch sind sie nicht einfach „da", sondern vor allem auch ein Mittel zum Zweck, eine bewusst entwickelte Form sozialer Interaktion zur Erreichung der jeweils gesetzten Ziele, i.e. zu einer erfolgreichen und proaktiven Bewältigung der aktuellen Veränderungsrealität. Dieses bewegliche Momentum von Organisationen rückt neuerdings wieder in den Blick, wenn es um eine Flexibilisierung, Öffnung oder gar Neuerfindung der Strukturen und Prozesse geht. Individuelle und kollektive Lernfähigkeit aufeinander zu beziehen, ist ein Schlüssel dazu. Die Organisation als „Möglichkeitsraum" bietet dann den passenden Mix aus Öffnung und Integration, wenn sie nicht nur passiver Schauplatz des gemeinsamen Handelns ist, sondern als ein selbst lernendes, „atmendes" System mit neuem Wissen die eigene Geschichte und ihre Akteure inspiriert, entwickelt und prägt.

© Springer Fachmedien Wiesbaden GmbH, ein Teil von Springer Nature 2021
A. Ebert-Steinhübel, *Learning Leadership,* https://doi.org/10.1007/978-3-658-34495-5_2

2.1   In Sicherheit: vom Grund sozialer Systeme

2.1.1   Die Wurzeln der Organisation(sgesellschaft)

Organisationen erleichtern unseren Alltag, strukturieren unsere private und berufliche Existenz und ermöglichen Handlungen, die der Einzelne für sich weder zu planen noch zu realisieren in der Lage ist. An diesen komfortablen „Mechanismus", der „das System in Gang" hält und Ziele zu verwirklichen hilft, die die Möglichkeiten des Einzelnen weit übersteigen (Parsons, 1960, S. 41), haben wir uns in allen Lebenslagen längst gewöhnt. Die „organisierte Gesellschaft" (Gross, 1973), „organizational society" (Presthus, 1962) oder „Organisationsgesellschaft" (Schimank, 1996) ist für uns gleichermaßen lebensnotwendig und ubiquitär, d. h. überall vorhanden und gar nicht mehr weiter hinterfragt (Scott, 1986, S. 51). Die Organizational Society entwickelt damit weit über die Funktion des Organisierens hinaus eine eigene soziale Identität. Das lässt bis heute die Frage offen, ob Organisationen ein soziales Faktum oder eher eine „Diagnose" unserer jeweiligen sozialen Befindlichkeit bedeuten (Kühl, 2010, S. 2). Nicht alle Bereiche können durch Organisationen beherrscht und nicht in allen Bereichen der Organisation das zweckrationale Prinzip realisiert werden. Ein Beispiel, an dem dies explizit immer wieder deutlich wird, ist die Wissenschaft: Hochschulen – vornehmlich staatlicher Provenienz – grenzen sich in ihrem institutionellen Selbstverständnis deutlich gegenüber einer funktionalen Logik des organisierten Managements ab. Die Gesellschaft als Ganzes zumindest, verweigert sich dem organisierenden und organisierten Phänomen (Luhmann, 1969, S. 400). Wir brauchen sie also, nutzen sie und akzeptieren ihre Evidenz, lieben sie aber nicht. Besonderes Unbehagen gilt dem Verhalten anderer im gemeinsamen Kollektiv. Als „kollektives Wir" – wie dargestellt in Abb. 2.1 – sind Organisationen normativ über geteilte Werte und Sinn, sozial über Beziehungen und Kommunikation sowie formal über vertragliche Vereinbarungen und rechtliche Strukturen der Zusammenarbeit und Transaktion von Leistungen, Ergebnissen etc. konstituiert.

Sozialpsychologische Erkenntnisse bestätigen allerdings, dass die Resultate gemeinschaftlichen Handelns nicht per se sinnstiftend und für alle wertvoll sind. Auf die Balance also kommt es an, wenn Individuum und Kollektiv gegenseitig ihre Existenzberechtigung beanspruchen. Zuviel Individualität torpediert Organisation. Zuviel Organisation wiederum torpediert Individualität, wie es schon in den frühen Organisationsstudien beschrieben wurde, beispielsweise dem „well-rounded" „organization man" (White, 1952), als Antitypus mit hoher Risikoaversion, ohne besondere „Ecken und Kanten", dabei aber immer die eigene Karriere und Anpassung bis zur eigenen Unsichtbarkeit im Blick (Loo & Reijen, 1992, S. 139). In der spezifischen Form geforderter versus entgegengebrachter Zugehörigkeit, Bindung und Kooperation wird das gemeinsame Wir legitimiert, bestärkt und nach innen und außen kommuniziert.

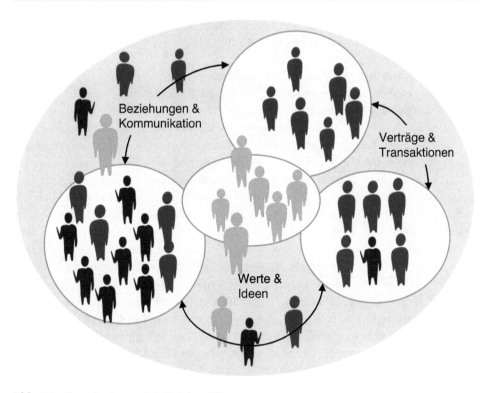

Abb. 2.1 Organisationen als kollektives Wir

Die Auseinandersetzung mit dem menschlichen Erleben und Verhalten in und mittels einer strukturierten Organisation wäre relativ neu, machte man sie allein an ihrer disziplinären Konzeption und Thematisierung fest. Mit der Umbenennung der Sektion „Industrial Engineering Psychology" in „Industrial and Organizational Psychology" durch den amerikanischen Psychologenverband wurde 1973 erstmals der Begriff „Organisationspsychologie" verwandt. Im deutschsprachigen Raum dominieren noch einige Jahre die Fachbezeichnungen als „Betriebs-" und „Arbeitspsychologie", bevor eine Umfirmierung in „Arbeits- und Organisationspsychologie" oder „Arbeits-, Betriebs- und Organisationspsychologie" durch die Berufsverbände erfolgt. (Greif, 2007, S. 21) Die disziplinären Wurzeln der Organisationspsychologie und auch der vom Fokus des kollektiven Handelns her begründeten Industrie-, Betriebs- und Organisationssoziologie (Burisch, 1972) entstanden schon etwa 100 Jahre zuvor, in der systematischen Aus-einandersetzung mit der arbeitsteiligen Differenzierung und Segmentierung im Über-gang von der Agrar- zu Industriegesellschaft, der sogenannten ersten „Moderne" unserer Zeit. Noch älter und grundlegender ist der Topos „Individuum versus Kollektiv", den wir in allen Formen der sozialen Vergesellschaftung zum Zweck gemeinsamen Über-lebens finden und der das grundsätzliche Agieren des Menschen als „animal sociale et rationale" (Gehlen, 1940) in sozio-emotionalen Bedürfnislagen und pragmatisch-funktionalen Gefügen charakterisiert.

2.1.1.1 Begründung rationaler Organisation

(Zweck-)Rationalität und ökonomische Effizienz sind die Leitmotive einer Zeit, die sich in den Anfängen des Industriezeitalters auf dem Weg zu einem allgemeinen *Wohlstand der Nationen* (Smith, 1776) befand. Frederick W. Taylor (1922) lieferte mit seinen Zeit- und Bewegungsstudien die wissenschaftliche Begründung, wie durch eine Trennung von Kopf- und Handarbeit bzw. von Management und Arbeiterschaft oder „Büro-" und „Fabrikhierarchie" (Burisch, 1972, S. 97) Arbeitsprozesse effizienter geplant und realisiert werden können. Henry Fords Einführung des Fließbands (1913) schließlich gilt als Wiege der arbeitsteiligen, technologisch optimierten Massenproduktion in der ersten Moderne unserer Zeit. Abgeschaut hatte er sich das Prinzip bei einem Besuch auf dem Chicagoer Schlachthof, beeindruckt von wenigen Handgriffen, die die einzelnen Metzger dort zu verrichten hatten, indem die Schweinehälften an einer Art Förderband hängend an ihnen vorbeigeführt und sukzessive zerlegt werden konnten. Der in dieser Zeit geborene „Idealtypus" bürokratischer Organisation legitimiert diese in einer auf Zweck-rationalität ausgerichteten, optimalen, d. h. möglichst reibungslosen, konfliktfreien und effizienten Zielerreichung. Steuer- und entwickelbar ist dieser Organisationstypus allein über eine formale, strukturelle und prozessuale Adaption. Die Mitglieder sind nur inso-fern relevant, als sie zur richtigen Zeit am richtigen Ort die richtigen Aufgaben erledigen müssen. In den Facetten des traditionellen Verwaltungshandelns lebt diese Logik bis heute weiter. Max Weber (1864–1920) ist es zu verdanken, dass diese vornehmlich öko-nomische und technokratische Begründung allerdings auch in einer erweiterten sozialen und normativen Dimension zu verstehen ist: Zwar repräsentiert sich der Organisations-typus vorrangig in der für uns heute so nicht mehr zeitgemäßen starren Hierarchie von Regeln, Kompetenzen und Leistungen. Zugleich aber verfolgt diese eine Idee, i.e. die Macht des Wissens zu vervollkommnen und im arbeitsteiligen Prozess strukturiert zu entwickeln. Und sie legitimiert sich in einer – für die damalige Zeit jedenfalls – modernen Form über vertragliche Formen der Zugehörigkeit und sowie einer – im Unter-schied zu den traditionellen (in Erbfolgen oder Standeszugehörigkeit begründeten) oder charismatischen (auf außergewöhnlichen oder übernatürlichen persönlichen Fähigkeiten beruhenden) Herrschaftsformen – objektiv nachvollziehbaren, delegierten Verteilung von Macht (Weber, 1922).

2.1.1.2 Entdeckung des Individuums

An organization displays some of the characteristics of a cloud or a magnetic field. When one is far enough inside it, he can see its characteristics and effects all about him; and when one is far enough outside it, he can see that it comprises a distinctive section of social space. (Starbuck, 1976, S. 1071)

Die Frage *Why organizations are such a mess?* (Gibbons, 2000) offenbart das Dilemma der rationalen Organisation im Widerspruch zwischen Idealtypus und Realität. Die Innenperspektive offenbart einen Blick auf die tatsächlichen und Konflikte der (häufig doch nicht so „well-oiled machines" (Gibbons, 2000, S. 2). Das Kollektiv frei vom Menschen her zu denken, bleibt eine Illusion. „All are created, operated, and managed by people." (Wilke et al., 2015, S. 65) Das bedeutet keinen kompletten Ausschluss von Klarheit, Kontrolle und Kontinuität, wohl aber eine Überlagerung durch Unklarheit, Ineffizienz und Unvollständigkeit in der Innensicht. Auch und gerade die „rational, self-interested organization members might well produce inefficient, informal, and institutionalized organizational behaviors" (Gibbons, 2000, S. 1). Im Zusammentreffen individueller Logik und formaler Rationalität entwickeln sich informelle Nebenschauplätze, die dem kollektiven Wir tendenziell widersprechen und die gesetzte Ordnung damit torpedieren, herausfordern und so etwas wie eine zweite, informelle Realität konstruieren. Diese Erfahrung kennen wir alle: Neben offiziellen Meetings und Kommuniqués gibt es die Kaffee- und Raucherpausen, die Besprechungen „off-records", die Kakophonie der mit vorgehaltener Hand geäußerten Meinungen, die in der Summe die eigentliche Realität der Organisation bedeuten. Und dennoch oder gerade deshalb nutzen und bedienen wir den Mythos organisationaler Zweckrationalität bis heute als Stabilitätsgarant:

> Institutional rules function as myths which organizations incorporate, gaining legitimacy, resources, stability, and enhanced survival prospects. (Meyer & Rowan, 1977, S. 340).

Zwar verändern sich Phänotypus und Forschungsobjekt der Organisation im Spiegel der Disziplinen, Zeitverläufe und Paradigmata. Als Ideal jedoch überdauert die Vorstellung eines nicht natürlich entwickelten, sondern auf die gemeinschaftliche Erfüllung bestimmter Zwecke hin entwickelten sozialen Systems (Gukenbiehl, 1995, S. 105), das auf Dauer angelegt ist, über eine formale Struktur verfügt und zur sinnvollen Steuerung der Aktivitäten seiner Mitglieder auf die zu verfolgenden Ziele hin in der Lage ist (Kieser & Kubicek, 1992, S. 4). Noch pointierter verwirklicht sich die Idee der Organisation im klassischen Organigramm – das uns (was jederzeit im Selbsttest zu verifizieren oder zu falsifizieren ist) als erstes vor dem inneren Auge erscheint, wenn wir über Organisationen nachdenken, ihre Eigenheit beschreiben oder visualisieren sollen. Intuitiv und damit an erster Stelle überdauert so auch in der modernen, durch Brüche, Verschiebungen, Ungewissheiten, Vernetzungen und sprunghafte Veränderungen gekennzeichneten Realität die traditionelle Logik einer linear und rational strukturierten Organisation.

Auf der einen Seite also steht ein konstruiertes strukturelles und produktives Gleichgewicht (Gibbons, 2000), das mittels einer Reduktion der Transaktionskosten die organisationale Irrationalität, Unordnung und Ineffizienz zumindest ökonomisch austariert. Auf der anderen Seite steht das psycho- und soziologische Verhalten der einzelnen Akteure und Gruppen im System. Die „Entdeckung" des Individuums in und für die Organisation – jenseits des austauschbaren homo oeconomicus der tayloristischen Weltsicht – verdanken wir der sogenannten Human-Relations-Bewegung in den 1930er Jahren. Forscher wie die als Begründer des Ansatzes geltenden Elton Mayo, Fritz Roethlisberger und William Dickson (1939) und die Protagonisten der Motivationstheorie, Abraham Maslow (1954) und Frederic Hertzberg (1959) lenkten den Blick auf das Erleben und Verhalten der einzelnen Organisationsmitglieder und formell oder informell gebildeter Teams, aus dem heraus sich das Gesamtsystem in seiner Leistung und seinen Umweltbezügen ganz unterschiedlich deuten und beschreiben lässt. Historisch kann die Betrachtung von Organisationen als natürliche oder soziale Systeme eingeordnet werden als „eine Reaktion zum einen auf empirische Überzeichnungen der ‚rational actor'-Sicht und zum anderen auf weltanschauliche Befürchtungen hinsichtlich unerfreulicher Konsequenzen durchrationalisierter Organisationen" (Preisendörfer, 2011, S. 114). Alle wesentlichen Aspekte „guter" im Sinne „mitarbeiterorientierter" Unternehmensführung, die wir heute kennen, i.e. die Entwicklung individueller Stärken und Schwächen im Team, die Förderung eines positiven und motivierenden Klimas in der Organisation, die Etablierung sicherheits- und gesundheitsfördernder Maßnahmen am Arbeitsplatz und eine differenzierte Berücksichtigung des Zusammenhangs von persönlicher Zufriedenheit, Motivation und Engagement für die organisationale Leistung und Performanz, resultieren aus diesem Perspektivwechsel auf die Rolle des Menschen im System. Die Entwicklung organisationaler Leitideen vom „economic" über den „social" und „self-actualizing" bis zum „complex" und „virtual" man (Kauffeld & Sauer, 2019; Schein, 1992) ist in Abb. 2.2 dargestellt.

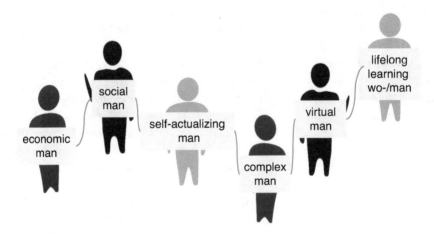

Abb. 2.2 Menschenbilder als organisationale Leitideen

2.1.1.3 Öffnung und Kontextuierung des Systems

Der Zusammenhang ist wechselseitig: Die Individuen „machen" in ihren Annahmen und ihrer Interaktion die Organisation, und die Organisation, der sie sich in ihrer jeweiligen Rolle zugehörig fühlen oder zugeordnet sind, (be-)deutet und gestaltet für sie die Wirklichkeit selbst mit. Starbuck (1983) bezeichnet Organisationen als „Action Generators", die die Probleme, zu deren Lösung sie angetreten sind, vielfach selbst erst kreieren und in ihrem ureigenes Handlungsfeld mit spezifischen Routinen, logischen Strukturen, vor allem aber einer höchst individuellen, identitätsstiftenden und Komplexität reduzierenden Legitimation zum Thema machen. Nicht nur in ihrem ursächlichen Fokus also unterscheiden sich die Kollektive voneinander, sondern auch in ihrem Ethos. Vor allem in dieser symbolischen und normativen Bedeutung bestimmen Organisationen unseren sozialen Aktionsradius - und damit die gesellschaftliche Wirklichkeit anderer Organisationen als deren jeweilige Umwelt gleich mit.

> The same environment one organization perceives as unpredictable, complex and evanescent, another organization might see as static and easily understood. (Starbuck, 1976, S. 1080)

Die Thematisierung von Umwelt als drittem theoretischen Zugang zum Organisationsphänomen und das Konzept der Organisationen als „offene Systeme" entstand zeitlich nach dem „rational actors-" und dem „natural/social systems-approach" (Preisendörfer, 2011, S. 132).

Je nach aktualisiertem oder auch zufälligem Fokus tendieren wir also zur Über- oder Unterschätzung von Relevanz aus unserer spezifischen Perspektive heraus. Dies kann aktiv geschehen, vollzieht sich jedoch in der Regel eher unbewusst als kognitionspsychologischer Selektions- und Interpretations-Effekt.

> From the system's point of view, there is only the totality that is its environment. So strong is our belief in analysis, however, that we take the environment to be the artificial and the collection of factors to be the reality. (Hayles, 1991, S. 17)

Zum Verständnis einer zunehmenden Offenheit zwischen dem Innen und dem Außen bzw. dem Einzelnen und dem Kollektiv – in Form eines nicht sequentiell und geordnet sich vollziehenden Phänomens, sondern einem eher diffusen „blurring of the boundaries" – bedarf es daher eines enormen Konzentrations- und Kommunikationsaufwands. Die Neufassung oder „Neuerfindung" des oszillierenden Organisations-Phänomens (Laloux, 2015; Littmann & Jansen, 2000) zielt entsprechend weniger auf eine Preisgabe, denn auf ein komplettes Umkrempeln von Organisation, quasi „from the inside-out". Im Gespräch ist eine auf Basis ihrer jeweils handlungsleitenden Vernunft, ihres Sinn und Zusammenhalt versprechenden „Purpose" (Laloux, 2015), ihrer unterscheidbaren Mission und Performance, ihrer besonderen Beantwortung des individuellen und kollektiven „Why" (Sinek, 2009). Solange Organisationen diese Antworten geben, legitimieren sie ihre eigene Existenz.

Pragmatisch sind Organisationen also die Antwort auf gesellschaftliche Pluralisierung in einer arbeitsteiligen Welt. Psychologisch verdanken sie ihre Entstehung dem Bedürfnis nach Sicherheit, Eindeutigkeit und – eben auch – Rationalität, d. h. der klaren Differenzierung von Zuständigkeit und Verantwortung beim Entscheiden und Handeln in einem definierten sozialen, wirtschaftlichen oder politischen Kollektiv. Zweckrationalisierung auf der einen und Sinnstiftung auf der anderen Seite bilden dabei keine Antipoden neueren Datums, sondern sind von Anfang an für den Modernisierungs- und Organisationsbildungsprozess konstitutiv:

> Das Tun und Lassen moderner Individuen wird einerseits von sehr spezialisierten Bedeutungen und Motiven gesteuert und andererseits von allgemeineren und vageren Werten und Normen. Es ist also keine Frage von Pluralisierung oder Generalisierung, sondern von Pluralisierung und Generalisierung! (Loo & Reijen, 1992, S. 133)

Dieses paradoxe Mit- und Gegeneinander von Vagheit, Ungewissheit und mangelnder Verbindlichkeit auf der einen sowie Spezialisierung, Segmentierung und Ausdifferenzierung auf der anderen Seite, könnte zu einer psychologischen Entwurzelung des modernen Menschen führen, zu einem Rückzug ins Private oder für die sogenannten „neuen sozialen Bewegungen" und einer „neuen Spiritualität" (Loo & Reijen, 1992, S. 134) in intermediären Zonen und Bereichen der Gesellschaft. Grundsätzlich erklären sie aber – bis in unsere aktuelle moderne Realität hinein – die Unmöglichkeit, soziale Formierungen rein aus dem Zweckrationalen heraus zu begründen. Ohne Werte, Sinn, Identität und Zugehörigkeit funktioniert das Miteinander von Menschen – zumindest auf Dauer – einfach nicht.

2.1.2   Organisationen als Stabilitätsanker

Betrachtet man Organisationen als System, wird ihnen – seitens betriebswirtschaftlicher wie soziologischer Ansätze (Luhmann, 1984; Ulrich, 1968) – die fundamentale Aufgabe zugeschrieben, externe Komplexität auf intern vermittelbare, begreifbare Komplexität hin zu reduzieren. Das Ziel dabei ist rein pragmatischer Natur: Es geht immer darum, die Handlungsfähigkeit des Systems und seiner Mitglieder zu ermöglichen. Hinsichtlich der „Vermittlung zwischen der äußeren Komplexität der Welt und der sehr geringen, aus anthropologischen Gründen kaum veränderbaren Fähigkeit des Menschen zu bewusster Erlebnisverarbeitung" (Luhmann, 1972, S. 116) ist diese allerdings relativ beschränkt. Das System überlebt deshalb nicht „einfach so", sondern als ein aktiv herbeigeführter Interessensausgleich auf Zeit. Je besser die längerfristigen Ziele mit den externen Herausforderungen und den internen Wertvorstellungen übereinstimmen, desto wahrscheinlicher ist die kollektive Performanz. Talcott Parsons hat diese Kriterien im „AGIL-Schema" zusammengefasst: Adaptation, goal-attainment, integration und latent pattern maintenance sind die zentralen Koordinaten für einen längerfristigen Systemerhalt. Von unserem modernen Verständnis systemischer „Agilität" sind diese jedoch weit entfernt:

Parsons sucht nach einer funktionalen Begründung psychologischer und soziologischer Stabilität. Das vorwiegend aus und für die Praxis formulierte Agilitätskonzept beschreibt insofern auch lediglich die strukturellen, weniger die normativen Bedingungen für Dynamik und proaktive Flexibilität. Ein daraus resultierendes Missverständnis hätte vielleicht mit einer anderen Buchstabenreihe des neueren Akronyms vermieden werden können. So zumindest räsoniert ein späterer Fachkollege in einem Beitrag der FAZ: Über Kürzel wie „LIGA", „GAIL", „ALGIL" oder „IGAL" wären die modernen Verfechter des Agilitäts-Paradimas womöglich gar nicht gestolpert, „weil ihre Managementmode dann Ligalität, Gailität, Algilität oder Igalität hätte heißen müssen." (Kühl, 2019)

Das individuelle und systemische Bedürfnis nach Stabilität, an dem wir nicht nur in Veränderungs- und Innovationskontexten tendenziell verzweifeln, hat einen durchaus mehrschichtigen Bedeutungskern: Laut Duden impliziert Stabilität Assoziationen wie Sicherheit, Gewissheit, Berechenbarkeit, Prosperität, Widerstandsfähigkeit, Stärke oder Unerschütterlichkeit. Aus einer positiven Bewältigungserfahrung heraus generiert, wirkt Stabilität sogar belohnend und damit verstärkend für (wieder) erlangten Status quo. Eine als stabil empfundene Kultur vermittelt gelebte Werte wie Verlässlichkeit, Vertrauen und Zugehörigkeit. In ihrer Strukturdimension, beispielsweise im Ausbilden von Routinen, der Schaffung von Transparenz und der klaren Delegation von Verantwortung bewirkt sie kognitive Entlastung und setzt so einen Stabilitätsanker in der sozialen Welt. Auf der anderen Seite impliziert Stabilität auch Stillstand und die Vermeidung jeglicher Veränderung. Für Menschen und Organisationen im Lern- und Entwicklungsprozess darf sie daher in ihrer wichtigen Bedeutung nicht unterschätzt, wohl aber neu bewertet werden als psychologisches Grundbedürfnis und immer wieder angestrebter Zielzustand auf Zeit.

Im Kontext multipler und volatiler Umwelten (wie anderen Organisationen und Anspruchsgruppen sozialer, ökonomischer, politischer oder ökologischer Natur) bietet die Organisation sowohl für ihre Mitglieder als auch für ihr direktes Umfeld, eine wahrnehmbare Konstanz. Nach außen hin wird diese in Form erwartbarer Aktivitäten, typisierter Interaktionsmuster sowie der Markierung und Inanspruchnahme eines realen und virtuellen Raums suggeriert. Nach innen vermittelt ein mehr oder weniger kalkulierbares, transparentes und in der Folge vorhergehender und nachfolgender Entscheidungen als logisch erachtetes Verhalten der Organisation soziale Evidenz. Dies kann in einem Spannungsfeld der wesentlichen Pole nachvollzogen werden: Beweist Stabilität individuelle und kollektive Sicherheit aus dem jeweils als positiv empfundenen Ist heraus, so impliziert Wandel demgegenüber die Notwendigkeit der Orientierung an einem zukünftig irgendwie anderen Wird. Die rasche und adäquate Reaktion, Anpassung und Übersetzung neuer Bedingungen und Möglichkeiten vergrößert den Handlungsradius der Organisation sowohl im Inneren als auch nach außen. Strukturelle ebenso wie kulturelle Öffnung ist die Voraussetzung zum Erkennen eigener und fremder Potenziale und der Bereitschaft, diese im sozialen Handeln zu berücksichtigen. Das setzt eine Balance zwischen wahrgenommener Kompetenz, verfügbarem Wissen und erlebter Plausibilität, d. h. Akzeptanz und Unterstützung des Verhaltens voraus. Integration

schließlich ermöglicht als Gegenstück zum äußeren Entwicklungsimpuls die Wahr-
nehmung einer spezifischen Position und die Herausbildung einer ganzheitlichen
Identität. Die neuen Koordinaten systemischer Veränderung und die Optionen für eine
(Wieder-)Herstellung der Balance zeigt Abb. 2.3.

  Die Spannungsfelder Stabilität versus Wandel, Öffnung versus Integration, Selbst-
versus Fremdsteuerung und Eindeutigkeit versus Ambivalenz sind exemplarisch für
einen Lernprozess, der in einem System durch Aushandlung zwischen den einzelnen
Gruppen und Ebenen, kompletten Organisationen, aber auch in der Reflexion jedes
Einzelnen selbst zu realisieren ist. Veränderung vollzieht sich immer im Dazwischen,
im Gegeneinander der Pole, in der Intensität ihres Auseinanderdriftens. Die darin entstehenden Muster und typischen Spannungs- oder Entspannungsphänomene wiederum
charakterisieren nicht nur die Veränderungsaffinität der Person oder Organisation,
sondern gerade auch die Art und Weise ihres charakteristischen Vermögens, diese auszuhalten, auszubalancieren und für substanzielle Lern- und Entwicklungsprozesse zu
nutzen. Führung im Sinne einer Orientierung und Entscheidungsfindung im Spannungsfeld ist dafür die conditio sine qua non. Resilienz, verstanden als "ability to recover from
setbacks, adapt well to change, and keep going in the face of adversity" (Ovans, 2015) ist
das wünschenswerte Ergebnis auf Zeit.

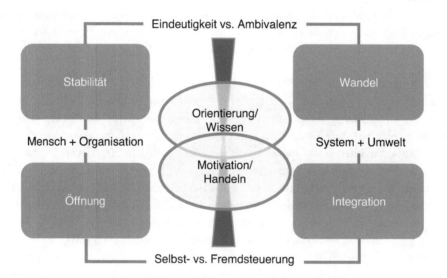

Abb. 2.3 Koordinaten systemischer Veränderung. (Quelle: verändert nach Ebert-Steinhübel,
2013a, S. 5)

2.1.2.1 Routinen als Gatekeeper der Innovation

> The generic term 'routines' includes the forms, rules, procedures, conventions, strategies, and technologies around which organizations are constructed and through which they operate. It also includes the structure of beliefs, frameworks, paradigms, codes, cultures, and knowledge that buttress, elaborate, and contradict the formal routines. Routines are independent of the individual actors who execute them and are capable of surviving considerable turnover in individual actors. (Levitt & March, 1988, S. 320)

Im umgangssprachlichen Gebrauch erscheinen Routinen eher negativ, weil ermüdend und wenig inspirativ. Für die Organisation bedeuten sie jedoch mehr als eine Vereinfachung. Als kollektive Muster des Verhaltens sind sie die Bahnen, mittels derer das System eigenständig agiert, Wissen speichert und Anpassungen seines Verhaltens integriert. Routinen wirken als Verstärker im Entscheidungsverhalten, indem sie die Selektion insbesondere abweichender oder widersprüchlicher Informationen entsprechend des routinierten Verhaltens beeinflussen.

> Die Routine reagiert aufgrund ihrer Eigendynamik eigenständig und kreativ, sie immunisiert sich gegen die Zumutung des Wandels, um das System weiterhin darüber versichern zu können, wer es ist, wie es funktioniert und warum es so ist, wie es ist. (Roehl, 2014, S. 45)

Besonders eindrücklich ist dieser Prozess bei Entscheidungen unter Zeitdruck: Die Routine besitzt eine besondere Persistenz – auch und gerade dann, wenn sie unseren eigentlichen Absichten widerspricht. (Betsch et al., 2011, S. 120) Um diesen „Rückfallfehler" zu entkommen, müssen wir jedoch nicht, wie wir es quasi automatisch tun, an der Routine arbeiten, sondern an der Wahrnehmung der Situation. Sobald diese als besonders „neu" erlebt und bewertet wird, können Routinen verändert, aufgegeben oder als zusätzliches Repertoire neu entwickelt werden, damit sich das systemische Gleichgewicht entsprechend neu justiert. Als „Antipode der Veränderung konzeptualisiert, als Kontrapunkt zur Innovation des angestrebten Wandels" sind Routinen „eng verbunden mit dem Widerstand, der sinnbildlich die Veränderungsenergie hemmt, sie absorbiert und neutralisiert" (Roehl, 2014, S. 42). Ihr Pluspunkt liegt in der Integration und Koordination individueller Handlungen zugunsten organisationaler Performanz. Sie kanalisieren die existierende Divergenz des Wollens und Könnens ihrer Mitglieder nicht qua Dekret, sondern via neu oder anders zu erlernender Verhaltensmuster. Mittels Routinierung vollzieht sich der Übergang vom individuellen zum personübergreifenden, „verallgemeinerten" Agieren der Organisation. Mit der Tradition und Verselbständigung – in der Regel nicht mehr hinterfragter – routinierter Verfahren schließlich zeigt, erkennt und vergewissert die Organisation sich selbst.

> As we move toward a notion of organization (or organizing) as an ongoing accomplishment we need a notion of routine to match. (Feldman, 2000, S. 613)

Als kollektive Lernpfade sind Routinen selbst ein Gegenstand von Veränderung. Der jeweilige Tipping-Point ist so etwas wie der Kitzelreflex von Organisationen, i.e.

die Schwelle bis zu der sie „sich mit Überraschungen versorgen können und damit in einem gesunden Maße irritierbar bleiben" (Wimmer, 2012, S. 156). Entscheidend ist also einerseits, wie „irritierbar" oder aber „störungsanfällig" die Organisation ist und wie reflektiert die darauf bezogene Adaption jeweils ausfällt, d. h. welche eingespielten Routinen beibehalten und welche ganz bewusst auf den Prüfstand gestellt und verändert werden. Dies wiederum setzt die Fähigkeit voraus, „entscheiden zu können, welche Umweltveränderung Störung und welche Anpassungsbedarf bedeutet; es ist die Entscheidung zwischen Lernen und Nicht-Lernen" (Schröer, 2018, S. 483). Ganz im Gegenteil zur umgangssprachlichen Bewertung sind organisationale Routinen also ganz und gar nicht trivial.

Sind Routinen also naturgemäß der Gegenspieler der Innovation und – worauf Luhmann (1964) hinweist – die strukturelle Begrenzung von Individualität? „Wer etwas auf sich hält," so formuliert er, erhebt sich über das langweilige Einerlei und versucht, sich jenseits davon eine Möglichkeit zur Selbstdarstellung zu schaffen. Dadurch entstehen wieder neue Routinen, so lange, bis „die Abwechslung selbst routinemäßig programmiert werden kann". (Luhmann, 1964, S. 293) Wir kennen dieses Szenario aus einer Freizeitgesellschaft, die nach immer neuen Spielarten sucht, um ihrer selbst nicht überdrüssig zu werden, und doch gerade deshalb im selben Hamsterrad verbleibt. Daran hatte Luhmann sicher nicht gedacht – oder vielleicht doch? Organisationale Routinen sind immer dann ein Problem, wenn man sie übersieht. Setzen wir ihre „faktische Verbreitung und Unentbehrlichkeit" – im Sinne der beschriebenen Entlastungs- und Stabilitätsfunktion – voraus, dann sollten sie im Lichte eines neuen Organisationsverständnisses neu beschrieben und genutzt werden.

Diese neuere Sicht auf Routinen als „essentielle Bestandteile des Wandels" (Roehl, 2014, S. 42) bzw. „a source of continuous change" (Feldman, 2000, S. 611) an Stelle einer „regular, more or less unvarying procedure" oder schlicht „a series of steps for a dance" (Webster's New World Collegiate Dictionary, 1984, zit. nach Feldman, 2000, S. 611) basiert auf einem handlungsorientierten Organisationsbegriff und konzipiert Lernen als Verhaltensänderung auf der Basis von Reflexion. Das „intelligentere", Organisationskonzept weist auch den systemerhaltenden und -charakterisierenden Routinen eine flexiblere Form und Funktion zu. Routinen entstehen darin für und durch das jeweilige kollektive Optimum:

> Organizational routines involve people doing things, reflecting on what they are doing, and doing different things (or doing the same things differently) as a result of the reflection. (Feldman, 2000, S. 725)

Sowohl die Aufrechterhaltung als auch die Anpassung oder Aufgabe von Routinen ist kein formaler, sondern ein auf individueller und kollektiver Reflexion basierender Prozess. Routinen sind damit – weniger in der Tatsache, dass es sie gibt, sondern in ihren jeweils positiv oder negativ bewerteten individuellen und kollektiven Wirkungen – sowohl Auslöser als auch Adressat von Change. Eine noch viel wesentlichere Bedeutung für die Changeability der Organisation liegt in ihrer Entlastungsfunktion: Gut funktionierende Routinen beanspruchen wenig Energie: Wir müssen in der Regel nicht mehr darüber nachdenken, was wir wann und weshalb zu tun haben, um das geplante Ergebnis zu erzielen. So gewinnen wir Freiräume für anspruchsvollere Entscheidungen, sowohl zeitlich als auch kognitiv. Große Veränderungsprojekte sollten deshalb gerade nicht an den Routinen vorbei oder über sie hinweg agieren, sondern diese als Gatekeeper der Innovation bewusst zu adressieren, um dem Neuen angstfrei zu begegnen und den Extra-Raum für Experimente und Kreativität klar zu definieren.

2.1.2.2 Psychologische Sicherheit als Katalysator für kollektiven (Lern-) Erfolg

Präsentieren Routinen die strukturelle Seite der Stabilität, so bildet das Erleben von Sicherheit ihren psychologischen Gegenpart.

> Great organizations become great because the people inside the organization feel protected. (Sinek, 2009, S. 105)

Das Streben nach Sicherheit, Zugehörigkeit und Kontrolle gehört zu unserer psychologischen Grundausstattung. Der Marketing-Spruch „Was nicht passt, wird passend gemacht" beschreibt das Bedürfnis nach emotionaler und kognitiver Konsistenz, d. h. der Stimmigkeit zwischen dem, was wir erleben und dem, was wir bereits wissen oder uns darunter vorstellen. (Grawe, 2004, S. 188) Gleich einer falschen Note im Musikstück empfinden wir Widersprüchliches zu unserem Denken und Handeln als Dissonanz (Festinger, 1957), die entweder vermieden oder bewusst reduziert werden muss. Wie die Balance (wieder) hergestellt wird, als ein eher aktiver oder eher passiver Prozess, ist eine Frage der Persönlichkeit (Grawe, 2004): Entweder vermeiden wir weitere dissonante Begegnungen, wechseln bewusst die „Tonspur" oder erhöhen unsere Toleranzschwelle, d. h. deuten die neuen Erfahrungen in einem positiven Kontext für uns um. Im Falle der musikalischen Dissonanz bedeutete dies, wir stellten die Musik einfach aus, wechseln den „Sender" oder erkennen neuartige und gewollt dissonant klingende Harmonien darin. Sowohl die auf Sicherheit ausgerichteten Grundbedürfnisse als auch der Korridor vereinbarter Widersprüchlichkeit und die Art unseres Umgangs damit sind subjektiv und situativ verschieden ausgeprägt. Reflektierte Selbstwirksamkeit und Selbstgewissheit zahlen dabei positiv auf die Akzeptanz von Neuem, Widersprüchlichen und damit die persönliche Lernbereitschaft ein.

Soziale Kollektive spiegeln das subjektive Gefühl der Sicherheit in den formellen oder informellen, expliziten oder verborgenen Spielregeln und Erwartungen der Teams bzw. der gesamten Organisation. Erfolgreiche Teams, das fanden die Forscher des Google-internen Projekts *Aristoteles* (2012 ff.) heraus, verfügen nicht zwingend über dieselben Verhaltensweisen, Normen oder Spielregeln sozialer Interaktion, wissen diese jedoch zu benennen und sich kommunikativ darauf zu beziehen. Nicht im Gleichschritt generiert sich also der Erfolg, sondern vielmehr im in einem bewussten Matching der individuellen und kollektiven Ansprüche aufgrund einer spezifischen „social sensitivity" der Gruppe gegenüber dieser Vielfalt und Unterschiedlichkeit.

> The right norms, in other words, could raise a group's collective intelligence, whereas the wrong norms could hobble a team, even if, individually, all the members were exceptionally bright. (Duhigg, 2019)

Die Summe individueller Fähigkeiten oder die Qualität bestimmter Prozesse und Strukturen sind demnach nicht so sehr entscheidend für die „kollektive Intelligenz", wie eine möglichst offene, alle Mitglieder gleichermaßen unterstützende und aktivierende Kultur.

> (…) all the team members speak as much as they need to. They are sensitive to one another's moods and share personal stories and emotions. While (it) … might not contain as many individual stars, the sum will be greater than its parts. (Duhigg, 2019)

Der individuellen Chance auf Teilhabe voraus geht das verallgemeinerte Konzept psychologischer Sicherheit als eine Art „shared belief" (Edmondson, 1999, S. 350), das ein Klima indiziert, „in which people are comfortable expressing and being themselves" (Edmondson, 2019, S. XVI). Die wahrgenommene interpersonelle Sicherheit lässt Rückschlüsse für das Lern- und Entwicklungsverhalten der Gruppe oder Organisation zu. Die Gruppe als Ganzes und der Einzelne verlieren über die besondere Einstellung ihre Angst zu versagen, Fehler zu machen, vor den Erwartungen anderer nicht zu bestehen o.ä. Erst ein bestimmtes Maß an psychologischer Sicherheit nämlich ermöglicht ein für alle Lern- und Veränderungsprozesse erforderliches „Auftauen" der Organisation. (Meyer et al., 2018, S. 195) Über die Entkopplung von „fear and failure" (Edmondson, 2019, S. 109) schließlich gelingt die Ausrichtung individuellen Verhaltens auf die kollektive Performanz:

> The fearless organization is one in which interpersonal fear is minimized so that team and organizational performance can be maximized in a knowledge intensive world. (Edmondson, 2019, S. XV)

Das subjektive Empfinden von Sicherheit ist nicht der einzige Erfolgsfaktor für die Entwicklungsfähigkeit der Organisation, wohl aber ein wesentlicher Hygienefaktor. Fehlt es, resultieren Angst oder Apathie. Überwiegt es jedoch, ist ebenfalls so etwas wie Stillstand die Folge – aus einer Art kollektiven Bequemlichkeit oder „Komfortzone" heraus. (Goller & Laufer, 2018, S. 5) Der Impuls und die Motivation zu lernen, brauchen jedoch beides, i.e. ein hohes Maß an – gefühlter – Sicherheit und die Chance auf Verantwortungsübernahme zugleich. Die Balance zwischen gewährter Freiheit und vermittelter Sicherheit muss daher als subjektives Vermögen und kollektive Qualität immer wieder neu hergestellt werden. Das gilt in Phasen extremen Wandels ebenso wie in Zeiten der Stagnation und ist wesentlich für ein verantwortungsvolles Leadership. Je komplexer die zu erfüllenden Aufgaben und Herausforderungen sind, desto wichtiger wird die angstfreie und selbstbewusste Aktivierung individueller Kompetenz. In einer sicheren Atmosphäre, „bei der sich alle Gruppenmitglieder in der Lage sehen, beim gemeinsamen Beobachten, Nachdenken und Lernen zwischenmenschliche Risiken einzugehen" (Meyer et al., 2018, S. 196), gelingt dies selbstverständlich leichter. In Verbindung mit der Chance auf verantwortungsvolles Handeln also – dem erforderlichen Können, Wollen und Dürfen – wirkt psychologische Sicherheit als Katalysator für bewusste Entwicklung und reflektierte Veränderung, i.e. dem eigenverantwortlichen, kollektiven Lernen des Systems.

2.2   Im Widerspruch: das Lernen (in) der Organisation

> Organizing and learning are essentially antithetical processes, which means the phrase 'organizational learning' qualifies as an oxymoron. (Weick & Westley, 1996, S. 440)

Ein bisschen ist es vermutlich wie bei den Hummeln: Ob Organisationen lernen (oder Hummeln fliegen) können, ist gar nicht so sehr die Frage. Der „Imperativ des Lernens" - nicht nur für Individuen, sondern für „Wirtschaftsunternehmen, Regierungen, nichtstaatliche Organisationen, Schulen, medizinische Versorgungssysteme, Regionen, ja ganze Staaten und supranationale Einrichtungen" ist längst zu einer „allgemeingültigen Vorstellung" geworden (Argyris & Schön, 2002, S. 9) und gilt damit als evident. Der Anspruch ist schlicht, eine bessere Zukunft zu gestalten. Denn durch das Lernen der Organisation – und nur dadurch – kann es gelingen, „aus vergangenen Erfolgen und Misserfolgen Lehren (zu) ziehen, die Irrtümer der Vergangenheit auf(zu)spüren und (zu) korrigieren, bevorstehende Bedrohungen (zu) erahnen und darauf (zu) reagieren, (zu) experimentieren, ständig innovativ (zu) sein und Bilder einer erstrebenswerten Zukunft auf(zu)zeigen und realisieren (zu) müssen." (Argyris & Schön, 2002, S. 9) Das „organisationale", „organisationsweite" oder „Organisations-Lernen" bzw. die von ihren prominentesten Vertretern so bezeichnete *lernende Organisation* (Argyris & Schön, 1978) werden etwa seit Mitte der 1960er Jahre diskutiert. Eine Hochphase hatte das Thema in den 1980er und 1990er Jahren durch eher managementlastige Ansätze, vielfach verknüpft mit dem Thema Wissensmanagement. Heute findet sich im Miteinander der mikro- (d. h. individuumbasierten), sozialen (d. h. austauschorientierten) und makrozentrierten (d. h. organisationsweiten) Perspektive eine Vielzahl von einer übergreifenden Ansätzen und methodischen Konzepten zum Corporate Learning als Lernphänomenen in, durch und von einer Organisation.

> Learning is to disorganize and to increase the variety. Organize is forgetting and reducing the variety. (Weick & Westley, 1996, S. 361)

Der begriffliche Widerspruch prägt den Diskurs über die lernende Organisation bis heute. Gerade aber dieses Spannungsfeld zwischen Öffnung und Schließung, zwischen Individuum und Kollektiv, zwischen Stabilität und Wandel usw. gibt uns die Chance, die Idee des organizational Learnings weiter zu tragen und zu entwickeln. Konzeptionelles Ziel ist allerdings nicht (mehr), „to reduce or die confusing or contradictory qualities" bzw. „to find an intermediate point between" (Weick & Westley, 1996, S. 361).

Vielmehr gilt es, die Dynamik zu nutzen und als konzeptionellen Raum zu dimensionieren für die Gleichzeitigkeit sehr unterschiedlicher Formen und Formate von Lernen und Organisation in einer umfassend, schnell und sprunghaft sich verändernden Welt.

2.2.1   Wie und durch wen lernt Organisation?

Die „Unklarheit" liegt in der Frage, „ob Lernvorgänge von den Individuen getragen werden oder ob das soziale System Organisation selbst lernen kann" (Kuper, 1997, S. 141), ob sich also der Zusammenhang zwischen dem individuellen Wissen und dem organisationalen Verhaltensrepertoire als Summe ermitteln lässt oder ob sich eine eigene Intelligenz der Organisation erschließt, die ihren Mitgliedern im normativen, strategischen und operativen Agieren miteinander zur Verfügung steht. Das Lernen (in) der Organisation ist ein dynamischer Interaktionsprozess, der sich innerhalb des spezifischen Umfelds einer Organisation vollzieht und eine Kommunikationsumwelt eigener Art für ihre Mitglieder kreiert.

> It is not simply a collectivity of individual learning processes, but engages interaction between individuals in the organisation, and interaction between organisations as an entity, and interaction between the organisation and its context. (Wang & Ahmed, 2003, S. 15)

Beides zusammen, das Lernen *in* der Organisation und das sich nicht darauf reduzierende Lernen *von* Organisation sind also für eine strategische Weiterentwicklung relevant. Im Topos der „lernenden Organisation" wird entsprechend mal der individuelle (insbesondere in den ersten Ansätzen), mal der kollektive Part (vor allem in den späteren systemischen Zugängen) fokussiert. Betrachtet man Organisationen als ein in und durch soziale Kommunikation konstituiertes System und Lernen als nicht nur subjektive, sondern stets kontextbezogene psycho-soziale Aktivität (Jarvis, 2011), so setzt ein Verstehen des organisationalen Lernens ein Verstehen individueller Lern- und Verhaltensprozesse unmittelbar voraus.

2.2.1.1 Selbstorganisation als Systemvoraussetzung
Lernen im Sinne einer intelligenten, pro- oder reaktiven Anpassung an Umweltveränderungen, vollzieht sich organisationsintern als Differenzierung und Neuformierung von Beziehungen, Strukturen und Prozessen zur Spiegelung und/oder Beantwortung externer Komplexität, d. h. einer zunehmenden Beschleunigung und Vernetzung von Innovation. Systemische Voraussetzung für das organisationale Lernen ist damit eine hinreichende Eigenkomplexität und die Fähigkeit, diese im Hinblick auf die externe Komplexität selbst zu organisieren, d. h. zu spiegeln, zu hinterfragen und zu verändern. Die höchste Form der Selbstorganisation ist die sogenannte „Autopoiesis" (Maturana & Varela, 1980). Die Erkenntnis der strukturellen Selbsterzeugungs- und -reproduktionsfähigkeit biologischer, sozialer und (informations-)technischer Systeme und die Über-

tragung kybernetischer (Regelkreis-)Prinzipien auf natürliche Entitäten gelten als Prämissen der modernen Systemtheorie.

> This organization I call the autopoietic organization, and any system that exhibits it is an autopoietic system in the space in which its components exist; in this sense living systems are autopoietic systems in the physical space. (Maturana, 1975, S. 313)

Die Aktivität des gezielten sich Veränderns – unter Beibehaltung des Prinzips der Organisation – ist also grundlegend für natürliche und soziale Systeme. Die Fähigkeit zur selbständigen (Wieder-)Herstellung von Ordnung ermöglicht nicht nur eine strukturelle, sondern auch eine inhaltliche Konsistenz. Der Soziologe Niklas Luhmann (1984) betont über die reine Reproduktion hinaus die Ausbildung einer systemspezifischen Identität, die durch Ausdifferenzierung und Neuformierung der Kommunikations- und Entwicklungsstrukturen gebildet wird. Organisationales Lernen wie wir es heute verstehen, knüpft am systemtheoretischen Paradigma an, mit dem großen Unterschied jedoch, dass die Systeme als generell offen gegenüber einer komplexen, d. h. vielfältigen, vernetzten und dynamischen Umwelt zu gestalten sind.

> Selbstorganisation erfordert ein Steuerungshandeln, welches Unsicherheit zulässt und reflektiert damit umgeht – eine Art 'postheroischen Managements', welches den selbst-bewussten Zweifel und den reflektierten Skeptizismus kultiviert. (Pongratz & Voß, 1997, S. 30)

Organisationen sind als Ganzes in der Lage, sich ihrer Umgebung immer wieder neu anzupassen und adäquat zu kommunizieren. Die systemtheoretisch als „Autopoiesis" bezeichnete Fähigkeit zur Selbstorganisation reicht über die individuelle Entwicklungsfähigkeit hinaus. (Maturana & Varela, 1980, S. 319) Der von außen oder innen stimulierte Organismus passt sich in seinen kognitiven, emotionalen und pragmatischen Interaktionsmustern an und agiert im Extremfall mit einer neu entwickelten systemischen Identität. (Schwaninger, 1999, S. 319) „Intelligent" ist dieser kollektive Organismus dann, wenn ihm die Fähigkeit zu selbständiger Problemlösung und zielorientiertem Verhalten zugeschrieben wird, d. h. die Betrachtung eines Sachverhalts aus unterschiedlichen zeitlichen und inhaltlichen Handlungsperspektiven heraus. Mit einer Etikettierung als „vernünftig" oder „klug", „sinnhaft" oder „wertvoll" hat das Konzept organisationaler Intelligenz jedoch wenig zu tun: Weder entsteht diese als kalkulierbare Gesamtleistung in einer wie auch immer zu berechnenden Summenformel, noch übersteigt diese Quersumme irgendwie die potenzielle Wirksamkeit ihrer Einzelelemente. Dies haben Wissenschaftler unterschiedlicher Provenienz plakativ auf den Punkt gebracht: Unternehmen zeichnen sich weitaus häufiger durch „kollektive Dummheit" denn durch intellektuelle Höchstleistungen im Team aus. (Schwaninger, 2000, S. 1) Müssen wir daher die organisationale Intelligenz als eine Art „Regenmacherphänomen" (Kühl, 2000) entlarven, das – wie so viele soziale Phänomene – schlicht im gemeinsamen Glauben daran seine Wirkung erzielt? Die „Wahrheit" liegt wohl irgendwo in der Mitte: Denn die Intelligenz einer Organisation offenbart sich wie beim einzelnen

Menschen auch in der Integration des Wissens und Könnens, in der Balance zwischen dem Neuen und dem Alten, in der Anwendung und permanenten Reflexion des Prozesses selbst. Je abstrakter und rationaler also die Lern- und Veränderungsaktivitäten geplant und realisiert werden, desto bedeutungsloser und irrationaler sind ihre ungewollten oder Nebenfolgen. Der zugrunde liegende Mechanismus ist banal: Druck erzeugt Gegendruck. Lernen „müssen" führt zu mentalen Barrikaden. Organisationale Intelligenz braucht eine Vision. Sinnvolle, intelligente Entwicklungsprozesse bedürfen daher weniger einer *Ent-* denn einer *Ver*zauberung der Akteure im System.

2.2.1.2 Meistertitel des Lernens – organisationale Intelligenz

> Organisationen streben nach Intelligenz. Das ist kein banales Ziel. Seine Realisierung ist unvollkommen und das Streben endlos. (March, 2016, S. 15)

„Intelligenz" ist ein messbares Merkmal, das Individuen voneinander unterscheidbar macht und als relativ überdauernd gilt. Im Unterschied zu den Konstrukten „Wissen", „Qualifikation" und „Bildung" impliziert Intelligenz die Grundfähigkeit, diese überhaupt zu erwerben, indem geistige oder materielle Situationen und Sachverhalte abstrahiert und kognitiv, emotional oder pragmatisch interpretiert werden. (Zimbardo & Gerrig, 1999, S. 566) Ähnlich bezeichnet der Begriff „Kompetenz" kein konkretes Verhalten, sondern lediglich die zugrunde liegende Disposition, „a system of more or less content- and context-free abilities and aptitudes" (Weinert, 2001, S. 46) – als Chance auf erfolgreiches Agieren in einem spezifischen Umfeld durch die gezielte Nutzung und Verknüpfung des persönlichen Repertoires. Intelligenz und Kompetenz machen also den Erwerb von Wissen, Fähigkeiten und Fertigkeiten (= Qualifikationen) erst möglich, lassen sich jedoch nicht darauf reduzieren. Um verhaltenswirksam zu werden, bedarf es darüber hinaus einer aktivierenden, als positiv bewerteten Situation und motivationaler Stimuli. In seinem berühmten „Verhaltensquadrat" hat der Psychologe Lutz von Rosenstiel neben das persönliche Wollen und individuelle Können das soziale Dürfen und die situative Ermöglichung als gemeinschaftliche Voraussetzung sozialen Handelns gesetzt (1987, S. 45). Das jeweilige Zusammenspiel gut und erfolgreich, d. h. kompetent zu dirigieren, ist eine Frage der persönlichen Intelligenz als Metakognition oder „Selbstorganisationsdisposition" (Erpenbeck & Heyse, 1999).

Gerade dieser persönliche und schwer fassbare Anteil ist es vermutlich, warum wir uns in der Abgrenzung der Begriffe, vor allem aber in der Formulierung von Lern-, Kompetenz- und Bildungszielen so schwertun. Dabei hilft eine Metapher, die in Abb. 2.4 visualisiert ist: So, wie „kein Ei dem anderen gleicht", unterscheiden sich Menschen und soziale Systeme in ihrer individuellen Potenzialität und den darauf bezogenen Anstrengungen, diese sichtbar zu machen und einzulösen. Im selben Bild weitergedacht, bleibt die Erkenntnis: Lernen, in Kongruenz mit der vorhandenen Basis an Werten und Intelligenz, ist immer „das Gelbe vom Ei" – ganz gleich, wie erfolgreich die bisherige individuelle oder organisationale Entwicklungskarriere bisher war.

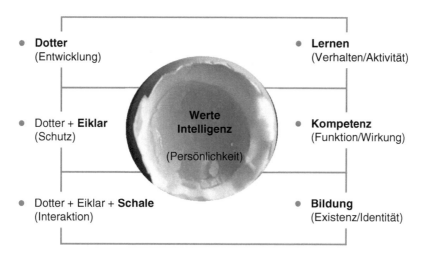

Abb. 2.4 Lernen, Kompetenz und Bildung als das „ganze Ei". (Quelle: verändert nach Ebert-Steinhübel, 2017, S. 29)

Im organisations- und arbeitspsychologischen Umfeld wird der Kompetenzbegriff favorisiert. (Röhr-Sendlmeier & Käser, 2017, S. 235) Er gilt als die moderne und gleichzeitig inflationäre Variante (Weinert, 1999, S. 4), vor allem aber als die dynamischere sowie alle anderen Prozesse dynamisierende Version. (Ebert-Steinhübel, 2013a, S. 15; Staudt & Kriegesmann, 2002, S. 28) Ob Kompetenz nur im Kontext selbst organisierten Handelns sichtbar wird oder auch unabhängig davon besteht, ist wissenschaftlich zwar umstritten. (Röhr-Sendlmeier & Käser, 2017, S. 244) Die Praxis hat ihre Entscheidung dafür jedoch längst gefällt: Zwar hat die etwa in der Mitte der 1980er Jahre entstandene Kompetenzdebatte längst ihren Zenit überwunden, doch die Effekte einer systematischen Formulierung, Kategorisierung, Entwicklung und Evaluierung individueller und organisationaler Kompetenzen auf die Performanz des Gesamtsystems sind bis heute nicht nur sichtbar, sondern substanziell in die Logik strategischer Unternehmensentwicklung integriert.

Das große Verdienst der Kompetenzorientierung liegt in der Kontrastierung von Bedarfen und vorhandenem oder – erst noch – zu entwickelndem Potenzial. Das funktioniert nicht als Soll-Ist-, sondern vielmehr als Soll-Wird-Vergleich. In der richtigen „Passung" ist also individuelles und organisationales Lernen stets integriert. Kehrseite des auf Flexibilität und Selbstorganisation hin orientierten Konzepts ist allerdings eben diese semantische Offenheit, die neben Freiheit auch Leere offeriert – oder, wie der Philosoph Konrad Liessmann formuliert, den „Vorschlag, ohne Zutaten zu kochen" (2006, S. 35).

> Der Begriff des Lernens setzt ein Etwas immer schon voraus. Dieses Etwas aber ist gegenwärtig keiner Idee von Bildung mehr verhaftet, sondern wird als permanente Leerstelle offen gehalten für die rasch wechselnden Anforderungen der Märkte, Moden und Maschinen. (Liessmann, 2006, S. 35)

Die aktuell lauter werdende Kritik zielt denn auch vornehmlich aus bildungstheoretischer Sicht (Lederer, 2014; Liessmann, 2006; Reichenbach, 2018) auf die
ökonomische Vereinnahmung und zunehmende „Befreiung" von persönlicher und
theoretischer Reflexion auf Kosten eines Bildungsbegriffs, der den ganzen Menschen
bzw. das ganze System in seiner Widersprüchlichkeit und Suche nach Identität umfasst.
Wenn jedoch Kompetenz vorrangig ein Mittel ist, und nicht ein Ziel (Liessmann, 2017),
dann bedeutet sie für das lebenslange Lernen den falschen Ansatzpunkt.

> Der Gedanke, dass das Wissen, über das man verfügt, zugleich das Muster aller möglichen
> Veränderungen enthält, und dass man diese Veränderung deshalb über das Wissen voll-
> ständig steuern kann, erweist sich immer wieder auch als Illusion. (Brodbeck, 2007, S. 32)

Den Nachweis, dass Wissen weder komplett gesteuert noch vollständig „konsumiert"
oder „gemanagt" werden kann (Liessmann, 2006, S. 31), haben Wissenschaft wie Praxis
eindrücklich erbracht. Das seltenere Konzept der Organisationsintelligenz bietet tatsächlich eine Alternative – nicht im Ergebnis, wohl aber in der Logik der Herangehensweise.
Gemeint ist zunächst nicht die – jetzt aktuelle – Debatte über „künstliche" Intelligenz
von Technologien, Maschinen, Produkten und Prozessen, sondern die besondere Qualität
der Kommunikation und Beziehungsgestaltung im sozialen und strukturellen Netzwerk
der Organisation. Zur Bewältigung und Gestaltung des Wandels hält organisationale
Intelligenz die Chance zur kognitiven und mentalen Anpassung, Selektion und
Integration spezifischer Veränderungen in das Verhaltensrepertoire bereit. Denn nicht
jede Neuerung, jeder Wechsel ist zwingend auch „intelligent". Umgekehrt reicht die bloß
reaktive „adaptive" Intelligenz, entsprechend dem Lernen erster Ordnung, zur Über-
lebenssicherung nicht aus. (March, 2016, S. 19) Es bedarf vielmehr einer Einordnung
der Wissensbestandteile in ihrer jeweiligen sozialen und historischen, pragmatisch und
emotional bedeutsamen Dimension. An eben diesem Aspekt der Intelligenz, die March
(2016, S. 20) als „Eleganz der Interpretation von Lebenserfahrungen" bezeichnet,
scheitern die eher mechanischen Verfahren und Modelle des Wissensmanagements:
Das „Dreieck einer informationellen Infrastruktur, der Vermittlung von kognitiven
Repräsentationen und der organisationalen Einbindung von Wissen" (Katenkamp,
2011, S. 16) ist eine hinreichende, jedoch niemals ausreichende Bedingung für neues
bzw. besseres Verhalten. Umgekehrt kann ein technokratisch verstandenes, auf dem
„impliziten Auge" blindes, d. h. normative und emotionale Bezüge außer Acht lassendes
Wissensmanagement das Lernen von Mensch und Organisation sogar verhindern. Die
bloße Verfügbarkeit von Wissen nützt – das erleben wir immer wieder sehr schmerzlich – gerade in Zeiten des Wandels nicht. Eine wie auch immer bezeichnete systemische
Intelligenz ist nicht der Deus ex machina, sondern die Idee, aus der Fülle der – als
zusammenhangloses Datenmaterial vorliegenden – externen Unsicherheit interne Verstehbarkeit zu generieren. Wenn Bildung das Ziel des Ganzen ist, bedeutet die Herausbildung einer sozialen, personalen oder organisationalen Intelligenz die Meisterschaft
dafür.

Für eine komplette individuelle oder kollektive (Bildungs-)Persönlichkeit schließlich bedarf es über die genannten Prädispositionen hinaus der Fähigkeit – oder besser: Leidenschaft – zur Kommunikation.

> Auch hier schließen Ideen an Ideen an, Gedanken an Gedanken, Gefühle an Gefühle, nur dass die Prozesse des Denkens und Fühlens die Gehirne bzw. die psychischen Systeme unterschiedlicher Personen nutzen. (…) In der Kommunikation zwischen Menschen entsteht ein interpersoneller Denkprozess, der im Prinzip nicht anders strukturiert ist als die intrapsychischen Prozesse der Kommunikationsteilnehmer. (…) Die Grenzen des Individuums werden durch Kommunikation überschritten. (Simon, 2004, S. 15)

Erst als Kommunikationssysteme mit einem eigenen Bildungscharakter, einer eigenen Geschichte, charakteristischen Normen und Routinen sowie einer spezifischen Interaktionsweise nach innen und außen sind Organisationen in toto fähig zu lernen, d. h. „innovativ Veränderung, Erneuerung, Umstrukturierung und Transformation hervor(zu) bringen." (Probst, 1987, S. 75) Allerdings ist diese gesamthafte Lernfähigkeit an bestimmte Voraussetzungen, eine Art „systemische Reife" gebunden. Peter Senge (1996) benennt als weitere Voraussetzungen das Vorhandensein gemeinsamer mentaler Modelle und Überzeugungen, einer auf (gemeinsame) Zukunft hin ausgerichtete Vision sowie die strukturelle und soziale Fähigkeit, im Blick auf die unterstellte Entwicklungs- und Reflexionsfähigkeit des Systems als Team zusammenarbeiten und lernen zu können. Diese Konzeption als eigenständig lernender Akteur bietet der sozialen Organisation ihren entscheidenden Wettbewerbs- und Überlebensvorteil: Das Weiterdenken ist nicht an ein spezifisches Individuum gebunden. In ihrem kollektiven Wissensrepertoire können sowohl mehr Ideen und Aktivitäten liegen als in der gerade aktivierbaren Intelligenz der Mitglieder. Umgekehrt kann es auch vorkommen, dass die Organisation das Wissen in den Köpfen nur unzureichend zu nutzen weiß. (Strauss, 1997, S. 27) Zum einen stabilisiert das „Netzwerk bewährter Trampelpfade" (Kühl, 2011, S. 115) die Aktivitäten des Systems in einem strukturierten Prozess. Zum anderen besteht die Gefahr, sich kurzfristig darin zu verlaufen. Als Alternative zwischen „Mehrhirnintelligenz oder Mehrhirnblödheit" beschreibt der Organisationspsychologe Fritz B. Simon (2004, S. 37) den Unterschied, der durch eine kluge Führung und ein reflektiertes Entscheidungsverhalten entsteht.

2.2.1.3 Topoi der lernenden Organisation

Mit ihrem 1978 erschienenen Buch *Organizational Learning: a theory of action perspective* legten Chris Argyris und Donald Schön die Grundlagen für die Idee, Entwicklungs- und Veränderungsprozesse nicht (nur) von den Individuen her zu denken, sondern eine dynamische Verteilung und Nutzung des Wissens in den organisationalen Prozessen und Strukturen dafür zu nutzen. Der Einzelne knüpft an diesen etablierten, ständig erweiterten und auf externe Veränderungen hin angepassten kollektiven Lernvorrat in seinem Handeln an und legitimiert so gleichzeitig das kollektive Verhaltensrepertoire. Umgekehrt entstehen über diese Interaktionen normative Regeln und

pragmatische Verfahren („theories-in-use"), die eine übergeordnete Entscheidungsfindung und strategische Anpassungen der Organisation ermöglichen: „When the
members of the collectivity have created such rules, they have organized." (Argyris &
Schön, 1978, S. 13) Das Gefühl einer gemeinsamen Identität und Handlungsfähigkeit begründet sich in den mehr oder weniger übereinstimmenden Alltagstheorien, d. h.
den subjektiven Vorstellungen über die Wirklichkeit. Die daraus sich ergebende Weltsicht oder kollektive Landkarte („map") steuert als eine Art Kompass das Handeln der
Organisation vor. Zugleich verändert sie die impliziten Annahmen über die Effekte im
expliziten Tun ständig mit. „As individual members modify their maps and images of the
organization, they also bring about changes in organizational theory-in-use." (Argyris &
Schön, 1978, S. 17) So wird über das individuelle ein kollektives organisationales Verhaltensrepertoire und umgekehrt generiert.

> There is no organizational learning without individual learning, and ... individual learning is
> a necessary but insufficient condition for organizational learning. (Argyris & Schön, 1978,
> S. 20).

Die Frage, wer oder was das organisationale Lernen dominiert, kann in der Gegenfrage,
wie und wozu dieses Lernen zu definieren ist, ein Stück weit beantwortet werden: Die
Dimensionen der durch Lernen evozierten Veränderung lassen sich dahin gehend unterscheiden, ob lediglich eine neue Betrachtung des Erfahrungsgegenstands, i.e. ein Mehr
an Wissen, eine neue Erfahrungsweise, i.e. eine neue Reflexionsqualität oder eine Veränderung des Lernens selbst, i.e. ein ganz andere Betrachtungsperspektive resultiert.
Üblicherweise werden diese Varianten in einer aufeinander aufbauenden, linearen
Struktur dargestellt. Abb. 2.5 unternimmt den Versuch, diese als potenziell gleichzeitige
und interagierende Prozesse in einem ganzheitlichen System aufeinander zu beziehen.
Das spiegelt sich auch in der erfahrenen bzw. erfahrbaren Qualität: Zum einen kann
zwischen eher automatischen, linearen (single-loop), gesteuerten, komplexen (double-
loop) oder systemischen und chaotischen (deutero-learning) Prozessen unterschieden
werden. Zum anderen sind die Dimensionen durch ein Sowohl-als-Auch von spontanen
und geplanten (single- und double-loop), evolutionären und revolutionären (single-
und triple-loop) bzw. antizipativen und reflexiven (triple- und double-loop) Effekten
charakterisiert.

Die erste Dimension des Lernens (*single-loop*) besteht in der Erhaltung der System-
stabilität durch das Ausgleichen von Schwankungen im Inneren oder dem äußeren
Umfeld. Argyris und Schön verwenden dazu den – nicht ganz treffenden – Vergleich mit
einem Thermostat, der die optimale Innentemperatur im Verhältnis zur Außentemperatur
reguliert, je nachdem, wie heiß oder kalt es gerade ist (1978, S. 3). Das inkrementale
Lernen „erster Ordnung" zielt auf Stabilisierung, Fehlerkorrektur und stetige Verbesserung des Status Quo durch ein Mehr – in der Regel an Qualität, Geschwindigkeit
oder Ressourceneinsatz – derselben Aktivität. Wird nicht mehr nur das „was", sondern
auch das „wie", i.e. die zugrunde liegenden Normen und Strategien des Handelns
fundamental hinterfragt, sprechen die Autoren vom *double-loop* des Lernens (1978,

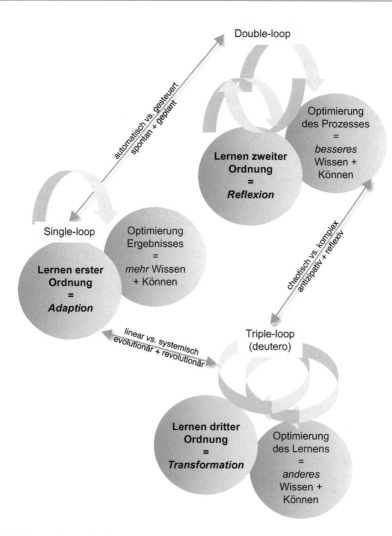

Abb. 2.5   Dimensionen des Lernens

S. 79). Die Tendenz, sich im täglichen Handeln vornehmlich mit single-loops zu beschäftigen, ohne die Chancen des double-loops zu nutzen, charakterisiert bis heute das Verhältnis von Anpassung und (wirklicher) Innovation bzw. von Exploration versus Exploitation (March, 1991) im individuellen und organisationalen Entscheidungs- und Entwicklungsprozess. Auch wenn die Folgen möglicherweise dramatisch bis existenz-vernichtend sind: Das Hamsterrad schneller zu drehen, scheint immer naheliegender als dieses zu verlassen oder einen neuen Motor des Handelns zu finden. Wie und ob wir uns überhaupt in diesem Käfig bewegen müssen – um im Bild zu bleiben – beantwortet die dritte Dimension des *deutero-learnings*, die das Lernen selbst zum Thema macht.

Der Begriff geht zurück auf Gregory Bateson, der dieser dritten und quasi höchsten Variante extreme Seltenheit konzediert, da sie höchstens „von Zeit zu Zeit in der Psycho- therapie, in religiöser Bekehrung oder in anderen Sequenzen auftritt, in denen eine tief- greifende Umstrukturierung des Charakters stattfindet." (Bateson, 1964, S. 390) Selbst für Experten, die – so Bateson an gleicher Stelle – stets „auch nur Menschen sind", stellt dies eine enorme Herausforderung dar. Dennoch müssen lebenslang lernende Individuen und Organisationen ihre Lernfähigkeit selbst immer wieder zum Thema machen, und zwar in einer immer wieder neuen, der aktuellen Praxis entsprechenden Version:

> Meta-learning in organizations, thus conceptualized, has three characteristics. First, it is discontinuous, cognitive, and conscious. (...) Second, meta-learning is, to a large extent, amenable to explicit steering and organizing. (…) Third, meta-learning is, in principle, directed at improving organizational and individual performance. (Visser, 2007, S. 663).

Komplexere Konzepte der Führung und Organisation oder aktuelle Themen wie „Acht- samkeit", „Nachhaltigkeit" oder „Resilienz" setzen ein solches reflektiertes Lernen, das die Kausalstruktur unseres Denkens und Handelns hinterfragt und Schlüsse daraus zieht, voraus.

2.2.1.4 Verlernen als Teil des Systems

Das reflexive Lernen schließt eine wichtige, jedoch seltener thematisierte Fähigkeit mit ein, i.e. das bewusste *Ver*lernen von Wissensbeständen, Vorstellungen und Verhaltens- weisen in der Organisation. Nicht jedes Verlernen geschieht bewusst, nicht jedes Ver- lernen ist strategisch intendiert: Unter das Verlernen *erster Ordnung* fällt das Löschen veralteter oder zu selten gebrauchter Techniken und Information. Das Verlernen *zweiter Ordnung* ist bereits deutlich komplexer dimensioniert. In seiner Bezugnahme auf Routinen, Erwartungen, Ziele und Muster des Verhaltens schließt es neben kognitiven auch emotionale, motivationale und willentliche Aspekte mit ein, für die es eines deut- lich stärkeren Veränderungsimpulses bedarf. Das Verlernen *dritter Ordnung* schließlich zielt auf die Chance eines ganz anderen Lernstils, der beispielsweise viel mehr mit Unsicherheit, Nichtwissen und Komplexität umzugehen weiß als der Modus bis zur jeweiligen Gegenwart. Zum Teil ist es sicher auch eine Frage der kognitiven Kapazität: Der volle Wissensspeicher (von gestern) und die (damals) positiven Erfahrungen ver- hindern den Sprung ins Neue und Ungewisse. Über das Kapazitätsproblem ermöglicht ein systematisches Verlernen – oder besser „Unlearning" – auch das psychologische Loslassen einer für die Zukunft nicht mehr adäquaten Vergangenheit. Weniger im Nicht- Lernen, sondern im Nicht-Verlernen liegt daher der Grund, weshalb Organisationen tendenziell so unbeweglich sind:

> A cynic might say that the entire problem is the legacy of the past: to move 'there', we wouldn't start from 'here', but since an incumbent is 'here', we're stuck. (Sherwood, 2000, S. 35)

Auch ein Zuviel an Lernen kann also zum Scheitern führen – dann nämlich, wenn neue Erfahrungen nicht mehr in ein kongruentes Verhalten überführt und mehrheitlich akzeptiert werden oder die Intensität des Neuen als „Dauer-Change" auf Reaktanz der Individuen stößt. Eine (selbst-)bewusst lernende Organisation versucht, diese Balance immer wieder neu herzustellen, auch wenn dabei die bisherige Art ihres Lernens selbst auf dem Prüfstand steht. Das ist vor allem ein Kulturthema, denn das Wissen und die Routinen einer Organisation sind in den Köpfen ihrer Stakeholder ganz und gar nicht digital, logisch und objektiv, sondern eher punktuell und in Form verwobener Assoziationen und Geschichten abgelegt:

> Das Neue, das überdauert, ist in erster Linie etwas Neues, das sich in alte Geschichten und Modelle integrieren lässt, während alles, was zu stark abweicht, eher ausgeschlossen wird. (March, 2016, S. 73)

Sherwood nennt unterschiedliche Kriterien dieser (ver-)lernenden Kultur: Sie gewährt Raum und Ressourcen „for thinking, exploration, innovation" immer dann, wenn Bewährtes nicht mehr funktioniert, Regeln und Prozesse nicht mehr passen, für Neues, Anderes, Unbekanntes keine Zeit ist. Vor allem aber lehrt sie ihre Mitglieder, aufeinander zu hören, Erfahrungen und Wissen zu teilen, insbesondere dann, wenn sie nicht zum gewünschten Erfolg geführt haben. Schließlich vermittelt sie die Fähigkeit, mit Unsicherheit und Risiken umzugehen: „Unlearning organisations fully recognize that innovation is all about managing risk." (Sherwood, 2000, S. 35) Die große Herausforderung besteht darin, gleichzeitig anschlussfähig zu sein an die Mythen und Geschichten der Vergangenheit und neue Muster einzuweben, bis gegebenenfalls ein komplett neues Modell der Organisation entsteht und die Innovation selbst zum zumindest vorstellbaren oder bereits vertrauten Modus geworden ist.

Zusammengefasst beinhaltet die (selbst) lernende bzw. verlernende Organisation also ein bestimmtes Verhaltensrepertoire, das die unmittelbare (reaktive) und sukzessive (reflexive) Anpassung ihrer Strukturen und Prozesse auf externe und interne Veränderungssignale erlaubt sowie eine spezifische Kultur, die das Anpassungs- und Innovationsverhalten in seiner Intensität und Häufigkeit entscheidend prägt. Als Lernorte eigener Art sind Organisationen mehr als ein „Verhaltensschauplatz" (Argyris & Schön, 2002, S. 23) und Integrationsmodus individueller Lern- und Entwicklungsaktivität. Sie sind Träger einer eigenen Lernkultur, deren wichtigstes Charakteristikum die „Changeability" ist, i.e. das flexibel zu gestaltende Verhältnis von single-loop-, double-loop- und deutero-learning von der Anpassung über den Change zur systemischen Transformation. Organisationen können also nicht *nicht* lernen, aber sie werden nicht von sich aus zur lernenden Organisation. (Burkett, 2017, S. 17) Zur Ausbildung ihrer Lernkultur bedarf es eines lernenden Leaderships, das neben den operativen und strategischen Zielen die Intelligenz des Gesamtsystems erhöht, also den Selbstzweck des Lernens (an-)erkennt, ein kontinuierliches, vernetztes, selbst gesteuertes Lernen über alle Ebenen hinweg (Burkett, 2017, S. 18) inspiriert – oder, in den Worten von Simon Sinek (2009) über das „what" und das „how" das „why" nicht vergisst.

2.2.2   Wann und wozu lernt Organisation?

There was a time when the prime business of business was to make a profit and a product.
There is now a prior, prime business, which is to become an effective learning organization.
Not that profit and product are no longer important, but without continual learning, profits
and products will no longer be possible. (Owen, 1991, zit. nach Burkett, 2017, S. 17).

Der Topos der lernenden Organisation entstand etwa zur gleichen Zeit wie die neueren
betriebswirtschaftlichen Konzepte des strategischen Denkens und Handelns und der
Emanzipation systemischer Beratungspraxis und Therapie aus den Grundlagen soziologisch, biologisch und mathematisch orientierter Systemtheorie. Daraus folgten
im Wesentlichen drei Prämissen: i.e. die Betrachtung sozialer Organisationen als
Interaktions- und Handlungssystem, die Relevanz des Umfelds und der Performanz im
Wettbewerb sowie die Möglichkeit pragmatischer, unmittelbarer und vor allem lösungs-
orientierter Intervention. Je nach Schwerpunktsetzung entsteht der Überlebensvorteil
lernender Organisationen im „systemische(n) Zusammenspiel der unterschiedlichen
Perspektiven, Verhaltens- und Organisationsmuster(n)", die zu einer Verhaltensänderung
von Individuen oder Teams bis zur „Neustrukturierung der organisationalen Wissens-
basis oder gar zu Änderungen von Organisationsstrukturen oder den impliziten,
ritualisierten Prozeduren der Organisationsstruktur führen." (Schröer, 2018, S. 481)

2.2.2.1 Wandel als Umfeldbedingung

… it requires that we develop a new philosophy of continual learning for the organizational
world that is evolving. (Vaill, 1996, S. XIV)

Im systemisch-ganzheitlichen Sinne sind Organisationen so etwas wie die
Konkretisierung spezifischer interner und externer Beziehungskonstellationen in
einem Punkt. Diese institutionelle Sicht (wir *sind* eine Organisation) setzt Lernen
und Veränderung als konstitutive Bedingung bereits voraus, jedoch nicht als Selbstzweck, sondern zur permanenten (Wieder-)Herstellung von Ordnung und System-
stabilität. (Wimmer, 2012, S. 195) Aus der instrumentellen Perspektive (wir *haben*
eine Organisation) ist eine Art Wandel erster Ordnung probates Mittel zum Zweck, i.e.
die jeweils nötige Anpassungsleistung der Strukturen und Prozesse an abweichende
Informationen und Bedingungen der externen Realität. Jegliche Form des Wandels
setzt also eine – offene oder verdeckte – Verständigung über die Dringlichkeit, i.e. den
kollektiven Leidensdruck voraus:

Die Befürchtungen, die mit der Veränderung verknüpft werden, gilt es durch das deutlich
größere Risiko der Nichtänderung zu überwinden. (…) Solange es [jedoch] nur darum geht,
den alten Leidensdruck zu überwinden, wird man in der Regel in die alten Verhaltensmuster
zurückfallen, sobald sich dieser Druck abgeschwächt hat. (Wimmer, 2012, S. 196)

Pointiert könnte man formulieren, dass das in den 1990er Jahren entwickelte Change-Management in einer Art Machbarkeitsphilosophie den Leidensdruck kompensiert. Die Spiegelung des externen Wandels durch interne Veränderung geht dabei vornehmlich „von oben" bzw. „von außen" aus: Ziel ist ein möglichst effizientes und effektives Anpassen und Optimieren organisationaler Teilbereiche oder -ebenen zum Navigieren im „Wildwasser" (Vaill, 1996) der externen Markt- und Wettbewerbssituation. Das „Managen" der Veränderung vollzieht sich in einem geplanten, gesteuerten und kontrollierten Prozess auf Zeit, der einen analysierten Ist- in einen als wünschenswert definierten Soll-Zustand transferiert. (Doppler & Lauterburg, 2014; Vahs & Weiand, 2010) Von einem institutionellen, die ganze Organisation auch in ihren normativen und qualitativen Dimensionen umfassenden Wandel „zweiter Ordnung" (Vahs, 2009, S. 277) wird dann gesprochen, wenn auch die Ebene des Einzelnen, der Teams und ihrer grundsätzlichen Denk- und Verhaltensweisen im Kontext der Organisation tangiert sind, also eine fundamentale Transformation erfolgt, und zwar „von heute auf morgen", „diskontinuierlich" und „revolutionär". (Vahs & Weiand, 2010, S. 3)

> In effect, even as they personally experience the ongoing impact of changes introduces by others, of permanent white water they are creating permanent white water for others by the changes they themselves introduce. (Vaill, 1996, S. 7)

Die reale Erfahrung unausweichlicher Komplexität, d. h. einer zunehmenden Vernetztheit und Dynamik der Umfeldbedingungen, geht mit einer stärkeren Konzeptualisierung des Wandels in der Unternehmenswirklichkeit einher. Das organisationale Management sieht sich mit einer Illusion der Stabilität konfrontiert, gar einer Dauer-Instabilität, für die der amerikanische Organisationspsychologe Peter B. Vaill die bekannte Wildwasser-Metapher entwickelt hat. In dieser Hinsicht kann das organisationale Lernen auch als Wiederherstellung der Plausibilität betrachtet werden: Wenn Rationalität bislang in Stabilität begründet war, so ermöglicht das Lernen als Dauer-Anpassungs-Reaktion einen neuen Gleichschritt zwischen interner Entscheidungsfähigkeit und externer Probabilität. Turbulenz und Instabilität sind daher keine Zustände, die die externe Welt allein beschreiben, sondern eine Art Tiefenstruktur sozialer Erfahrung, die sich durch individuelles und kollektives Handeln permanent differenziert, erweitert und reproduziert.

2.2.2.2 Changeability – Varianten und Variabilität der Veränderung

Die zur Beschreibung geplanter, evolutionärer oder revolutionärer, bottom-up oder top-down initiierter, formal oder informell realisierter Varianten organisationaler Veränderung verwendeten Begriffe sind nicht ganz trennscharf und verschwimmen im alltäglichen, beruflichen und wissenschaftlichen Sprachgebrauch. Inhaltlich kann quasi alles subsummiert werden. Im Hinblick auf ihre zeitliche und strukturelle Dimension können sie jedoch voneinander unterschieden werden: Als Wandel bezeichnen wir die Grundfunktion aller sozialen Systeme, um sich gegenüber ihrer Umwelt anzupassen, die eigenen Ziele zu erreichen, ihre spezifische Kultur zu erhalten und handlungsfähig zu sein. (Parsons, 1960) Organisationsentwicklung umfasst jegliche Form bewusster Veränderung hin auf ein neues Level kollektiver Kompetenz. Vollziehen sich diese Prozesse in eher abgegrenzten Bereichen, zu spezifischen Themenstellungen und bezogen auf klar definierte Endzustände hin, spricht man von Change-Management. Eine Transformation schließlich verändert sowohl die inneren als auch den äußeren Bedingungen des Verhaltens inner- und außerhalb der Organisation, setzt daher weitere Change- und Organisationsentwicklungsprozesse in Gang und zuweilen das gesamte System infrage. Wie die Varianten organisationaler Veränderung aufeinander aufbauen bzw. voneinander abzugrenzen sind, zeigt Abb. 2.6.

Ob man heute eher von „Organisationsentwicklung" oder von „Change-Management" spricht, hängt ein wenig von der wissenschaftlichen Provenienz – hier eher psychologisch, dort eher betriebswirtschaftlich – ab, von der Verträglichkeit des Sprachgebrauchs in der jeweiligen Organisation – hier eher die Change-Müdigkeit, dort vielleicht ein Vorbehalt gegenüber diffus anmutenden Methoden oder schlicht von der persönlichen Vorliebe für den einen oder den anderen Begriff. Zwar hält sich die Abgrenzung einerseits „bottom-up" und längerfristig angelegter Prozesse gegenüber „top-down" und kurz- bis mittelfristig geplanten Verfahren zumindest im akademischen Kontext. Durch

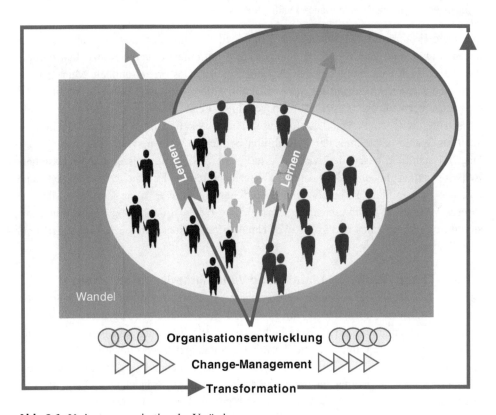

Abb. 2.6 Varianten organisationaler Veränderung

die Propagierung der neuen Qualität der Veränderungen in Form einer (digitalen) Transformation der Gesellschaft und die Spiegelung der Bedingungen in der Organisation scheint der Nutzen der bisherigen Differenzierung jedoch eher obsolet. Vielmehr muss es darum gehen, die externen Anforderungen in erfahrbare und machbare Portionen des Wandels zu übersetzen und gleichzeitig „von oben" und „von unten" her zu moderieren. Die Schlüsselfunktion heißt: Kommunikation. Change- und Veränderungsprozesse müssen erlebt, diskutiert und begriffen werden. Das erfordert eine Kommunikation, die mehr ist als bloße Information, die ein Gespräch über die Story, die Protagonisten, aber auch die Reibungspunkte im Prozess initiiert und am Laufen hält. Die Rezepte der Organisationsentwickler wie auch die der Change-Manager sind dabei gleichermaßen wertvoll für einen erfolgreichen gemeinsamen Weg.

> Much like cooking Boeuf à la Bourguignonne, successful organisational change requires that you use all of the ingredients, inject lots of care and passion, and don't take any shortcuts. (Kinal, 2013)

Wer heute „Change" sagt, führt das „Scheitern" häufig gleich mit im Mund. Ob den persönlichen Erfahrungen oder wissenschaftlichen Studien dabei mehr zu vertrauen ist, ist sekundär. Tatsächlich werden seit der Popularisierung des Konzepts bereits die Hürden, die es zu überwinden gibt, gleich mit thematisiert. Der Begründer des bekanntesten (Stufen-)Modells zur Gestaltung von Change-Prozessen, John P. Kotter, hat dieses aus der Analyse konkreter Fehlschläge heraus formuliert. Allem voran setzt er den Ratschlag einer gewissen Demut gegenüber dem Wandel und der Einsicht, dass dieser stets eine unabwendbare psychologische Kehrseite offenbart:

> Wann immer von Menschen gebildete Gemeinschaften gezwungen sind, sich den veränderten Gegebenheiten anzupassen, ist Schmerz allgegenwärtig. (Kotter, 1996, S. 3)

Die häufigsten Fehler, die demnach die Veränderungsprozesse begleiten, liegen daher auch weniger in den harten Faktoren wie Ressourcen oder Prozess, sondern vielmehr in der Ebene des Verhaltens, der Führung und der Kommunikation. Diese Lücke gilt es vorzubereiten, auszuhalten und schließlich zu überbrücken, was in den meisten Change-Prozessen schlicht übersehen oder als nicht erforderlich betrachtet wird. Interessanterweise entstand das sich selbst eher als rational, top-down-orientiert, projektbezogene, (zunächst) auf primär betriebswirtschaftliche Zwecke hin fokussierte Change-Management als Gegenmodell zu eher systemisch und emotional begründeten, bottom-up-orientierten, ganzheitlich das gesamte System betreffende und auf Dauer angelegte Organisationsentwicklung. Begründet wurde dies vor allem durch einen zunehmenden externen Wettbewerbs- und Innovationsdruck, der schlicht keine Zeit und keinen Raum lässt für das „Gutmenschentum" der humanistisch geprägten Veränderungsphilosophie. (Doppler & Lauterburg, 2014, S. 90)

Tatsächlich fällt die Entstehungsgeschichte der Organisationsentwicklung in den 1940er Jahren in die Hochphase der humanistischen Psychologie. Ihr prominentester

Vertreter Kurt Lewin begründete neben den nach ihm benannten Führungsstilen das Konzept der Gruppendynamik, beschäftigte sich in einer politisch aufgewühlten Zeit mit der *Lösung sozialer Konflikte* (1948) vornehmlich im Alltagskontext und brachte mit der Gestaltpsychologie eine einerseits ganzheitliche, andererseits vom Individuum konstruierte und damit nur durch Verstehen zu deutende Perspektive in den wissenschaftlichen Diskurs mit ein. Das Verhalten – von Menschen oder Systemen – ist nach Lewin immer nur im Kontext der jeweiligen Situation, des jeweiligen „Feldes" zu betrachten, und darf daher nicht unabhängig davon bewertet werden. Sein empirisch gefärbter Blick auf Organisation fokussiert entsprechend unter dem Motto „Betroffene zu Beteiligten machen" die Bedürfnisse der Menschen und die Dynamik im Team. Die soziale Kommunikation gilt als Ausgangs- und Endpunkt der Veränderung und entscheidet kollektiv über deren Erfolg oder Misserfolg. Die Perspektive ist stets systemisch und situativ zugleich, d. h. an Stelle eines konkreten Anfangs- und Endpunkts wird ein Fließgleichgewicht definiert, das zwischen mehr oder weniger stabilen Zuständen die Phasen der Veränderung und des Lernens als Instabilität und Widersprüchlichkeit auf Zeit variiert: Lewins sogenanntes *Drei-Phasen-Modell* (1958) beschreibt das Wechselspiel akzellerierender bzw. destabilisierender „driving forces" und retardierender bzw. stabilisierender „restraining forces" in einem Gruppenprozess. Veränderung beginnt stets mit einer internen oder externen, positiv oder negativ rezipierten Destabilisierung dieses Kräftegleichgewichts. So werden bestehende Einstellungen und starre Verhaltensmuster gleichsam aufgetaut (unfreeze) und damit veränderbar gemacht. Anschließend erfolgt die eigentliche Veränderung (move), in der die Veränderungsziele umgesetzt, alte Muster und Verfahren abgelegt und neue eingeführt und erprobt werden. Schließlich werden die Innovationen im kollektiven Verhalten gesichert, d. h. als gesetzte Strukturen und Muster akzeptiert und konsolidiert (refreeze), um die Nachhaltigkeit des Wandels zu gewährleisten.

Durch eine moderne Brille betrachtet, scheint der Ablauf allzu schematisch und das Idealziel der Gleichgewichtskonstellation seltsam naiv. Dennoch kann das Muster im Sinne eines atmenden Prozesses, der sich immer wieder auf einer neuen Stufe und in einem neuen Modus an Stabilität oder Sicherheit als Ganzes fügt, für alle Entwicklungsprozesse genutzt werden. So taugt es auch, um die – ebenfalls idealtypisch formulierten Phasenmodelle de Change-Managements – darin zu spiegeln und beides zusammen als Muster für die Begleitung und Reflexion von Veränderungs- und Lernprozessen zu nutzen. Tatsächlich wollte auch der Autor der populären „8 Schritte" zur erfolgreichen Veränderung (Kotter, 1996, 2014) seinen Ansatz so pragmatisch verstanden wissen – als allgemeine Gelingensfaktoren, kreative Tipps oder Barrieren, die es innerhalb der „windows of opportunity" jeweils kurzfristig und situationsbezogen zu identifizieren und als Chance zu berücksichtigen gilt. (Kotter, 2014, S. VII; 28) Abb. 2.7 zeigt die Phasen und erfolgskritischen Determinanten geplanter Veränderung im Zeitablauf.

Selbst wenn wir Lernen a priori als positiv bewerten, unterliegen Change- und Entwicklungsprojekte im Organisationskontext einer Zweck-Mittel-Relation. Diese wird über das Verhältnis von (operativer) Dringlichkeit bzw. (strategischer) Relevanz zu den

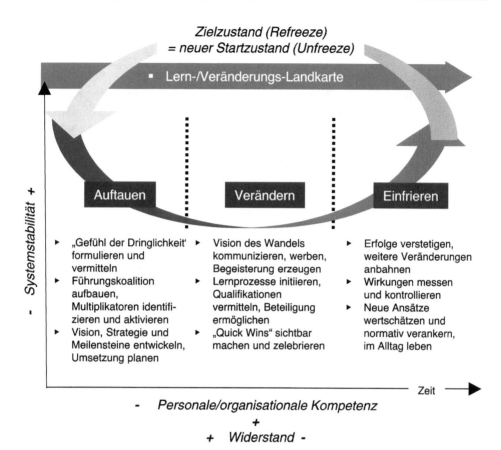

Abb. 2.7   Phasen und Determinanten geplanter Veränderung

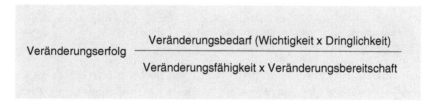

Abb. 2.8   Changeability-Formel. (Quelle: Ebert-Steinhübel, 2019, S. 51)

vorhandenen Ressourcen, d. h. der Fähigkeit bzw. Verfügbarkeit und Bereitschaft bzw. Motivation der Organisation und ihrer Mitglieder definiert. Es empfiehlt sich daher, den geplanten Prozess und die mit der Veränderung intendierten Ziele und Wirkungen vorab mit der gegebenen „Changeability" abzugleichen. Dazu können die in Abb. 2.8 genannten Variablen konkret analysiert und zueinander in Beziehung gesetzt werden, i.e.

die in Dringlichkeit und Wichtigkeit priorisierte Relevanz im Verhältnis zur Machbar-keit des Wandels, die sich in der Fähigkeit und Bereitschaft der Beteiligten aufschlüsseln lässt.

Im aktuellen Kontext sozialen und wirtschaftlichen Handelns ist Stillstand keine Option. Modernes Management setzt daher eine konsequente, systemimmanente Organisationsentwicklung ebenso wie die Fähigkeit und Bereitschaft für einen systematischen Change als „Antwortfähigkeit" eines Systems auf gegenwärtige und zukünftige Herausforderungen voraus. Die Erhöhung der „Changeability", d. h. der Fähigkeit und Bereitschaft, Veränderungen einzuschätzen und Entscheidungen für oder gegen diese in Abwägung ihrer operativen Dringlichkeit und strategischen Relevanz zu treffen, ist dabei das Maß für den Erfolg und zugleich das wichtigste Ziel einer dauer-haft lernenden Organisation. Das Lernen in der Dauerschleife erfordert über das Lernen der Einzelnen und des Systems hinaus die Ausgestaltung der Organisation als Lernort. Mit dessen struktureller und materieller Ausgestaltung durch Elemente der sogenannten „New Work" sind wir bereits einige Schritte vorangekommen. Viel schwieriger gestaltet sich der ideelle Aspekt: Im Mittelpunkt steht die Frage, wann, wo, wie und mit wem eine lebenslang lernende Gesellschaft lernt, welcher ggf. neu zu bewertender institutionalisierter und organisierte Formate es dazu bedarf und ob bzw. wie diese Lern-erfahrungen aus unterschiedlichen Kontexten heraus explizit gemacht und im kollektiven Handeln konkreter Organisationen oder gesellschaftsweit zu nutzen sind. Und noch ein weiterer Schritt wäre zu gehen – bzw. zu (be-)denken -, um Führung und Organisation zukunftsfit zu machen: Die lebenslang lernende Organisation muss vom Antwort- in den Fragemodus schalten, vielleicht nicht permanent, aber in jedem Fall sehr viel häufiger und aktiver als sie dies bisher tut. Nur so kann es gelingen, die Zukunft von der Gegen-wart her zu erschließen als Möglichkeitsraum für eine bessere Variante ihrer selbst.

2.3   Im Wandel: neue Erscheinungsformen der Organisation

Die Erwartung des Unerwarteten führt dazu, dass das Selbstverständliche nicht länger als selbstverständlich gilt. (Beck, 2007, S. 59)

Pünktlich zur Jahrtausendwende oder vielleicht sogar noch ein bisschen davor sind wir in eine neue Phase des globalen Wandels eingetreten, die von einer neuen Permanenz des Ungewissen, Nicht-Selbstverständlichen als „New Normal" auszugehen hat. Organisationen sind dieser extremen Veränderungskomplexität in mehrfacher Weise ausgesetzt. Sie sind Objekt und Subjekt einer nicht wie bisher punktuell definierten und terminierten, sondern auf Dauer angelegten Transformation. Das Organisations-modell der Zukunft wird – so lautet die aktuelle Prognose – eines sein, das immer nur vorläufig, situationsbedingt und auf Zeit angelegt ist. Agilität ist hierfür sicherlich ein Mittel der Wahl, alleiniges Ziel jedoch ist es nicht. So, wie sich bestehende Formationen nicht von heute auf morgen und in ihren Grundfesten verändern lassen, ohne funktions-

und psychologische Leerstellen zu hinterlassen, bedarf auch die Veränderungswilligkeit und -fähigkeit von Organisationen eines passenden Konzepts, das die Möglichkeitsraum nicht nur strukturell, sondern auch psychologisch und pragmatisch auszuloten versteht.

2.3.1 Komplexität spiegeln – innere und äußere Entgrenzung der Organisation

> Das Wissen über Komplexität und wie man sie meistert, ist die wichtigste Ressource für funktionierende Organisationen. (Malik, 2015, S. 13)

Die „neue" Organisation ist – daran führt kein Weg mehr vorbei – vor allem anderen ein offenes und lernendes System, das sich selbst zu reflektieren und zu erneuern in der Lage ist. Nicht allein die von außen an die Organisation herangetragenen Ansprüche führen zur Veränderung, sondern auch die internen Erwartungen und Vorstellungen, wie eine Organisation idealerweise funktioniert. Innere und äußere Komplexität sind der „Baustoff" für die neue Welt, zugleich aber auch die Begründung und Voraussetzung für Organisation. Darüber hinaus befördert und befeuert die Organisation als Interessenskollektiv und Impulsgeber für ihre Mitglieder und ihr erweitertes Umfeld diesen Wandel, dem sie unterliegt, selbst ständig neu. So wie in den 1990er Jahren das strategische Management eine Antwort auf die neuen, komplexeren Anforderungen war, so ist die „Changeability" von Individuen, Organisationen und Gesellschaften eine strategisch und normativ gebotene Antwort auf die Herausforderungen der sogenannten „VUCA-"Welt.

> Today, however, businesses operate in an environment characterized by turbulence, uncertainty and rapid technological, social and political change unlike anything we have experienced before and in which the old models are becoming obsolete. (Bennett & Lemoine, 2014, S. 27)

Aus der „Tatsache, dass sich Veränderungen in der Gesellschaft immer rascher vollziehen, einen immer größeren Umfang einnehmen" diagnostizierte der amerikanische Zukunftsforscher Alvin Toffler einen *Zukunftsschock* (1970, S. 17). Heute bringen wir mit dem Akronym *VUCA* die besondere Mischung aus Desorientierung und Überstimulation als „Volatilität * Ungewissheit * Komplexität * Ambiguität" auf einen Begriff. Deren besondere Herausforderung liegt weniger in der progressiven Beschleunigung eines immer schnelleren Wandels, sondern der Vielfalt und Vernetzung der Veränderungsdimensionen, völlig unabhängig davon, ob diese sich im Privaten, Politischen oder Unternehmerischen vollziehen.

> Hinzu kommt, dass unsere Erfahrung zwischen Kausalität und Chaos schwankt und damit Verhältnisse charakterisiert sind wie bei der Wetterprognose; kurzfristig scheint vieles vorhersehbar, langfristig nahezu nichts. (Backhausen, 2009, S. 123)

Die Erfahrung der Disruption, der weit reichenden Veränderung scheinbar aus dem Nichts heraus, muss psychologisch ausgehalten, technologisch umgesetzt und organisationslogisch gestaltet werden. Dem beschriebenen Bedürfnis nach persönlicher Konsistenz und struktureller Persistenz läuft dies konträr entgegen. In der „Lernenden Organisation 4.0" wird unsere Ambiguitätstoleranz quasi permanent ausgereizt zugunsten einer Akzeptanz von Veränderung, die sich in Schleifen auf ein mal höheres, mal niedrigeres Verständnis hin bewegt.

> The old bureaucratic command and control model, even in its current decentralized supposedly lean and mean version won't be up to the challenges ahead: it won't be fast enough...keen enough...smart or sensitive enough...we need a new kind of organization that accommodates radical change, indeed that builds on the capacity to thrive on change. (Bowerman & Reich, 2016, S. 127)

Je nachdem, welchen Horizont wir betrachten, welche Rolle oder Perspektive wir dabei einnehmen oder welche Entscheidung wir jeweils priorisieren, bedeutet der ausgewählte one-best-way immer nur eine von konkurrierenden Optionen auf Zeit. Für die Organisation erfordert dies ein Höchstmaß an Gestaltungsfähigkeit, für die Führung ein Höchstmaß an Kommunikation. Die unter dem Stichwort *New Work* gebündelte agilen und kreativen Arbeitsweisen können entsprechend als ein „komplexes Problemlösen" (Meyer et al., 2018, S. 196) verstanden werden. In erster Linie bieten sie ein methodisch leicht zugängliches und verfügbares Handwerkszeug zum Entwickeln und Erproben der Multi-Optionalität im Change. In zweiter Linie überwinden sie mentale soziale oder kognitive Barrieren im Team gegenüber dem Neuen, Unbekannten oder auch der unterschiedlichen Lernerfahrung anderer im Team selbst. Gleichsam zu sichern sind diese Methoden der Flexibilisierung und Innovation in und durch eine Kultur der Zusammenarbeit, die eine neue Selbstverantwortung und -steuerung der Einzelnen jenseits hierarchischer Rollen und Positionen erlaubt. Besonders diesen Aspekt „erfüllender" Arbeit – in Ergänzung zu Selbstversorgung und Erwerbsarbeit – hatte Frithjof Bergmann im Sinn, als er mit „New Work" ein anderes „System der Arbeit und letztendlich eine neue Lebensweise und Kultur" beschrieb, die in der globalen und digitalen Wissensgesellschaft mehr als einen Aufstieg denn einen „Aufstand" impliziert, der „durch intelligenten und fantasievollen Gebrauch einer Flut von überraschend innovativen Technologien" zu gelingen vermag (Bergmann, 2020). In dieser umfassenden Version ist der intendierte Wertewandel bisher nicht realisiert. Befördert durch einen starken externen Wettbewerbsdruck in Richtung markt- und kundenorientierter Geschäftsmodelle und -prozesse sowie eine veränderte, zunehmend ganzheitliche Erwartungshaltung an die Unternehmen als Arbeitgeber und soziale Akteure jedoch, ist seit der Mitte der 1990er Jahren vielleicht kein Vollzug der ursprünglichen New Work, wohl aber eine auf allen Ebenen sich vollziehende Erneuerung der Organisations- und Arbeitswelt zu beobachten.

Vielversprechend sind Ideen und Ansätze, die Logik der Organisation von der Logik der Arbeit oder, noch weiter gefasst, den idealen Bedingungen von Kommunikation und Kooperation her zu betrachten. „Leading work – not managing employees"

(Boudreau et al., 2015, S. 4) ist der Leitgedanke für eine andere Perspektive auf Führung und Organisation. Das impliziert nicht nur eine deutlich stärkere Variabilität des Organisationskonzepts im neuen, durchlässigen, vernetzten, kollaborativen und flexiblen Format. (Boudreau et al., 2015, S. 135) Es erfordert vor allem eine ausdrückliche Konstitution und Reflexion der Veränderungstreiber aus dem Inneren und dem sozialen, lokalen und globalen Umfeld des Systems heraus. Welche Aspekte dabei zu beachten sind und welche Wirkungen sich möglicherweise offenbaren oder gezielt anzustreben sind, ist in Abb. 2.9 übersichtsartig dargestellt. Moderne Führung als aktive Entwicklungsarbeit am organisationalen System erhält den Auftrag, die jeweiligen Treiber zu identifizieren und in ihren Dimensionen für das eigene System zu übersetzen oder auch aktiv einzufordern, um den Handlungsmodus der Organisation in Kongruenz zur externen Veränderungsrealität zu bringen.

Die Entwicklungstreiber Individualisierung, Werteorientierung, Vernetzung, Flexibilisierung und Selbstorganisation wirken nicht isoliert, sondern ergänzen und verstärken sich gegenseitig. Für die Entwicklung von Führung und Organisation können sie als Orientierungspunkte zur inhaltlichen und prozessualen Veränderung der internen und externen Kommunikation und Kooperation genutzt werden. Wichtig ist dabei stets, sie zwar einzeln zu beleuchten, jedoch immer im Zusammenspiel zu bewerten. Das

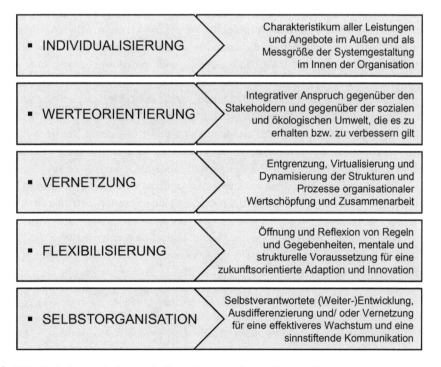

Abb. 2.9 Veränderungstreiber und -dimensionen moderner Organisation

erfordert eine besondere Form des Lernens, weit über bloße Adaption oder Überlebens-
sicherung des Systems hinaus. In ihrer proaktiven Beantwortung externer Veränderungen
erfinden sich moderne Systeme immer wieder neu und werden so selbst substanzieller
Bestandteil der neuen Veränderungsqualität. Dieser Verantwortung gilt es in der Entwicklung von Führung und Organisation zu entsprechen, und zwar immer wieder neu als
ein Versprechen auf Zeit. Denn eines ist sicher: Eindeutig sind diese neu entstehenden
und sich formierenden Organisationsphänomene nicht. Auf der Suche nach Öffnung,
Sinn und neuer Anschlussfähigkeit findet eine Ergänzung und Überlagerung zentraler
und dezentraler, hierarchischer, lateraler und holokratischer Strukturen statt. Nicht
Reduktion, sondern Spiegelung und Integration der Komplexität ist also das Ziel einer
nicht permanent, sondern immer wieder dann sich neu erfindenden Organisation, wenn
die interne oder externe Basis für Stabilität und Integration zu erodieren droht.

2.3.2   Entwicklungschancen – im „Möglichkeitsraum" der Organisation

> Organisations that are able to adapt quickly to changing circumstances in their operating
> environment have a competitive advantage. (Jordaan, 2019, S. 59)

An einer Öffnung, Entgrenzung, Flexibilisierung und Demokratisierung der Organisation
kommen wir also nicht vorbei. Im Spiegel kurzfristiger Marktanforderungen und langfristiger Umweltveränderung und -komplexität zielen die Trendformeln „Agilität" und
„Adaptivität" auf eine adäquatere dynamischere Entscheidungs- und Entwicklungskompetenz. (Beck et al., 2001) Auf der anderen Seite funktionieren und überdauern
Organisationen gerade wegen und in ihrer sozio- und psychologischen Reproduktion
(Kühl, 2000, S. 134) als sich selbst erzeugende soziale Systeme, die „einmal in Gang
gesetzt ihrer eigenen Melodie folgen" (Schumacher & Wimmer, 2019, S. 13). Die
bekannten Grundmotive lauten Stabilität, Kontinuität und Konsistenz. Die neuen heißen
Agilität, Neuerfindung und Selbstorganisation und klingen erst einmal fremd. Tatsächlich begreifen und bewerten wir Organisation meist auch dann – zuerst – noch als
lineares, vertikal strukturiertes und eindeutig plausibilisiertes Modell, wenn wir längst
im Netzwerk arbeiten oder in Teamzirkeln auf Zeit analog oder virtuell miteinander
kooperieren. Ein bisschen ist es wie bei der psychologischen Übung, sich *keinen* rosa
Elefanten vorzustellen: Wir brauchen zuerst die Vorstellung einer anderen Farbe und
dann noch eine viel größere Energie für ein anderes, selbst und frei gewähltes, überzeugendes Motiv an dessen statt.

> Creating a collaborative working environment requires a climate of trust within the
> organisation and a mindset that is focused on working with, rather than against others to
> achieve common organisational goals and objectives. (Jordaan, 2019, S. 5)

Vertrauen ist damit eine der wichtigsten Voraussetzungen zur Bewältigung einer maximal unsicheren Existenz von Organisation, die einer permanenten, bewussten und sichtbaren Investition seitens ihrer Mitglieder bedarf. Nicht starre Positions- oder Machtlogiken gilt es also zu retten, sondern das integrative Moment der psychologischen Sicherheit, das Gefühl von Zugehörigkeit, die Erkenntnis von Identität und die Chance auf Partizipation in einem zukunftsorientierten und sinnhaften Miteinander der Organisation. Psychologisch wirken Organisationen als Stabilitätsanker für die persönliche und soziale Interaktion. Strukturell und pragmatisch gewähren Routinen und die Zuordnung von Verantwortung Entlastung und Sicherheit in einer mehr oder weniger vertrauten, vorhersehbaren Konstellation. Jede Abweichung hiervon offenbart neue Unsicherheit, Chaos, Richtungsverlust. Der erfolgreiche Change muss daher einerseits neue Plausibilitäten und Muster einüben, andererseits an den bestehenden normativ andocken, um die neuen Freiräume und Freiheiten überhaupt erst erkennen, nutzen und schließlich aktiv selbst gestalten zu wollen und zu können. Im Spannungsfeld zwischen Selbst- und Fremdorganisation, zwischen Agilität und Stabilität funktioniert kein Entweder-Oder, sondern nur ein dritter Weg des Ausbalancierens im Sowohl-Als auch. Was wir benötigen, ist eine neue Metapher von Organisation, die Improvisation und Selbstgestaltung ausdrücklich erlaubt.

Flexible, innovative, agile oder kreisförmige Organisationsmodelle wie *Holacracy* (Robertson, 2016) bzw. das eher netzwerkartige Vorgängermodell „Soziokratie" sind en vogue. Sie erweitern unser typisches Spektrum der klassisch zweidimensional orientierten Hierarchie, Sparten-, Matrix- oder Netzwerkorganisation um einen tendenziell drei- bzw. mehrdimensional orientierten Modus des immer wieder neu sich formierenden, holokratischen oder resilienten Systems, bei dem sich Führung und Teams alternierend aus dem temporären Projektmodus heraus formieren. Noch einen Schritt weiter geht die Logik virtueller oder idealer Plattformen als Kommunikations- und Kooperationsinseln auf Zeit, die aktuell zwar vorwiegend außerhalb von Organisationskontexten angesiedelt sind, intern jedoch immer auch mit zu bedenken sind, zumal ihre Aktivitäten formale Grenzziehungen mehr oder weniger elegant transzendieren. Wohin also geht dieser Trend? Konsequent – und entsprechend unserer vertrauten Logik weitergedacht – führte die zunehmende Selbst- zu einer *Ent*-Organisierung von Organisation. Wenn die Hierarchie vornehmlich über Macht, das Netzwerk über Ziele, die Holokratie über das Team, die Plattform über die gemeinsame Idee zusammengehalten ist, so müsste die Selbstreferenz (Luhmann) einer neu organisierten Organisation in einer passenden Kombination dieser Aspekte gefunden werden. Was dann entstünde ist kein neues Organigramm, wohl aber ein immer wieder neu zu definierender „Möglichkeitsraum" der eigenen Organisation. Dessen Dimensionen und Varianten sind in Abb. 2.10 skizziert.

Moderne Organisationsentwicklung ist ein Spiel mit diesen Möglichkeitsräumen (Ebert-Steinhübel, 2016, S. 84) – nicht zwingend als Weg von (A) über (B) nach (C) oder bis (D), sondern in der gleichzeitigen Aktivierung, Nutzung und Integration der jeweils idealen Funktionsaspekte und Priorisierung der Leitideen. Dabei gilt es, mög-

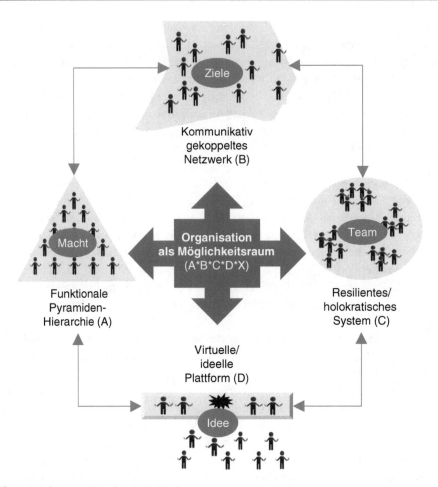

Abb. 2.10 Organisation als Möglichkeitsraum

lichst viele Perspektiven zu berücksichtigen, Partizipation und Lernen auf allen Ebenen
zu ermöglichen, Fürsprecher und Experimentierräume zu etablieren und schließlich
Verbindlichkeit zu sichern und Prozesse zu verankern. Dieser interne Change lebt und
gelingt durch eine effektive Kommunikation, die über das „Was" und das „Wie" offen
diskutieren lässt, vor allem aber das „Wozu" eng in ihrem im Fokus behält. Zwar scheint
das Netzwerk – als wichtigste Metapher des Informationszeitalter einerseits und erprobte
Kommunikationsform im Beratungsalltag andererseits – bislang das präferierte Modell
zur Öffnung und Integration externer Anspruchsgruppen und Leistungsanbieter zu sein.
(Vilain, 2018, S. 9) Für eine Öffnung, Übersetzung, Entwicklung, den Austausch und
die Erprobung neuer Ideen jedoch bedarf es zusätzlicher realer, virtueller und mentaler
Räume, „Inseln", „Marktplätze" oder Plattformen die team- und projektorientierten,
egalitären Formate von Kommunikation und Kooperation nach den Mustern (C) und

(D). Sich gleichzeitig von der Hierarchie komplett zu verabschieden, wäre ebenso ein Fehler wie die alten Muster in der neuen Welt kommentarlos weiter zu übernehmen. Ganz gleich, wohin die Richtung geht, ist nicht die strukturelle, sondern die mentale Veränderung bedeutsam: Nicht im „wir *haben*" oder „wir *sind*", sondern im „wir *verwirklichen*" eine Organisation liegt der besondere Gestaltungsauftrag als tägliche Herausforderung unserer Zeit.

> The dual search for stability and change constitutes a central paradox in all forms of organizing and poses a major challenge for firms operating in today's business environment. (Lam, 2011, S. 173)

Es geht nicht um eine Entscheidung zwischen Stabilität und Veränderung. Sondern es geht um die Frage, wie ein optimaler Ausgleich zwischen dem Bedürfnis nach Verlässlichkeit, Konsistenz und – im erweiterten Sinne – Resilienz sowie der Fähigkeit zur fokussierten und eigenverantwortlichen Adaption und Reflexion vermittelt werden kann. Ein Instrument hierfür ist das Konzept der Beidhändigkeit („ambidextery") - „a combination of ‚mechanistic' and ‚organic' features, that balance order and chaos" - „hybrider" Organisationen, die mit evolutionären (adaptiven) und revolutionären (disruptiven) Veränderungen zugleich umzugehen in der Lage sind. (O'Reilly & Tushman, 2004; Lam, 2011, S. 174) Aus der Beidhändigkeit wird ein vierhändiges Konzept, wenn die Zielgröße Zukunftsfähigkeit – im Jonglieren zwischen bestehenden Potenzialen („exploitation") und neuen Entwicklungschancen („exploration) durch die Zielgröße Changeability zwischen organisationaler Resilienz und Veränderungskompetenz erweitert wird. Was in der Praxis daraus gerade entsteht, sind hybride Typen der Organisation, die internen Parallelkulturen und -strukturen einen Raum geben, indem sie quasi mit zwei oder mehreren „Betriebssystemen" zugleich agieren. Das etablierte System wird beispielsweise durch sogenannte „Labs", „Thinktanks", „Hubs", „Innovation-" oder „Maker-Spaces" etc. ergänzt, die nicht nur strukturell, sondern auch personell und räumlich einen bewusst anderen Charakter tragen und auf der „grünen Wiese", im alten Fabrikareal oder im urbanen Co-Working angesiedelt sind.

> Neu an der aktuellen Situation ist nicht das Spannungsfeld. Heute bereiten uns die unvermeidbaren Schwächen der reinen Hierarchiebetriebssysteme nur Probleme, in der Zukunft können sie unser Untergang sein. (Kotter, 2012, S. 15)

Die Logik der *zwei Systeme* zielt jedoch nicht auf eine Ablösung des Alten durch die Hintertür, sondern auf eine substanzielle Weiterentwicklung „in Richtung einer fundamental neuen Form von Organisation" (Kotter, 2012, S. 15). Anstelle einer Nivellierung der unterschiedlichen Varianten steht ihre gleichzeitige Nutzung für Alltagsgeschäft und systematische Innovation auf dem Plan. Ganz gleich, in welchem Entwicklungsstadium eine Organisation sich dabei befindet, ob es sich um ein kleineres Start-up oder einen größeren Traditionsbetrieb handelt, bleibt die grundsätzliche Herausforderung stets gleich: In einem Kontext permanenten Wandels muss es – immer

wieder neu – gelingen, Stabilität als systemische Grundfunktion mit Agilität als selbst-
organisierte Qualität der Veränderung intelligent vereinen. Nach Kotter (2014, S. 11)
basiert die Effektivität dieser zweiten, netzwerkartigen Struktur auf acht Primär-
prozessen, die mit dem acht Stufen des Change-Managements vergleichbar und damit
als „Beschleuniger" („Acceleratoren") für Lernen und Veränderung wirken. Das zusätz-
liche Betriebssystem wirkt damit als eine Art Plug-in für die Changeability der gesamten
Organisation.

2.3.3 Mischen, Schütteln, Neuerfinden – Dilemmata und Chancen neuer Organisation

> [New] organizations develop their contexts, make their own world better for them to live in
> and to contribute to. (Burgoyne, 1992, S. 323).

Die *Neuerfindung der Organisation* (Laloux, 2015) gilt als wichtigster strategischer
Erfolgs- und Überlebensfaktor unserer Zeit (Reeves & Deimler, 2011). Und es scheint
so, als ob wir alle den Job zu machen in der Lage sind, zumindest angesichts der breit
kommunizierten Ideen und Äußerungen dazu. Demgegenüber ist eine maximale
Erfinder/innen-Knappheit in der Praxis zu beklagen, die vielleicht auch darauf zurückzuführen ist, dass wir – getreu den traditionellen Maximen professioneller Aktivität –
erst auf eine Stellenbeschreibung und/oder Positionsmacht zur Übernahme des Jobs und
der damit verbundenen Verantwortung hin auch bereit dafür sind. Es könnte aber auch
daran liegen, dass die „neue" Organisation zumindest in ihrer (Selbst-)Beschreibung so
autonom erscheint, dass es gar keiner weiteren Einflussnahme durch spezifische Akteure
mehr bedarf. Damit wäre das Prinzip der Selbstorganisation auf die Spitze getrieben –
und hoffentlich nicht darüber hinaus – denn deren extremste Variante führt, logisch über
das Fraktal hinaus gedacht, zu ihrem Gegenteil, also zur Auflösung von Organisation.

Moderne Organisationen, so scheint es, sind vor allem dann zum Scheitern verurteilt,
wenn sie sich nicht schnell und nicht intensiv genug an die Dynamik des Wandels –
i.e. der sozialen, globalen und digitalen Transformation – anpassen oder komplett neu
erfinden. Doch auch die Transformation an sich lädt mit offenen Armen zum Scheitern
ein: Das Dilemma der Selbstorganisation ist dabei das größte, aber nicht das einzige
Problem der neuen Veränderungsqualität. Auch ein Zuviel an Flexibilität und Agilität
erweist sich als Teufelskreis, da statt weniger immer mehr Dynamik und Komplexität
produziert wird, und zwar in einer kognitiv und strukturell kaum mehr beherrschbaren
Dimension. Individuelle und/oder partielle Selbständigkeit und -verantwortung sind
ethisch und psychologisch wichtige Aspekte. Im Kontext der Organisation müssen sie
jedoch immer wieder mit den übergeordneten Zielen in Einklang gebracht werden,
und zwar so, dass nicht noch mehr, sondern tendenziell weniger Abstimmungs- und
Abgrenzungsaufwand resultiert. *Ent*hierarchisierung von Positionen und Vernetzung
von Beziehungen und Prozessen über Abteilungs-, Bereichs- und Organisationsgrenzen

hinaus sind als Konsequenz und Bedingung moderner Geschäftsmodelle zwingend geboten. Die Kehrseite ist nicht immer offensichtlich – auch und gerade für diejenigen, die es ganz persönlich betrifft. Im Systemzusammenhang wirkt sie stets destruktiv. Dabei geht es um Motivation und Macht, die formell abzugeben und informell neu so zu verteilen ist, dass ein deutlich geringeres Gefälle resultiert. Über allem droht die Primärfunktion von Organisation, i.e. die Bewältigung von Komplexität (Malik, 2015) und damit der Erhaltung von Handlungsfähigkeit durch die Delegation von Kompetenz und Verantwortung an interne oder externe Stakeholder zu erodieren, da diese entweder überfordert, zu wenig vernetzt oder schlicht unwissend sind. (Kühl, 1994, S. 111) Immer in ihrem Gegenteil, i. e. im Verlust von Orientierung, Ordnung, Zusammenhalt, Fokussierung etc. finden sich diese Dilemmata einer überlebenswichtigen Öffnung, Entgrenzung und Neuformierung von Organisation

> Durch diese Transformation wird sich fast alles ändern: Was wir tun, wie wir es tun und warum wir es tun - und auch wer wir dabei sind. (Malik, 2015, S. 12)

Ob die Transformation der Unternehmen und Organisationen wirklich in einer „Neuerfindung" gelingt (Abegglen, 2018; Laloux, 2015), oder ob der Begriff eine die Mikro-, Meso- und Makroebene der Systeme, d. h. das individuelle und kollektive, organisationale und gesellschaftliche Handeln zugleich betreffende Transformationsanstrengung lediglich energetisiert, bleibt abzuwarten. Wichtig ist die Erkenntnis, dass wir es bei gleichzeitig erfolgenden Lern- und Entwicklungsprozessen mit einer Veränderung dritter Art zu tun haben. Denn über das „Wohin" der strukturellen und prozessualen Konstitution und Erscheinungsform moderner Organisationen hinaus müssen wir uns mit dem „Wozu", i.e. der Frage nach dem Sinn neu und intensiver als bisher befassen. Nicht die Organisation also muss sich primär ändern, sondern die Logik, mit der wir sie betrachten, in der wir sie nutzen und durch die wir sie in einer neuen Form begründen. Das hat bereits Peter Drucker in seinem berühmten Diktum formuliert, dass die Bedrohung nicht so sehr im gegenwärtigen oder zukünftigen Wandel liegt, sondern in unserer tendenziell gestrigen Art, diesem zu begegnen. Natürlich sind es ökonomische und technologische Aspekte, die unsere Märkte prägen. Gleichzeitig wirken aber auch übergreifende soziale, politische und ökologische Trends auf die Konzepte von Arbeit und Bildung ein. Schließlich ist es das tagtägliche Interagieren der Individuen aus der jeweiligen Lebensperspektive und dem Eingebundensein in eine sozio-historische Realität, die die Bedingungen für eine organisierte Kommunikation und Kooperation stellen. Laloux spricht dabei von Stufen des Bewusstseins, die eine organisationale und gesellschaftliche Kultur bestimmen, und die sich im Laufe der Jahre von einer eher ursprünglichen, tribalen und impulsiven über traditionell-konformistische, modern leistungsorientierte und postmodern pluralistische Formen hin zu einer für die aufkommende Epoche passenden integral-evolutionären Organisation entwickelt haben. (Laloux, 2015, S. 37) Im Unterschied zu den unsere Zeit noch maßgeblich prägenden modernen und postmodernen Varianten zeichnen sich die evolutionären Modelle durch eine besondere „Selbstführung", „Ganzheit" und „evolutionären Sinn" aus (Laloux, 2015, S. 55), die zu einer komplett anderen Praxis des Organisationsalltags in allen Bereichen, i.e. vom Recruiting bis zur Leistungserstellung, den Funktionsbereichen und der Art und Weise der Führung, Entscheidungsfindung und Kommunikation.

Nehmen wir den Faden aus den vorherigen Kapiteln auf, so liegt die wichtigste Herausforderung organisationaler Entwicklung und/oder Neuerfindung in einer möglichst passenden Antwort auf die Treiber der Veränderung, die es wiederum mit offenen Augen und Ohren wahrzunehmen und einzuordnen gilt:

> In order to adapt, a company must have its antennae tuned to signals of change from the external environment, decode them, and quickly act to refine or reinvent its business model and even reshape the information landscape of its industry. (Reeves & Deimler, 2011, S. 138)

Mit empfangsbereiten „Antennen" sind über die Risikomanagementsysteme und -tools vor allem auch die Führungskräfte gemeint, die eine permanente Vorselektion neuer Trends und Themen auf ihrer täglichen Todo-Liste haben. Mit „passend" ist die spezifische Zuschreibung von Relevanz, Reichweite und Geschwindigkeit gemeint, die die Organisation jeweils bewältigen kann oder muss. Die jeweilige Dosierung ist Ausdruck der organisationalen Changeability, die es dabei immer wieder auf die Probe zu stellen und weiter zu entwickeln gilt. Um für die Zukunft antwortfähig zu sein, muss die Organisation mit ihren Mitgliedern in den Fragemodus schalten, damit sie ein zukunftsfähiges, besseres Modell ihrer selbst erkennen und über die Aktivitäten ihrer Mitglieder darauf hinwirken kann: Welche Freiheitsgrade sind erstrebenswert, welche Konstellationen von Selbstorganisation innerhalb des Ganzen sind denkbar, wieviel Flexibilität darf oder muss sein gegenüber welchem Maß an und welcher Art von struktureller und personeller Bindung und Sicherheit? Wie gelingt und wer verantwortet organisationale Selbstbeschreibung als Wertebasis für die Mitglieder und alle anderen Stakeholder? Wie verbindlich muss diese Orientierung sein, um Nachvollziehbarkeit zu gewährleisten, und woran macht sich diese schließlich fest? Wie werden gesellschaftliche Normen in organisationale Werte und Leitlinien übersetzt? Was bedeuten digitale Kommunikation und Kooperation für den Lebens- und Organisationsalltag? Welche Brüche entstehen neu, welche können oder müssen dabei vermieden werden? Welchen Stellenwert haben technologische, ökonomische und soziale „Modernität" für das System und seine Mitglieder? Wie und wodurch kann diesem entsprochen werden? Wie und durch wen wird die Beziehungsqualität zwischen den Individuen, Führungskräften und Teams bewertet und gepflegt? Wie sieht das mit loseren Netzwerken aus? – Diese und ähnliche Fragen sind es, die nicht nur unter den Positions- und Funktionsetiketten der Personal- und Organisationsentwicklung zu formulieren und zu beantworten sind, damit die „neue" oder „alte" Organisation im Wandel nicht einfach geschieht bzw. überlebt, sondern in einem erkennbaren kontinuierlichen Prozess entwickelt wird. Drei Leitideen bilden – zum gegenwärtigen Erkenntnisstand – die Inhalte für die Reflexion und die Eckpunkte für den Gestaltungsprozess, i.e. Agilität, Sinn und Konnektivität. Die Zeit der „Eh-da"-Organisationen ist vorbei. Organisationsbildung, wie in Abb. 2.11 skizziert, wird zu einer dezidierten Leadershipfunktion, die es jenseits der traditionellen Bereichs-zuordnung im Personal- oder Verwaltungswesen – in jeder Führungsposition aktiv und dauerhaft zu übernehmen gilt.

2.3.3.1 Agilität – mehr als ein Zauberwort

> In today's business climate, only the agile survive. (Grantham et al., 2007, S. 2)

Agilität meint zunächst einmal Beweglichkeit, Geschwindigkeit – und: den Mut zur Lücke. Die wichtigsten Prinzipien agiler Prozesse – zunächst entstanden und formuliert als *agile manifesto* der Softwareindustrie – liegen in der Bewertung jeglicher Ver-änderung als vorteilhaft, in einem Denken und Handeln vom Nutzen der Kunden und ihrer konkreten Praxis her, in einer intensiven Kommunikation mit allen Beteiligten und einem selbst organisierten und -reflektierten, „leicht gewichtigen" Entstehungs- und Entwicklungsprozess, der lieber „grob richtig" als „exakt falsch" agiert. (Beck et al., 2001) Beweglichkeit oder Unbeweglichkeit eines Systems entsteht in und durch eine entsprechende Kultur. Agiles Handeln setzt daher eine agile Kultur voraus, die Widersprüche akzeptiert, Fehler erlaubt, Vertrauen vermittelt und eine Verantwortung des Einzelnen für das Ganze impliziert. (Hruschka, 2013, S. 400) Dieses besondere „Mindset" sollte berücksichtigt werden, wenn das Konzept auf Organisationen als

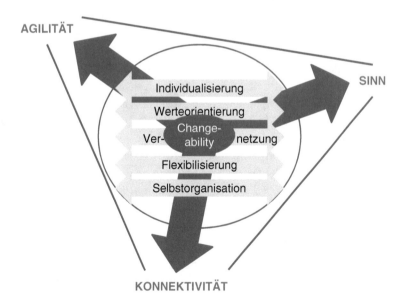

Abb. 2.11 Organisationsbildung als offenes Entwicklungsformat

Ganzes übertragen wird. Anders formuliert: Agilität kann nicht verordnet, sondern muss vorgelebt, erfahren und erlernt werden, um den gewünschten Nutzen zu erbringen.

> Some executives seem to associate agile with anarchy (everybody does what he or she wants to), whereas others take it to mean 'doing what I say, only faster.' (Rigby et al., 2016)

Als neues „Zauberwort", „Überlebenselixier" (Olbert & Prodoehl, 2018) oder „Wunder-waffe" ist Agilität schnell entlarvt, wenn der Fokus allein auf die Bewältigung der Komplexität, also einer gesteigerten Vernetztheit und Unübersichtlichkeit mal Dynamik der Veränderungserfahrung gerichtet ist. Die Konsequenz wäre eine Desintegration und schließlich Auflösung von Organisation. Entscheidend ist das richtige Verhältnis von Mittel und Ziel: Weder Geschwindigkeit noch Flexibilität, weder Hierarchiefreiheit noch Selbstorganisation sind die Ziele agiler Organisation. (Rump, 2019, S. 11) Viel-mehr sind diese lediglich Mittel und Varianten, um agile Formen der Kommunikation und Zusammenarbeit zu ermöglichen mit dem Ziel, Innovationsfähigkeit zu steigern und Widersprüchlichkeit auszuhalten und zu integrieren.

> Agile Organisation und agile Arbeitsformen dienen einem anderen Ziel und folgen einer anderen Logik. Sie arbeiten selbstbestimmt, selbstorganisiert und ohne klassische Hierarchie – mit dem Ziel, Innovationen zu generieren. (Rump, 2019, S. 12)

Agilität muss vom Menschen und vom Thema her gedacht werden – nicht vom System und seinen Strukturen her. Zwar ermöglichen offenere Strukturen und Prozesse neue Spielräume für den selbstverantwortlichen und -organisierten Umgang mit Raum und Zeit. Mehrwerte entsteht jedoch erst im Zusammenwirken übergreifender Kompetenz durch eine fokussierte und effektiv auf die Bedürfnisse interner oder externer Kunden hin orientierte Erledigung im Projekt. Das kann der persönlichen Verfügung über Arbeitszeit und -inhalte durchaus entgegenstehen. Agilität ist deshalb eher ein ideelles denn ein materielles Konstrukt, das an der Motivation, Partizipation und Selbstver-antwortung von Menschen ansetzt und – gerade deshalb – jenseits der Hierarchie und Linienorganisation neue Spielräume des Handelns etabliert. Dieses „agile" oder „growth" *Mindset* (Dweck, 2016) ist die kulturelle Basis für den Entwicklungserfolg, der allein über eine strukturelle Entkopplung niemals gelingt.

Typischerweise scheinen kleinere und jüngere Unternehmen eher für spontane Innovation und hohe Entwicklungsgeschwindigkeiten prädestiniert als größer und ältere. Das scheint einerseits logisch, andererseits auch empirisch nachvollziehbar – allerdings nur innerhalb einer bestimmten Zeit. Denn auch das Prinzip der Agilität ist an eine gewisse organisationale Funktionalität und Stabilität gekoppelt, um Effekte zu erzielen und schlicht „ausgehalten" zu werden. Insofern ist Agilität gerade nicht (nur) eine Sache von Start-ups, setzt sie doch ein enormes Maß an Loyalität, Vertrauen und Integrations-fähigkeit, um aus den neuen Chancen auch substanziellen und nachhaltigen Erfolg zu generieren.

Agile corporations ... know how to integrate those assets and how to develop innovative ways of measuring the return on investment they get by embracing new ways of working, and new ways of organizing work. (Grantham et al., 2007, S. 241)

Für das Lernen der Organisation sind Selbstorganisation und Agilität von besonderer Bedeutung – allerdings nur dann, wenn sie nicht „von außen aufgepfropft" (Probst, 1987, S. 75), sondern selbstbestimmt und als bedeutsam für den Einzelnen, das Team oder das gesamte System erfahren werden. Agilität im Sinne eines auf Offenheit, Widersprüchlichkeit und Lernen hin orientierten Mindsets ist daher für den Transformationsprozess keine Option, sondern unmittelbare Voraussetzung. Im Lichte des modernen Konzepts werden Redundanzen und Ungleichgewichte der organisationalen Strukturen und Prozesse, aber auch der erbrachten Leistungen und Wirkungen offenbar. Wäre Agilität jedoch das einzige Ziel oder der Endpunkt von Organisation, regierten schnell, wie der Soziologe Kühl (1994) das einmal formuliert hat, „die Affen den Zoo". Die Re-Organisation bedarf einer spezifischen Richtung (Sinn) und eines spezifischen Kontexts (Konnektivität), um wirksam und wirkungsvoll zu sein.

2.3.3.2 Sinn – Anfang und Ende vereint

Das, was eine Organisation „im Innersten zusammenhält", ist ihr rationaler Zweck bzw. normativer Sinn. Wortwörtlich genommen, wäre also die populäre Suche und Fokussierung auf den „Purpose" unvollständig, würde in den entsprechenden Erläuterungen und Paraphrasierungen nicht doch wieder der Sinn durch die Hintertür eingeschleust:

Purpose-driven bedeutet, den Sinn in den Mittelpunkt zu stellen und dafür zu sorgen, dass die Mitarbeitenden ihn für sich und ihre Arbeit als 'sinn-voll' erleben und dass die Organisation ihn als Ausrichtung und zur Steuerung nutzt. (Fink & Moeller, 2018)

Als zweiter Eckpfeiler der organisationalen Transformation beinhaltet „Sinn" die Integration nach außen und innen als ein wiedererkennbares, in seinem Handeln mehr oder weniger konsistentes, für die jeweilige Bezugnahme be*wert*bares System. Es geht also nicht nur darum, dass eine Organisation über explizit formulierte Werte verfügt, sondern dass sie diese grundlegenden Annahmen und Muster ihres Verhaltens immer wieder kritisch überprüft sowie als Maßstab ihren Entscheidungen bewusst zugrunde legt. Kommunizierte und reflektierte Werteorientierung kanalisiert das Verhalten der Stakeholder zwischen einem klaren Bekenntnis („ich arbeite hier gerne, weil...") und deutlicher Ablehnung („ich kaufe die Produkte von x nicht, weil..."). Da diese Werte selbst subjektiv und bedeutungsoffen sind, müssen sie in Dialogverfahren entwickelt und als „Versprechenserklärung" in allen Bereichen auf ihre Einlösung oder mögliche Konflikte hin reflektiert werden.

Für die Gestaltung der organisationalen Entwicklung bedeutet „Sinn" vor allem die möglichst breite Integration aller Mitglieder im Prozess, ein aktives Hinwirken auf Zugehörigkeit und Identifikation, die Repräsentation von Vielfalt und Unterschiedlichkeit auf allen Ebenen und in allen Kontexten des organisationalen Handelns sowie den offenen Diskurs über gemeinsame Werte und Leitideen, um nach innen und außen Sinn zu stiften und zu erhalten. „Sinn" impliziert Verantwortung inner- und außerhalb der Organisation und wird damit stets ganzheitlich und systemisch definiert. Daher ist Sinn auch so etwas wie der Anfang und das Ende jeder Organisation.

2.3.3.3 Konnektivität – soziale und technologische Anschlussfähigkeit

Konnektivität bezeichnet den „wirkungsmächtigsten Megatrend unserer Zeit" (www. zukunftsinstitut.de). Darunter werden vielfältige technologische Innovationen wie Künstliche Intelligenz, Augmented Reality, Block Chain, Big Data, Business Eco-systems, Social Networks etc. subsummiert, die aus der IT-Sphäre heraus in unserem Lebens- und Arbeitsalltag nahezu omnipräsent geworden, wenn auch nicht immer bewusst realisiert oder gar verstanden sind. Gerade dieser Bias ist es jedoch, weshalb der Begriff so bedeutsam ist, konnotiert er den ambivalenten Sog der Veränderungen, auf die moderne Organisationen in ihren eigenen Verfahren und Regeln der Kommunikation und Kooperation eigene Antworten finden müssen, um über technologische Standards hinaus anschlussfähig an die Digital Literacy ihrer Mitglieder, Kunden, Lieferanten, Geldgeber, verwaltenden Institutionen etc. zu sein. Denn dramatischerweise verändert Digitalisierung nicht nur die Reichweite unseres Handelns, sondern auch die Art und Weise, wie wir miteinander in den unterschiedlichen Bereichen interagieren, ent-scheidend mit.

> Um diesen fundamentalen Umbruch erfolgreich zu begleiten, brauchen Unternehmen und Individuen neue Netzwerkkompetenzen und ein ganzheitlich-systemisches Verständnis des digitalen Wandels. (www.zukunftsinstitut.de)

Als Momentum organisationaler Entwicklung setzt Konnektivität bestimmte Digitalisierungsprozesse inner- und außerhalb der Organisation bereits voraus. Die übergreifende Perspektive zielt vielmehr auf die Frage, wie ein neues „Wir" in der ent-koppelten Gemengelage selbstorganisierter Teams und Netzwerke auf Zeit, virtueller Arbeitsbeziehungen, Kon- und Prosumenten, Work-Life-Blendings etc. neu entstehen und vermittelt werden kann. Auch und gerade diejenigen Organisationen, die (noch) eine Art Insel- oder Monopolstellung innehaben, können sich nicht vor dem Überschwappen des digitalen Stroms und seiner Ansprüche verstecken. Digitale Kommunikation ist deut-lich hemmungs- und schrankenloser als ihre analoge Version. Diese „Gewalt" muss erst einmal kanalisiert und ausgehalten werden. Gleichzeitig werden in den neuen fluiden, widersprüchlichen und vernetzten Formen von Kommunikation und Organisation die individuellen und kollektiven Bedürfnisse nach Sicherheit, Sichtbarkeit und Zugehörig-keit häufig verletzt. Die Herausforderung der Konnektivität besteht im Führungsauftrag, mittels neuer Optionen und Verbindungen zugleich so etwas wie Verbindlichkeit und Orientierung zu generieren. Das Ziel bleibt eine psychologische und technologische, analoge und digitale Anschlussfähigkeit an gesellschaftliche, ökonomische und öko-logische Innovationen - mit soviel Offenheit oder Eindeutigkeit, wie es die jeweilige individuelle oder organisationale Changeability erlaubt.

Literatur

Abegglen, C. (2018). *Unternehmen neu erfinden. Das Denk- und Arbeitsbuch gegen organisierten Stillstand. Das St. Galler Konzept praktisch umgesetzt.* Frankfurter Allgemeine Buch.

Argyris, C., & Schön, D. A. (1974). *Theory in practice: Increasing professional effectiveness.* Jossey-Bass.

Argyris, C., & Schön, D. A. (1978). *Organizational learning. A theory of action perspective.* Addison Wesley Longman.

Argyris C., & Schön, D. A. (2002). *Die lernende Organisation. Grundlagen, Methode, Praxis* (2. Aufl.). Klett-Cotta.

Backhausen, W. (2009). *Management 2. Ordnung. Chancen und Risiken des notwendigen Wandels.* Gabler.

Bammé, A. (2004). *Gesellschaft (re-)interpretieren. Zur Relevanz von Akteur-Netzwerk-Theorie, „Mode 2 Knowledge Production" und selbstgesteuertem Lernen.* Profil.

Bateson, G. (1964). Die logischen Kategorien von Lernen und Kommunikation. In G. Bateson, *Ökologie des Geistes. Anthropologische, psychologische, biologische und epistemologische Perspektiven* (7. Aufl., S. 362–399). Suhrkamp.

Beck, K. et al. (2001). Manifesto for agile software development. https://agilemanifesto.org. Zugegriffen: 10. Apr. 2021.

Beck, U. (2007). Leben in der Weltrisikogesellschaft. In U. Beck (Hrsg.), *Generation Global. Ein Crashkurs* (S. 57–73). Suhrkamp.

Bennett, N. & Lemoine, J. (2014). What VUCA really means for you. *Harvard Business Review.* Jan./Februar, 27–28 https://hbr.org/2014/01/what-vuca-really-means-for-you. Zugegriffen: 10. Apr. 2021

Berger, P. L. (1984). *Einladung zur Soziologie* (4. Aufl.). dtv.

Bergmann, F. (2020). New Work. New Culture. Die kürzest mögliche Zusammenfassung der Neuen Arbeit. http://newwork.global/deutsch/. Zugegriffen: 10. Apr. 2021.

Betsch, T., Funke, J., & Plessner, H. (2011). *Denken – Urteilen, Entscheiden, Problemlösen.* Springer.

Boudreau, J., Jesuthasan, R., & Creelman, D. (2015). *Lead the work: Navigating a world beyond employment.* Wiley.

Bowerman, J. K., & Reich, R. L. (2016). Developing future employees for new and emerging constructs of business: Are current educational models of teaching business up to the task? *The Business and Management Review, 7*(5), 122–131.

Bradley, C., de Jong, M., & Walden, W. (2019). Why your next transformation should be "all in". McKinsey Quarterly. October 2019. https://www.mckinsey.com/business-functions/strategy-and-corporate-finance/our-insights/why-your-next-transformation-should-be-all-in. Zugegriffen: 10. Apr. 2021

Brodbeck, K.-H. (2007). Die Differenz zwischen Wissen und Nichtwissen. In A. Zeuch (Hrsg.), *Management von Nichtwissen in Unternehmen* (S. 30–60). Carl-Auer.

Burgoyne, J. (1992). Creating a Learning Organization. *RSA Journal, CXL*(5428), 321–332.

Burisch, W. (1972). *Industrie- und Betriebssoziologie.* De Gruyter.

Burkett, H. (2017). *Learning for the long run: 7 Practices for sustaining a resilient learning organization.* atd press.

Casey, A. (2005). Enhancing individual and organizational learning. A Sociological Model. *Management Learning, 36*(2), 1350–5076.

Chiva, R., Ghauri, P., & Alegre, J. (2014). Organizational Learning, innovation and internationalization: A complex system model. *British Journal of Management, 25*, 687–705.

Dehnbostel, P. (2005). Lernen - Arbeiten - Kompetenzentwicklung: Zur wachsenden Bedeutung des Lernens und der reflexiven Handlungsfähigkeit im Prozess der Arbeit. In G. Wiesner, & A. Wolter (Hrsg.), *Die lernende Gesellschaft. Lernkulturen und Kompetenzentwicklung in der Wissensgesellschaft* (S. 111–126). Juventa.

Dehnbostel, P. (2019). Betriebliche Lernorte, Lernräume und Selbstlernarchitekturen in der digitalisierten Arbeitswelt. *Magazin erwachsenenbildung.at*, 35/36, 4–9. https://erwachsenenbildung.at/magazin/19-35u36/04_dehnbostel.pdf. Zugegriffen: 8. Apr. 2021.

Doppler, K., & Lauterburg, C. (2014). *Change Management. Den Unternehmenswandel gestalten* (13., aktual. und erweit. Aufl.). Campus.

Duhigg, C. (2019). What Google learned from its quest to build the perfect team. *The New York Times Magazine*. 25. Januar. https://www.nytimes.com/2016/02/28/magazine/what-google-learned-from-its-quest-to-build-the-perfect-team.html. Zugegriffen: 8. Apr. 2021.

Dweck, C. (2016). *Mindset. The new psychology of success. How we can learn to fulfill our potential*. New Random House.

Ebert-Steinhübel, A. (2011a). Organisationsentwicklung. In E. Mändle, & M. Mändle (Hrsg.), *Wohnungs- und Immobilien-Lexikon* (2., erweit. und aktualisierte Aufl., S. 1233–1247). Haufe.

Ebert-Steinhübel, A. (2011b). Personalentwicklung. In E. Mändle, & M. Mändle (Hrsg.), *Wohnungs- und Immobilien-Lexikon* (2., erweit. und aktualisierte Aufl., S. 1265–1268). Haufe.

Ebert-Steinhübel, A. (2013a). Talente, Kompetenzen und Performance. *PersonalEntwickeln*, *172*(3.29), 1–28.

Ebert-Steinhübel, A. (2013b). Kommunikation im Change Prozess. In G. Bentele, M. Piwinger, & G. Schönborn (Hrsg.), *Kommunikationsmanagement. Strategien, Wissen, Lösungen, 80*(3.93), 1–18.

Ebert-Steinhübel, A. (2016). Organisation und Führung in der digitalen Transformation – Ein Lernprozess. *IM+io. Das Magazin für Innovation, Organisation und Management, 4*, 82–87.

Ebert-Steinhübel, A. (2017). Lebenslanges Lernen 2.0. Aus- und Weiterbildung für die digitale Welt. *Der Betriebswirt, 2*, 27–32.

Ebert-Steinhübel, A. (2019). Strategieentwicklung 2.0. Vom strukturierten Prozess zum agilen System. *Die Wohnungswirtschaft, 6*, 50–53.

Edmondson, A. C. (1999). Psychological safety and learning behavior in work teams. *Administrative Science Quarterly, 44*(2), 350–383.

Edmondson, A. C. (2008). The competitive imperative of learning. *Harvard Business Review, 86*(7/8), 60–67.

Edmondson, A. C. (2019). *The fearless organization: Creating psychological safety in the workplace for learning, innovation, and growth*. Wiley.

Edmondson, A. C., & Lei, Z. (2014). Psychological safety: The history, renaissance, and future of an interpersonal construct. *Annual Review of Organizational Psychology and Organizational Behavior, 1*(1), 23–43.

Erpenbeck, J., & Heyse, V. (1999). *Die Kompetenzbiographie: Wege der Kompetenzentwicklung*. Waxmann

Feldman, M. (2000). Organizational routines as a source of continuous change. *Organization Science, 11*, 611–629.

Festinger, L. (1957). *A theory of cognitive dissonance*. Stanford University Press.

Fink, F., & Moeller, M. (2018). *Purpose driven organizations. Sinn. Selbstorganisation. Agilität*. Schäffer-Poeschel.

Gehlen, A. (1940). *Der Mensch. Seine Natur und seine Stellung in der Welt*. Junker & Dünnhaupt.

Geiselhart, H. (2006). *Das lernende Unternehmen im 21. Jahrhundert. Wissen produzieren, Lernprozesse initiieren, in virtuellen Realitäten agieren*. Springer.

Geißler, H. (1996). Vom Lernen in der Organisation zum Lernen der Organisation. In T. Sattel-
berger (Hrsg.), *Die lernende Organisation. Konzepte für eine neue Qualität der Unternehmensentwicklung* (S. 79–96). Springer.

Gibbons, R. (2000). Why organizations are such a mess (and what an economist might do about
it). 23. März. Rough Draft. https://pdfs.semanticscholar.org/7659/610fba4d6ce5737c5251
cd309a85c2f1853f.pdf?_ga=2.9379190.279496646.1588924410-114063317.1588924410.
Zugegriffen: 8. Apr. 2021.

Goller, I., & Laufer, T. (2018). *Psychologische Sicherheit in Unternehmen.* Springer.

Grantham, C. E., Ware, J. P., & Williamson, C. (2007). *Corporate agility: A revolutionary new
model for competing in a flat world.* Amacom.

Grawe, K. (2004). *Neuropsychotherapie.* Hogrefe.

Greif, S. (2007). Geschichte der Organisationspsychologie. In H. Schuler (Hrsg.), *Lehrbuch
Organisationspsychologie* (2., korr. Aufl., S. 21–57). Huber.

Gross, B. M. (1973). An organized society? *Public Administration Review, 33,* 323–327.

Gukenbiehl, H. L. (1995). Institution und Organisation. In H. Korte, & B. Schäfers (Hrsg.), *Einführung in Hauptbegriffe der Soziologie* (3., verb. Aufl., S. 95–110). Leske + Budrich.

Hasebrook, J., & Maurer, H. A. (2004). Learning support systems for organizational learning.
World Scientific Publishing. https://doi.org/10.1142/5529. Zugegriffen: 8. Apr. 2021.

Hayles, N. K. (1991). *Chaos and order.* University of Chicago Press.

Hedberg, B. (1981). How organizations learn and unlearn. In P. C. Nystrom, & W. H. Starbuck
(Hrsg.), *Handbook of Organizational Design, Vol. 1, Adapting organizations to their environments* (S. 3–27). Oxford University Press.

Hruschka, P. (2013). Agility. (Rück-)Besinnung auf Grundwerte in der Softwareentwicklung.
Informatik_Spektrum, 5. Dezember, 397–401. DOI https://doi.org/10.1007/s00287-003-0342-0.
Zugegriffen: 8. Apr. 2021.

Jarvis, P. (2011). *Paradoxes of learning: on becoming an individual in society.* Routledge Library
Education.

Jenner, A. (2018). *Lernen von Mitarbeitenden und Organisationen als Wechselverhältnis. Eine
Studie zu kooperativen Bildungsarrangements im Feld der Weiterbildung.* Springer.

Jordaan, B. (2019). Leading organisations in turbulent times: towards a different mental model.
In J. Kok, & S. C. van den Heuvel (Hrsg.), *Leading in a VUCA world: integrating leadership,
discernment and spirituality* (S. 59–75). Springer: open access, https://doi.org/10.1007/978-3-
319-98884-9.

Katenkamp, O. (2011). *Implizites Wissen in Organisationen: Konzepte, Methoden und Ansätze im
Wissensmanagement.* Dortmunder Beiträge zur Sozialforschung. VS Verlag.

Kauffeld, S., & Sauer, N. C. (2019). Vergangenheit und Zukunft der Arbeits- und Organisationspsychologie. In S. Kauffeld (Hrsg.), *Arbeits-, Organisations- und Personalpsychologie für
Bachelor* (S. 15–28). Springer.

Kieser, A., & Kubicek, H. (1992). *Organisation* (3., neu bearb. Aufl.). De Gruyter.

Kinal, T. S. (2013). The ultimate recipe for change in business management. *Real Business.*
29. Mai. https://realbusiness.co.uk/the-ultimate-recipe-for-change-in-business-management/.
Zugegriffen: 8. Apr. 2021.

Kotter, J. P. (1996). *Leading Change. Wie Sie Ihr Unternehmen in acht Schritten erfolgreich
machen.* Vahlen.

Kotter, J. P. (2012). Die Kraft der zwei Systeme. *Harvard Business Manager.* Dez., 2–15.

Kotter, J. P. (2014). *Accelerate. Building strategic agility for a faster moving world.* Harvard
Business Review Press.

Kühl, S. (1994). *Wenn die Affen den Zoo regieren. Die Tücken der flachen Hierarchie.* Campus.

Kühl, S. (2000). *Das Regenmacher-Phänomen. Widersprüche und Aberglaube im Konzept der lernenden Organisation*. Campus.

Kühl, S. (2010). Gesellschaft der Organisation, organisierte Gesellschaft, Organisationsgesellschaft. Überlegungen zu einer an der Organisation ansetzenden Zeitdiagnose. Working Paper 10/2010. Universität Bielefeld. https://www.uni-bielefeld.de/soz/personen/kuehl/pdf/Organisationsgesellschaft-Working-Paper-endgultig-180610-210610.pdf. Zugegriffen: 8. Apr. 2021.

Kühl, S. (2011). *Organisationen. Eine sehr kurze Einführung*. VS Verlag.

Kühl, S. (2019). Die überraschende Renaissance eines verstaubten soziologischen Konzeptes. Wie Praktiker das Wort „agil" missverstehen. Working Paper 2/2019. https://www.uni-bielefeld.de/soz/personen/kuehl/pdf/Working-Paper-2-2019-Die-uberraschende-Renaissance-eines-verstaubten-soziologischen-Konzeptes.pdf. Zugegriffen: 8. Apr. 2021.

Kuper, H. (1997). Betriebliche Weiterbildung als Oszillation von Medium und Form. In D. Lenzen, & N. Luhmann (Hrsg.), *Bildung und Weiterbildung im Erziehungssystem. Lebenslauf und Humanontogenese als Medium und Form* (S. 115–146). Suhrkamp.

Laloux, F. (2015). *Reinventing Organizations: Ein Leitfaden zur Gestaltung sinnstiftender Formen der Zusammenarbeit*. Vahlen.

Lam, A. (2011). Innovative organizations: structure, learning and adaptation. Innovation. Perspectives for the 21st Century, 163–180, https://www.bbvaopenmind.com/wp-content/uploads/2011/01/BBVA-OpenMind-INNOVATION_Perspectives_for_the_21st_Century.pdf. Zugegriffen: 8. Apr. 2021.

Lederer, B. (2014). *Kompetenz oder Bildung. Eine Analyse jüngerer Konnotationsverschiebungen des Bildungsbegriffs und Plädoyer für eine Rück- und Neubesinnung auf ein transinstrumentelles Bildungsverständnis*. Innsbruck University Press.

Levitt, B., & March, J. G. (1988). Organizational learning. *Annual Review of Sociology, 14,* 319–340.

Lewin, K. (1948). *Resolving social conflicts. Selected papers on group dynamics*. Harper & Row.

Lewin, K. (1958). Group decision and social change. In E. E. Maccoby, T. M. Newcomb, & E. L. Hartley (Hrsg.), *Readings in social psychology* (S. 197–211). Holt, Rinehart & Winston.

Lewin, K. (2012). Gleichgewichte und Veränderungen in der Gruppendynamik. In L. Lewin, *Feldtheorie in den Sozialwissenschaften. Ausgewählte theoretische Schriften* (S. 223–270). Huber.

Liessmann, K. P. (2006). *Theorie der Unbildung. Die Irrtümer der Wissensgesellschaft*. Paul Zsolnay.

Liessmann, K. P. (2017). *Bildung als Provokation*. Paul Zsolnay.

Littmann, P., & Jansen, S. A. (2000). *Oszillodox: Virtualisierung - die permanente Neuerfindung der Organisation*. Klett-Cotta.

Loo, H. van der, & Reijen, W. van (1992). *Modernisierung: Projekt und Paradox*. dtv.

Luhmann, N. (1964[2018]). Lob der Routine. Reprint. In N. Luhmann, *Schriften zur Organisation 1: Die Wirklichkeit der Organisation* (S. 293–332). Springer.

Luhmann, N. (1969). *Systemtheorie der Gesellschaft*. Suhrkamp.

Luhmann, N. (1972). *Soziologische Aufklärung. Bd. 1 Aufsätze zur Theorie sozialer Systeme* (3. Aufl.). VS Verlag.

Luhmann, N. (1984). *Soziale Systeme. Grundriss einer allgemeinen Theorie*. Suhrkamp.

Luhmann, N. (1991). *Beobachtungen der Moderne*. Westdeutscher Verlag.

Luhmann, N. (2014). *Vertrauen. Ein Mechanismus der Reduktion sozialer Komplexität* (5. Aufl.). UVK.

Malik, F. (2015). *Navigieren in Zeiten des Umbruchs: Die Welt neu denken und gestalten*. Campus.

March, J. G. (1991). Exploration and Exploitation in Organizational Learning. *Organization Science, 2*(1), 71–87.

March, J. G. (2016). *Zwei Seiten der Erfahrung. Wie Organisationen intelligenter werden können*. Carl-Auer.

Maturana, H. R. (1975). The organization of the living: A theory of the living organization. *International Journal of Man-Machine-Studies, 7*(3), 313–332. https://doi.org/10.1016/S0020-7373(75)80015-0. Zugegriffen: 10. Apr. 2021.

Maturana, H. R., & Varela, F. J. (1980). *Autopoiesis and cognition. The realization of the living*. Boston Studies in the Philosophy of Science, Bd. 42. Kluwer.

McCalman, J., & Potter, D. (2015). *Leading cultural change: The theory and practice of successful organizational transformation*. Kogan Page.

Meyer, H. A., Wrba, M., & Bachmann, T. (2018). Psychologische Sicherheit: Das Fundament gelingender Arbeit im Team. In S. Hess, & H. Fischer (Hrsg.), *Mensch und Computer 2018 – Usability Professionals* (S. 189–202). Bonn: Gesellschaft für Informatik e. V. & German UPA e. V. DOI: https://doi.org/10.18420/muc2018-up-0243. Zugegriffen: 10. Apr. 2021.

Meyer, J. W., & Rowan, B. (1977). Institutionalized organizations: Formal structure as myth and ceremony. *American Journal of Sociology, 83,* 340–363.

Nonaka, I. (1994). A dynamic theory of organizational knowledge Creation. *Organization Science, 5*(1), 14–37.

O'Connor, B. N., Bronner, M., & Delaney, C. (2007). *Learning at work: How to support individual and organizational learning*. HRD Press.

Olbert, S., & Prodoehl, H. G. (2018). *Überlebenselixier Agilität: Wie Agilitäts-Management die Wettbewerbsfähigkeit von Unternehmen sichert*. Springer.

O'Reilly, C. A., & Tushman, M. L. (2004). The ambidextrous organization. *Harvard Business Review*. April. https://hbr.org/2004/04/the-ambidextrous-organization. Zugegriffen: 8. Apr. 2021.

Ovans, A. (2015). What resilience means, and why it matters. *Harvard Business Review*, 5. Januar. https://hbr.org/2015/01/what-resilience-means-and-why-it-matters. Zugegriffen: 8. Apr. 2021.

Owen, H. (1991). *Riding the tiger: Doing business in a transforming world*. Abbott.

Parsons, T. (1960). *Structure and process in modern societies*. Free Press.

Pongratz, H. J., & Voß, G. G. (1997). Fremdorganisierte Selbstorganisation. Eine soziologische Diskussion aktueller Managementkonzepte. *Zeitschrift für Personalforschung, 1,* 30–53.

Preisendörfer, P. (2011). *Organisationssoziologie. Grundlagen, Theorien und Problemstellungen* (3. Aufl.). VS Verlag.

Presthus, R. (1962). *The organizational society: An analysis and a theory*. Vintage Books/Random House.

Probst, G. (1987). *Selbst-Organisation. Ordnungsprozesse in sozialen Systemen aus ganzheitlicher Sicht*. Parey.

Reed, L., & Signorelli, P. (2011). *Workplace learning & leadership: A handbook for library and nonprofit trainers*. American Library Association.

Reeves, M., & Deimler, M. (2011). Adaptability: The New Competitive Advantage. *Harvard Business Review*. Juli-August, 135–141.

Reichenbach, R. (2018). Kritik der Kompetenzorientierung aus bildungstheoretischer Sicht. In *Schulmanagement-Handbuch* (S. 11–21). *37*(166). Cornelsen.

Rigby, D. K., Sutherland, J., & Takeuchi, H. (2016). Embracing agile. *Harvard Business Review*. Mai, 40–50, https://hbr.org/2016/05/embracing-agile. Zugegriffen: 8. Apr. 2021.

Robertson, B. J. (2016). *Holacracy: The revolutionary management system that abolishes hierarchy*. Holt.

Roehl, H. (2014). Zwischen nicht mehr und noch nicht. Organisationale Routinen als Grundlage des Wandels. Zukunftsfähige Unternehmensführung zwischen Stabilität und Wandel. *Zeitschrift für betriebswirtschaftliche Forschung (ZfbF). Sonderheft, 68,* 41–51.

Röhr-Sendlmeier, U., & Käser, U. (2017). Kompetenz. In L. Kühnhardt & T. Mayer (Hrsg.), *Bonner Enzyklopädie der Globalität* (S. 235–248). Springer.

Rosenstiel, L. v. (1987). *Grundlagen der Organisationspsychologie* (2. Aufl.). Poeschel.

Roth, G. (2007). *Persönlichkeit, Entscheidung und Verhalten. Warum es so schwierig ist, sich und andere zu ändern.* Klett-Cotta.

Rump, J. (2019). Das Dilemma in der Organisation. Agile Organisation in einer Arbeitswelt der flexiblen Arbeitsmodelle. Kongressbeitrag. Change Congress Spezial 2019, 11–13, https://change-congress.de/wp-content/uploads/2019/10/rump_cc19.pdf. Zugegriffen: 8. Apr. 2021.

Schein, E. (1992). *Organizational culture and leadership: A dynamic view.* Jossey-Bass.

Schimank, U. (1996). *Theorien gesellschaftlicher Differenzierung.* Leske + Budrich.

Schon, D. A. (1975). Deutero-learning in organizations: Learning for increased effectiveness. *Organizational Dynamics, 4*(1), 2–16. https://doi.org/10.1016/0090-2616(75)90001-7. Zugegriffen: 8. Apr. 2021.

Schröer, A. (2018). Führung als Gegenstand der Organisationspädagogik. In M. Göhlich, A. Schröer, & S. M. Weber (Hrsg.), *Handbuch Organisationspädagogik* (S. 479–490). Springer.

Schumacher, T., & Wimmer, R. (2019). Der Trend zur hierarchiearmen Organisation. Zur Selbstorganisationsdebatte in einem radikal veränderten Umfeld. *OrganisationsEntwicklung, 2,* 12–18.

Schwaninger, M. (1999). Intelligente Organisationen: Strukturen für organisationale Intelligenz und Kreativität. In A. Papmehl, & R. Siewers (Hrsg.), *Die lernende Organisation im 21. Jahrhundert* (S. 317–360). Ueberreuter.

Schwaninger, M. (2000). *Das Modell lebensfähiger Systeme. Ein Strukturmodell für organisationale Intelligenz, Lebensfähigkeit und Entwicklung.* St. Gallen: Institut für Betriebwirtschaft der Universität St. Gallen.

Scott, W. R. (1986). *Grundlagen der Organisationstheorie.* Campus.

Seldon, A. (2018). *The fourth education revolution. Will artificial intelligence liberate or infantilise humanity?* The University of Buckingham Press.

Senge, P. (1996). *Die fünfte Disziplin: Kunst und Praxis der lernenden Organisation.* Schäffer-Poeschel.

Sherwood, D. (2000). The unlearning organization. *Business Strategy Review, 11*(3), 31–40.

Simon, F. B. (2004). *Gemeinsam sind wir blöd? Die Intelligenz von Unternehmen, Managern und Märkten.* Carl-Auer.

Sinek, S. (2009). *Start with why. How great leaders inspire everyone to take action.* Penguin.

Smith, A. (1776[1988]). *An inquiry into the nature and causes of the wealth of nations. Deutsch: Der Wohlstand der Nationen. Nachdruck.* dtv.

Starbuck, W. H. (1976). Organizations and their environments. In M. D. Dunette (Hrsg.), *Handbook of industrial and organizational psychology* (S. 1069–1124). Rand McNally.

Starbuck, W. H. (1983). Organizations as action generators. *American Sociological Review, 48,* 91–102.

Staudt, E., & Kriegesmann, B. (2002). Zusammenhang von Kompetenz, Kompetenzentwicklung und Innovation. Objekt, Maßnahmen und Bewertungsansätze der Kompetenzentwicklung – Ein Überblick. In E. Staudt et al. (Hrsg.), *Kompetenzentwicklung und Innovation. Die Rolle der Kompetenz bei Organisations-, Unternehmens- und Regionalentwicklung* (S. 15–70). Waxmann.

Strauss, R. E. (1997). *Determinanten und Dynamik des Organizational Learning.* Gabler.

Streich, R. K. (1997). Veränderungsprozessmanagement. In M. Reiß, L. v. Rosenstiel, & L. M. Hofmann (Hrsg.), *Change Management: Programme, Projekte und Prozesse* (S. 237–254). Poeschel.

Taylor, F. W. (1922). *Die Grundsätze wissenschaftlicher Betriebsführung*. De Gruyter. https://doi. org/10.1515/9783486747430. Zugegriffen: 10. Apr. 2021.

Toffler, A. (1970). *Der Zukunftsschock*. Scherz.

Ulich, E. (2005). *Arbeitspsychologie* (7. Aufl.). Poeschel.

Ulrich, H. (1968). *Die Unternehmung als produktives soziales System*. Haupt.

Vahs, D. (2009). *Organisation: Ein Lehr- und Managementbuch*. Schäffer-Poeschel.

Vahs, D., & Weiand, A. (2010). *Workbook Change-Management. Methoden und Techniken*. Schäffer-Poeschel.

Vaill, P. B. (1996). *Learning as a way of being: Strategies for survival in a world of permanent white water*. Jossey-Bass.

Vilain, M. (2018). Netzwerke – Potentiale und Herausforderungen für die Gesundheits- und Sozialwirtschaft. Vorwort. In M. Vilain, & S. Wegner (Hrsg.), *Crowds, Movements & Communities?! Potentiale und Herausforderungen des Managements in Netzwerken* (S. 15–32). Tagungsband zum Social Talk 2016. Nomos.

Visser, M. (2007). Deutero-learning in organizations: A review and a reformulation. *The Academy of Management Review., 32*(2), 659–667. https://doi.org/10.5465/AMR.2007.24351883. Zugegriffen: 10. Apr. 2021.

Wang, C., & Ahmed, P. (2003). Organisational learning: A critical review. *The Learning Organization, 10*(1), 8–17.

Weber, M. (1922). *Wirtschaft und Gesellschaft. Grundriss der verstehenden Soziologie*. Johannes Winckelmann.

Weick, K. E., & Westley, F. (1996). Organizational Learning: Affirming an Oxymoron. In S. R. Clegg, C. Hardy, & W. R. Nord (Hrsg.), *Managing Organizations. Current Issues* (S. 440–458). Sage.

Weick, K. E., & Sutcliffe, K. M. (2016). *Das Unerwartete managen. Wie Unternehmen aus Extremsituationen lernen* (3. Aufl.). Schäffer-Poeschel.

Weinert, F. E. (1999). *Konzepte der Kompetenz*. OECD.

Weinert, F. E. (2001). Concept of Competence: A Conceptual Clarification. In S. Rychen, L. H. Salganik (Hrsg.), *Defining and Selecting Key Competencies* (S. 45–66). Hogrefe & Huber.

White, W. H. (1952). *The Organization Man*. Simon & Schuster.

Wilke, S. D., Wilke, J. R. D., & Viglione, D. J. (2015). The corporate family model of leadership. *The Psychologist-Manager Journal, 18*(2), 64–76.

Wimmer, R. (2012). *Organisation und Beratung: Systemtheoretische Perspektiven für die Praxis*. Carl-Auer.

Yukl, G. (2009). Leading organizational learning: Reflections on theory and research. *The Leadership Quarterly, 20*, 49–53.

Zeuch, A. (Hrsg.). (2007). *Management von Nichtwissen in Unternehmen*. Carl-Auer.

Zimbardo, P. G., & Gerrig, R. J. (1999). *Psychologie* (7., neu übers. u. bearb. Aufl.). Springer.

Lebenslang (neu) lernen

Die Philosophie oder: von der Idee zum Programm

3

... es muss sich auch eine neue Mentalität durchsetzen. Sie sollte nicht mehr den Vielwisser, sondern den Menschen zum Ziel haben, der all seine schöpferischen und kritischen Fähigkeiten voll zu entwickeln vermag. (Jungk, 1973, S. 153)

Zusammenfassung

Lebenslanges Lernen ist als Schlagwort heute in aller Munde, wenn es um die grundlegenden Herausforderungen einer sich über Wissen und Innovation definierenden modernen Arbeits- und Lebenswelt geht. Seine politische und gesellschaftstheoretische Dimension verdankt das Konzept einem in den 1970er Jahren gestarteten und in den 1990er Jahren intensivierten Diskurs der europäischen Institutionen, in dem vieles von dem anklingt, was Humboldt unter der Bildung des „ganzen Menschen" verstand. Im Blick auf die historische und politische Dimension werden die unterschiedlichen Perspektiven der Idee und Programmatik beleuchtet und auf ihre Anwendung im aktuellen Führungs- und Organisationskontext reflektiert. Lebenslanges Lernen ist immer auch ein Spiegel der aktuellen gesellschaftlichen Formation. In der digitalen Transformation bauen wir mit den Konzepten einer Bildung 2.0 und neuen Formen des Corporate Learnings darauf auf. Flankierend bedarf es jedoch einer Wertediskussion: Lernfähigkeit und -bereitschaft sind normative Postulate, die organisationsseitig nicht eingefordert, sondern im gesellschaftlichen Diskurs, in der institutionellen Bildung sowie im beruflichen und privaten Lebensvollzug immer wieder neu auszuhandeln und zu vermitteln sind.

© Springer Fachmedien Wiesbaden GmbH, ein Teil von Springer Nature 2021
A. Ebert-Steinhübel, *Learning Leadership,* https://doi.org/10.1007/978-3-658-34495-5_3

3.1   Lebenslanges Lernen: Schlagwort und Herausforderung

Lebenslanges Lernen ist für uns Schlagwort, Alltagsphänomen, politische Norm, psychologische und didaktische Herausforderung zugleich – je nach gesellschaftlichem Zeitgeist und professionellem Interessensschwerpunkt formuliert (Gruber, 2007, S. 2). Der
Begriff umfasst erstens den generationen-, schichten- und institutionenübergreifenden
Lernprozess über die gesamte Lebensspanne hinweg, zweitens die ethische Norm
zur Selbstverantwortung und -gestaltung der eigenen Bildungsbiografie, drittens
das politische Konzept eines integrierten, wechselseitig verschränkten und durchlässigen Bildungs- und Erziehungssystems sowie viertens die normative Begründung
einer gerechten sozialen Realität. (Ebert-Steinhübel, 2013, S. 4) Einen gemeinsamen
Nenner gibt es allerdings, auf den sich die Vielfalt und Reichweite der semantischen
und pragmatischen Dimensionen zurückführen lässt: Seine Notwendigkeit wirkt als
soziale Realität und politische Norm zugleich und wird in dieser Bedeutung nicht mehr
hinterfragt. (Hof, 2009, S. 11) Zwischen Vielfalt und Beliebigkeit, Fokussierung und
Integration setzt das lebenslange Lernen einen dauerhaften Impuls zur persönlichen
und gesellschaftlichen Reflexion. Diesen weder zu überhöhen noch in Detailfragen
zu trivialisieren, gelingt nur in einer differenzierten, wenn auch nicht ganz trenn-
scharfen Zusammenschau der jeweils relevanten Bedeutungsfacetten. Erweitert man den
strukturierten Erklärungsrahmen von Schreiber-Barsch (2007, S. 30) in einem multi-
perspektivischen und -dimensionalen Modell, so gelingt ein nicht integratives, dafür aber
„inklusives" (Wolter, 2002, zit. nach Wiesner & Wolter, 2005, S. 21) und entwicklungs-
orientiertes Verständnis des Konzepts (Ebert-Steinhübel, 2013, S. 4). Abb. 3.1 zeigt, wie
lebenslanges Lernen darin als Handlungsfeld sowohl in seiner alltäglichen Vielfalt als
auch programmatisch in Form einer interdisziplinären Leitidee für Politik, Wirtschaft
und Wissenschaft verstanden werden kann.

3.1.1   Alltagsphänomen und Chance zur Emanzipation

Wir können nicht *nicht* lernen. Das ist die gute Nachricht, in ihrem besonderen Anspruch
jedoch nur allzu wenig reflektiert. Denn als bewusste und selbst bestimmte Entwicklung einer eigenen persönlichen, sozialen und beruflichen Identität stellt Lernen
die wohl wichtigste Ressource für eine erfolgreiche Lebensgestaltung dar. Etwa im
dritten Lebensjahr entwickelt sich die den Menschen von – fast – allen anderen Lebewesen unterscheidende Fähigkeit zur Reflexion, mittels derer wir unser Selbst in seinen
Wünschen, Bedürfnissen und Aktivitäten erkennen, von anderen differenzieren und
unter Verwendung einer „theory of mind" bewusst zu ihnen in Beziehung setzen können.
Dieses psychologische Vermögen, auf neue Eindrücke und Erfahrungen mit eigenen
gedanklichen Interpretationen und realen Verhaltensweisen zu reagieren (Zimbardo
& Gerrig, 1999, S. 206), ist ein zutiefst soziales Phänomen: Auch wenn wir „nur" aus
Büchern oder unseren ganz persönlichen Erlebnissen etwas zu lernen scheinen, ist neben

▶ Soziologisch/
postmodern

LLL als kulturelles Format -
Reflexivität, Umgang mit
Krisen und Unsicherheit

▶ Ökonomisch/
ressourcenorientiert

LLL als wirtschaftliches Kapital -
Schlüsselkompetenzen,
Wissensorientierung,
Anwendungsbezug

▶ Politisch/
emanzipatorisch

LLL als demokratische
Norm – Erziehung und
Integration, Teilhabe
und Aufstieg

Lebenslanges
Lernen -

Zugänge und
Perspektiven

▶ Philosophisch/
normativ

LLL als Wertmaßstab -
Integration und
Sinnstiftung, Humanität

▶ Psychologisch/
individuell

LLL als Entwicklungsprozess -
Motivation, Selbsterkenntnis,
-befähigung und -entfaltung

▶ Didaktisch/
wissensorientiert

LLL als Vermittlungsprinzip -
Selbststeuerung, Individualisierung,
Entformalisierung,
Transdisziplinarität

Abb. 3.1 Lebenslanges Lernen als Handlungsfeld: Zugänge und Perspektiven

unserem Selbst jeweils der, die oder das Andere als Ziel- oder Vergleichspunkt stets implizit. Rein anthropologisch betrachtet, ist der sogenannte „Lernmuffel" die bloße Attitude einer bestimmten Lebensphase oder -mentalität. Vielleicht haben wir, mehr oder weniger oft, „keine Lust" zu lernen. Sobald wir aber uns mit der Welt da draußen auseinandersetzen, und sei es, dass wir dabei in den Spiegel schauen, tun wir es doch:

> Ob wir es wollen oder nicht, ob bewusst oder unbewusst, wir lernen etwas, das wir zuvor nicht wussten, konnten oder das wir nun anders sehen, einschätzen oder bewerten. (…) Wir lernen, solange wir leben; wenn wir aufhören zu lernen, hören wir auch auf zu leben. (Schäfer, 2017, S. 2).

Lernfähigkeit ist die Voraussetzung für eine Anpassung und Entwicklung sozialer Prozesse und diese wiederum existenziell für das Überleben in einer ständig sich verändernden Welt. Das wird uns nicht nur, aber ganz besonders in Zeiten mit einer hohen und zusätzlich geplanten Veränderungsdynamik – wie beispielsweise der unserer aktuellen Gegenwart – deutlich bewusst. Dass wir lebenslang zu lernen und uns zu verändern in der Lage sind, verdanken wir der strukturellen Beschaffenheit unseres Gehirns. Die sogenannte „neuronale Plastizität" als quasi „hardwareseitige" Entwicklungschance ist eine Erkenntnis eher neueren Datums. Neurowissenschaftler bestätigen aber nicht nur die kognitive Flexibilität, die durch gegenseitige Funktionsüberlappung und -übernahme spezifischer Bereiche entsteht (Roth, 2007, S. 89; Peters & Ghadiri, 2011, S. 33), sondern auch eine elementare Verknüpfung von Kognition, Motivation und Emotion. Lernen ist also nicht nur ein logisches, strukturell-dynamisches, sondern zugleich ein psychologisches, emotionales und damit sehr persönliches Phänomen: Nur was für uns eine Bedeutung besitzt, was wir positiv bewerten und was im limbischen System das sogenannte Belohnungsareal aktiviert, kann effektiv weiter vernetzt, gespeichert und behalten werden.

> Lernen kann – wie Rauchen – der Gesundheit schaden. Vor allem aber: Es lohnt sich häufig nicht. (Simon, 2014, S. 145)

Relevanz und Ignoranz gegenüber dem Lernen kennzeichnen eine widersprüchliche Attitüde gegenüber einem mal auf den Thron der Besonderheit, mal in die Alltäglichkeit der Abstellkammer positionierten Phänomen. Lernen im Sinne der bloßen Vermehrung von Wissen nützt vielleicht der Teilnahme an einem Quiz. Für den kompletten Lebensbezug reicht diese Motivation jedoch nicht aus. Lernen darf und soll deshalb „nützlich" sein und sich „lohnen" – ohne sich dabei auf den bloßen Anwendungsbezug zu reduzieren. Dies gelingt nur dem- und derjenigen, die das Lernen als wirkliche Auseinandersetzung von innerer und äußerer Wirklichkeit, i.e. der Suche nach Sinn und Bedeutung zu verstehen in der Lage sind. Das schmälert die Relevanz des passiven Lernens enpassant nicht, verdeutlicht aber die Herausforderung, Lernen mit Erziehung und Bildung zu koppeln. Effektivem Lernen geht immer eine aktive, innengesteuerte Auswahlentscheidung voraus (Simon, 2014, S. 152). Der Besuch der „Open-end-Veranstaltung" (Kraus, 2001, S. 10) des lebenslangen Lernens macht also nur dann wirklich Sinn, wenn wir uns ganz damit assoziieren können, d. h. nicht nur lernen *müssen,* sondern auch lernen *wollen* und dabei mit Herz und Hirn, i.e. kognitiv und emotional beteiligt sind. Lernen *kann* deshalb nicht nur, sondern *soll* auch Spaß machen. (Damasio, 2010; Spitzer, 2002) Ohne diesen reduziert sich die Aufnahme neuer Erfahrungen auf eine lediglich Kräfte zehrende Aktivität.

> Willst du ein Jahr wirken, so säe Korn. Willst du zehn Jahre wirken, so pflege einen Baum. Willst du hundert Jahre wirken, so erziehe einen Menschen. (Chin. Sprichwort, Guanzi, um 645 v. Chr., zit. nach EU-Kommission, 2001, S. 3)

Im engeren Kontext zielen Erziehung und Bildung auf die Vervollkommnung der persönlichen Biografie. Im nationalen oder globalen Maßstab eröffnen sie die Chance zur Entwicklung einer lebensfähigen und -werten Welt. Individuelle Lernfähigkeit auf der einen, soziale Zugänge zu institutioneller Bildung auf der anderen Seite bezeichnen deshalb einen „verborgenen Schatz" (Delors, 1996), weil sie ein enormes Potenzial bergen, dessen Wirkung jedoch an bestimmte Voraussetzungen gebunden ist: Qualifikation ist noch kein Anspruch auf Erfolg, Wissen ist kein Garant für bessere Ergebnisse. Bildung auf der Basis lebenslanger Lernchancen für alle erst ist in einem sehr umfassenden Sinne das wichtigste Werkzeug für die Entwicklung einer besseren Existenz, „to foster a deeper and more harmonious form of human development and thereby to reduce poverty, exclusion, ignorance, oppression and war." (Delors, 1996, S. 11) Es bleibt eine Sisyphus-Aufgabe, eine soziale und politische Utopie – „no magic formula opening the door to a world in which all ideals will be attained" (Delors, 1996, S. 11). Diese Herausforderung gilt für die globale Bildungspolitik ebenso wie für den privaten Lebensvollzug. Denn zwischen dem Einzelnen und der Welt, zwischen Tradition und Moderne, zwischen Markt und Menschlichkeit, zwischen Alltag und Politik etc. ist Bildung die erste und die letzte, i.e. entscheidende Vermittlungsinstanz.

3.1.2 Soziale Agenda und Zukunftsprojekt

Ihre Reichweite und Prominenz im aktuellen Sprachgebrauch verdanken die Begriffe des „Lebenslangen Lernens", „Lifelong Learnings" oder der „Education permanente" maßgeblich der politischen Debatte der europäischen Institutionen, v. a. der UNESCO und der OECD ab den 1970er und wieder ab den 1990er Jahren mit einem Höhepunkt durch das 1996 ausgerufene „Jahr des lebensbegleitenden Lernens" und dem 2000 publizierten *Memorandum über Lebenslanges Lernen* durch die Europäische Kommission. Im Wechsel der aktuellen Foki auf Erwachsenenbildung oder Demokratie-verständnis (erste Phase) bzw. Ökonomie oder Bildungswettbewerb (zweite Phase), hat sich daraus ein durchaus ganzheitliches Konzept entwickelt, das gleichermaßen auf die persönliche Entfaltung des Einzelnen, ein aktives bürgerschaftliches Engagement, Chancengleichheit und soziale Partizipation sowie die Sicherstellung von Beschäftigungsfähigkeit und Anpassungsfähigkeit der europäischen Mitgliedsländer zielt. In der bis heute gültigen EU-Definition von 2001 wird dieses breite Spektrum ausdrücklich formuliert als „… alles Lernen während des gesamten Lebens, das der Verbesserung von Wissen, Qualifikationen und Kompetenzen dient und im Rahmen einer persönlichen, bürgergesellschaftlichen, sozialen, bzw. beschäftigungsbezogenen Perspektive erfolgt." (EU-Kommission, 2001, S. 9) Ausdrücklich festgehalten wird, dass sich das Lifelong Learning nicht nur auf die traditionellen institutionellen Lernangebote bezieht, sondern alle formalen (in der Regel zertifizierten), nicht-formalen (jenseits der etablierten Einrichtungen z. B. in Vereinen oder am Arbeitsplatz stattfindenden) und informellen (nicht-intendierte, gleichsam „en passant" im täglichen Leben mitlaufende) Lernprozesse gleichermaßen impliziert. (EU-Kommission, 2000, S. 8)

Die breite („life-wide") und tiefe („life-deep") Dimension des lebenslangen Lernens über die gesamte Lebensspanne hinweg (Schäfer, 2017, S. 22) zielt einerseits auf die synergetische Ergänzung der Lernprozesse (Europäische Kommission, 2000, S. 9). Andererseits begründet sie die enorme Herausforderung, vor der wir bis heute stehen: Das gesellschaftliche Postulat lebenslangen Lernens ist in seiner Ausführung und Umsetzung an die Lernfähigkeit und -motivation der Individuen gebunden. In moderner Sprache heißt dies: Es erfordert einen Change-Prozess, der lebenslang und lebensweit immer wieder neu zu initiieren, zu moderieren, zu motivieren und zu vermitteln ist.

Lifelong learning is not a myth, a mish-mash, a fashion or a discourse. Or rather, it is not just any or all of those things, though even if it were, it should still command some attention. (Field, 2006, S. 4)

Auf der einen Seite Alltagsphänomen, auf der anderen Seite Antwort auf gesellschaftliche Zukunftsfragen jeglicher Art, oszilliert der Begriff bis heute vor einem nahezu unendlichen Anwendungshorizont (Alheit & Dausien, 2009, S. 713): Als „absolute Metapher" (Haan, 1991), „Mythos" (Schäfer, 2017), „Konzept, Leitbild, Slogan und bildungspolitisches Programm zugleich" (Lang, 2007, S. 5) spiegelt er die jeweiligen sozialen und politischen Visionen einer besseren (Bildungs-)Welt. In dieser politischen Vereinnahmung ebenso wie ihrem Gegenteil, dem allgemein menschlichen Vermögen, sich in dieser immer wieder neu zu erfahrenden Wirklichkeit orientieren und agieren zu können, bleibt das Phänomen des lebenslangen Lernens merkwürdig abstrakt, gilt es doch, dieses für den Einzelnen und die jeweilige Situation und Institution immer wieder neu zu definieren. Was aber bleibt, ist der normative Kern der Idee vom Lernen als Anspruch einer reflektierten und verantwortungsvollen individuellen und sozialen Lebensgestaltung, wie er in der Antike, frühen Aufklärung, im Neuhumanismus und programmatisch ab den 1970er Jahren für die europäische Wertegemeinschaft formuliert worden ist.

3.2   Learning to be: Wertekern einer politischen Utopie

Mit dem Satz „non scholae sed vitae dicimus" werden – mehr oder weniger frei aus dem Lateinischen übersetzt – Generationen von Schülern erzieherisch konfrontiert. So altmodisch das Diktum klingt, so modern ist sein Hintergrund: Nicht für andere, nicht für den formalen Aufstieg, nicht zur bloßen Rekapitulation bzw. Repräsentation von Wissen soll sich der Einzelne damit auseinandersetzen, sondern zuerst und unmittelbar für sich selbst. Lernen trägt dann – und nur dann – zu einer wirklichen und umfassenden Bildung bei, wenn es auf Selbstverantwortung und Selbstbestimmung gründet, kritisches Denken und die Verantwortung für das eigene Handeln impliziert und daher stets in der Interaktion mit anderen zu entwickeln ist:

Education is at the heart of both personal and community development; its mission is to enable each of us, without exception, to develop all our talents to the full and to realize our creative potential, including responsibility of our own lives and achievement of our personal aims. (Delors, 1996, S. 17)

Bildung im Sinne eines lebenslangen Anspruchs und einer weltweiten Utopie des besseren (Zusammen-)Lebens basiert auf einem zutiefst demokratischen Grundverständnis, das die Entfaltung des Einzelnen immer im Kontext einer Gemeinschaft als möglich und notwendig erachtet, das Vielfalt und Verschiedenheit nicht gleichschaltet, sondern im lebendigen Austausch und Dialog miteinander entwickelt und nutzt. Lebenslanges

Lernen umfasst dabei mehr als den Erwerb von Wissen. Es ist das tägliche Ringen um eine bessere Existenz, für den Einzelnen und die ganze Welt: Mit dem Slogan *Learning to be* überschreibt die UNESCO-Kommission unter dem Vorsitz von Jacques Faure ihren ersten globalen Bildungsbericht. Der spätere Kommissionspräsident Jacques Delors ergänzt mit den Aspekten *Learning to know, Learning to do* und *Learning to live together* (1996, S. 37) die vier Pfeiler einer Utopie, die es bis heute einzulösen gilt.

3.2.1 Freiheit versus Humanität

Am Anfang steht ein Traum: das humanistische Ideal eines besseren, selbstbestimmten Daseins in einer freien, gleichen und gerechten Welt, die Partizipation und Entfaltung durch Bildung für alle möglich macht. Dieses ganzheitliche Mensch-Sein entsteht im reflektierenden Prozess zwischen dem Einzelnen, seinen Mitmenschen und der Gesellschaft immer wieder anders und immer wieder neu. Beides zusammen, i.e. die individuelle Suche nach Sinn und die Teilhabe an einem gemeinsamen, bedeutungsvollen Ganzen bilden bis heute den Wertekern des lebenslangen Lernens als überdauernde soziale und politische Utopie. Wenn man dem Sprichwort glauben will – so formulierte es der antike Philosoph Seneca in seinen Briefen an Lucilius (epistulae 76, 2) – dauert das Lernen – entsprechend dem Zustand des Nichtwissens – ein ganzes Leben lang:

> Tamdiu discendum est, quamdiu nescias: si proverbio credimus, quamdiu vivas. (Man muss so lange lernen, (…) wie lange man lebt.) (Seneca)

Eine erste Blütezeit hatte die Idee des lebenslangen Lernens – wenn auch in ausgesprochen elitärer Form und Verfügbarkeit – in der Antike. Der griechische Begriff „Paideia" beinhaltet beides, Erziehung und Bildung, mit dem Ziel höchste Tugend („Arete") zu erreichen. Von Sokrates kennen wir den Lehrer, der Fragen stellt, statt sich allwissend zu geben und damit als gleichberechtigter Partner des Schülers bei der gemeinsamen Suche nach Weisheit fungiert. Die Renaissance rekurriert auf den antiken Lernbegriff und erweitert diesen zeitgemäß vor allem um die Suche und (Er-)Findung des Neuen: „Nicht mehr das verfügbare Wissen und der Sinn- und Orientierung stiftende Zugang zu ihm allein stehen im Vordergrund, sondern der Zugang zum neuen Wissen und seiner Geltung im Horizont bestehender Weltordnung beherrscht den intellektuellen Diskurs um das Lernen." (Künzli, 2004, S. 624) Der Geist der Aufklärung ist der des Lernens – zu jeder Zeit und vor allem von jedem Menschen, der die Freiheit, den Mut und die erforderlichen Verstandeskräfte dazu besitzt. Lernen ist die ultima ratio für den Weg aus der Unmündigkeit. Der Kant'sche Appell *sapere aude* richtet sich gleichwohl nicht nur an das Individuum, sondern an die Bedingungen einer Gesellschaft, die unter der normativen Instanz der Vernunft den Einzelnen in die Freiheit entlässt.

Im deutschen Humanismus trägt die Verschränkung von gesellschaftlicher Bildung und individueller Erziehung auch institutionelle Früchte: Die vor allem dem damaligen preußischen Staatsminister Wilhelm von Humboldt (1767–1835) zugeschriebenen Reformen des Bildungssystems und vornehmlich der preußischen Universität zielten auf eine neue Grundstimmung des Lernens. Darin, so die Idee, offenbart sich die Vernunft in einem auf Dauer angelegten gemeinsamen Streben nach Wissen und Bildung, das sich nicht primär mittels autoritärer Institutionen, sondern im Dialog zwischen Lehrenden und Lernenden vollzieht. (Ebert-Steinhübel, 2011, S. 56) Humboldts Gedanke einer fruchtbaren, durch die politische und didaktische Rahmensetzung inspirierte Auseinandersetzung zwischen dem Individuum und der Welt prägt bis heute das Ideal einer aufgeklärten und humanistischen Erziehung und allgemeinen Bildung: Einerseits braucht der Mensch, um sein Wirken zu erkennen und diesem „Wesen und Wert zu verschaffen", etwas anderes außerhalb seiner selbst. Andererseits ist diese äußere Welt sowohl Quelle als auch Ziel seiner geistigen Unabhängigkeit und politischen Mündigkeit. Bildung in diesem ganzheitlichen, von Humboldt intendierten Sinne meint daher nicht mehr und nicht weniger als die „Verknüpfung unsres (!) Ichs mit der Welt" (Humboldt, 1793, S. 235), also von Selbst- und Fremderkenntnis in einem aktiven, lebenslang nicht abgeschlossenen und lebensbestimmenden Prozess.

> Der wahre Zwek (!) des Menschen – nicht der, welchen die wechselnde Neigung, sondern welchen die ewig unveränderliche Vernunft ihm vorschribt – ist die höchst und proportionierlichste Bildung seiner Kräfte zu einem Ganzen. (Humboldt, zit. nach Benner, 2003, S. 47)

Humanität durch Bildung setzt, so formuliert Humboldt es weiter, politische Freiheit als „erste und unerlassliche (!) Bedingung" voraus. Umgekehrt erfordert Freiheit Bildung, um human bzw. humanistisch gestaltet zu werden. Und es erfordert so etwas wie ein anregendes, plurales Umfeld für die Entfaltung beider, Bildung und Freiheit. Denn: „Auch der freieste und unabhängige Mensch, in einförmige Lagen versezt (!), bildet sich minder aus." (Humboldt, zit. nach Benner, 2003, S. 47)

In der nach Humboldt nächsten großen Bildungsdebatte unserer Zeit, i.e. den 1960er und 1970er Jahren, werden Freiheit und Humanität vor allem als Gegenposition zu institutioneller Macht und politischer Regulierung definiert: Die durch die Institutionen der europäischen Politik proklamierten Konzepte des Lifelong Learnings bzw. der Education Permanente können weitgehend als visionäre Ideen mit reformerischem Anspruch gesehen werden. Sie verbanden die demokratischen Ideale der Chancengleichheit und Partizipation mit dem bürgerlichen Anspruch, Systeme zu verändern und zu gestalten etwa in derselben Art und zur gleichen Zeit wie das Aufkommen der sogenannten „neuen sozialen Bewegungen" in der westlichen europäischen Welt. (Kraus, 2001, S. 117) Das Neue an diesen Ansätzen war, dass erstmals „systematisch Krisen des ökonomischen Systems mit Strukturen des Bildungswesens verbunden wurden" (Nuissl, Vorbemerkung zu Kraus, 2001, S. 5). Die noch im Krieg oder kurz danach geborene Generation der westlichen Länder probte den Aufstand gegen überkommene Machtstrukturen nicht nur, aber ganz besonders hinsichtlich des etablierten Bildungssystems. Der Slogan *Kampf den Talaren, der Muff aus 1000 Jahren* ging von Deutschland aus um die ganze Welt. Als zunächst ebenfalls „nur" nationaler „Notstand erster Ordnung" erschien *Die deutsche Bildungskatastrophe* (Picht, 1964) ein aus mangelnder Weitsicht – bzw. deutlicher: „dumpfer Lethargie" und „blinder Selbstgefälligkeit" (Picht, 1964, S. 17) – entstandenes Phänomen. Konsequent kurzsichtig erwies sich auch die Reaktion auf den statistisch diagnostizierten Mangel an pädagogischen Ressourcen, die bekanntermaßen einige Jahre darauf in einer „Lehrerschwemme" gemündet ist.

3.2.2   Bildungsträgheit versus Wissensökonomie

> Bei einer Industriegesellschaft, die sich gerade zur Informationsgesellschaft wandelt und auf dem Weg zur Wissensgesellschaft ist, muss klar sein, dass man nicht am Anfang seines Berufslebens den ganzen Sprit tanken kann, den man über sein Leben braucht. So groß ist kein Tank. (Glotz, 1996, S. 3)

Den – ökonomisch – boomenden Industrienationen gelang es nicht, den Anforderungen an Wissen und Bildung in einer immer schneller sich verändernden Welt gerecht zu werden. Zumal die bestehenden, starr strukturierten und vor allem nicht aufeinander abgestimmten und integrierten institutionellen Strukturen die Bedarfe neuer und im Lebensverlauf sich verändernden Berufs- und Bildungsbiografien kaum oder gar nicht auf dem Schirm hatten (Pongratz, 1997, S. 4). Da sich trotz einer beispiellosen Bildungskonjunktur der globale Analphabetismus enorm verbreiten konnte, warnte der Gründer und Direktor des Internationalen Instituts für Bildungsplanung der UNESCO, Philip H. Coombs, gar vor einer *Weltbildungskrise* (1968). Die „vermeintliche oder tatsächliche" Krise, die in einer mangelnden Effektivität und Effizienz der Bildungssysteme in den Industrienationen zum Ausdruck kommt" (Koepernik, 2010, S. 83), spiegelt die weltpolitische Ambivalenz einer durch Blockkonfrontationen und antikoloniale Kämpfe sowie gleichzeitig wachsenden Wohlstand, verbesserte Wohlfahrt und eine zunehmende Politisierung und Liberalisierung der Gesellschaft geprägte Zeit. Den flüchtigen Zusammenhalt im Sozialen setzt ein rückständiges Bildungswesen, verbunden mit einem Verlust innen- und außenpolitischer Macht mit großer Wahrscheinlichkeit aufs Spiel. Dieser doppelten Trägheit – des Bildungs- und des Gesellschaftssystems – entgegenzuwirken, bedeutete ein normatives Gebot der Zeit. *Bildung ist Bürgerrecht*, überschreibt daher der Soziologe Ralf Dahrendorf eine Artikelfolge in *Die Zeit* (1965 f.), – ein Recht, für das es lohnt, auf die Barrikaden zu gehen, denn „der gesamte soziale Status, vor allem aber der Spielraum an persönlicher Freiheit, ist wesentlich durch die Bildungsqualifikationen definiert" (Picht, 1964, S. 31).

> More than ever before, access to up-to-date information and knowledge, together with the motivation and skills to use these resources intelligently on behalf of oneself and the community as a whole, are becoming the key to strengthening Europe's competitiveness and improving the employability and adaptability of the workforce. (EU-Kommission, 2000, S. 5)

Damals wie heute waren die Reformforderungen in Erziehung, Bildung und Wissenschaft einerseits gesellschaftspolitische Postulate eines freien, gleichen und gerechten
Zusammenlebens in einer besseren Welt. Zum anderen waren sie Getriebene und selbst
Treiber einer neuen Wissensökonomie. Diese Ambivalenz prägt die Diskussion um die
neueren Begriffe des lebenslangen Lernens weiter fort: Zwischen Wettbewerbsfähigkeit,
Beschäftigungssicherung und Kompetenzorientierung auf der einen sowie sozialer Teilhabe, Emanzipation und Gestaltungsfreiheit gegenüber der Lebens- und Berufsbiografie
auf der anderen Seite entwickelt sich ein spannungsreicher Begriff des *new educational
order* (Field, 2006, S. 133), der uns alle „instrumentalisiert und emanzipiert zugleich"
(Alheit & Dausien, 2009, S. 714).

3.2.3 Erziehung versus Gesellschaftspolitik

Als Reaktion auf die Analysen Coombs´ proklamiert die UNESCO 1970 das „Internationale Bildungsjahr" und ruft eine Kommission ins Leben, deren Abschlussbericht
unter dem Namen ihres Vorsitzenden, dem früheren französischen Premier- und
Bildungsminister Edgar Faure, wenn nicht politische, dann zumindest Bildungs-
geschichte geschrieben hat: *Learning to be* (Faure et al., 1972) ist in seiner direkten
Reaktion auf den öffentlichen Diskurs kritisches Zeitdokument und politische Utopie
zugleich: „We were entirely independent and free in formulating our ideas, and therefore
did not feel obliged to be neutral." (Faure et al., 1973, S. V) In diesem erweiterten
Wirkungskreis markiert es den „turning point" der bislang eher im Expertenkreis diskutierten Idee des Lifelong Learnings zur Begründung einer allgemeingültigen und für
die Zukunft richtungsweisenden bildungs- und gesellschaftspolitischen Vision weit über
die „world of education today and tomorrow" hinaus (Field, 2006, S. 13). In den Prämissen wird dies explizit formuliert: Es geht um ein gemeinsames Commitment der
internationalen Staatengemeinschaft, und es geht um Demokratie als ein Heterogenität
und Pluralität nicht nur tolerierendes, sondern forcierendes Format sozialer Existenz:

> The keystone of democracy, so conceived, is education – not only education that is
> accessible to all, but education whose aims and methods have been thought out afresh.
> (Faure et al., 1972, S. VI)

Die supranationale Makro-, gesellschaftliche Meso- und persönliche Mikroebene bedingen
einander wechselseitig. Aus Humboldts subjektzentrierter Perspektive des die äußere
Welt in seinem Bildungsgebaren für sich erschließenden „ganzen Menschen", wird der
systemische Zusammenhang einer im Idealfall demokratisch und nachhaltig gestalteten
politischen und privaten Welt. Denn „…only an over-all, lifelong education can produce
the kind of complete man the need for whom is increasing with the continually more
stringent constraints tearing the individual asunder." (Faure et al., 1972, S. VI) Eine
erneuerte Form der Bildung im Sinne eines „Learning to be" ist daher Konsequenz und
Legitimation des technologischen, ökonomischen und sozialen Fortschritts zugleich:

The malfunction of much educational practice makes renovation in education necessary. Changes in socio-economic structures and the scientific and technological revolution make it imperative. Scientific research and technological progress related to education, combined with growing awareness among the peoples of the world make it possible. (Faure et al., 1972, S. 105)

Die Debatte über ein lebenslanges Lernen, die wir bis heute führen, beginnt und endet häufig im Vergleich der institutionellen Erziehungs- und Bildungssysteme. Bemerkenswerterweise geht der Report nicht nur im politischen Sinne weit darüber hinaus, sondern auch hinsichtlich seiner Reflexion der Bedingungen des Lernens als kognitivem und didaktischem Prozess. Gerade hat Roger Sperry (der dafür 1981 mit dem Nobelpreis ausgezeichnet wurde) mit seinen Erkenntnissen zur funktionalen Differenzierung der beiden Gehirnhälften wesentliche neurobiologische Grundlagen des Aufnehmens, Verarbeitens und Behaltens von Informationen und Wissen formuliert. Noch liegen die sogenannte „Decade of Brain" und die mit der digitalen Transformation einhergehende Mediatisierung der Bildungsprozesse etwa 20 bis 30 Jahre voraus, da verweisen die Autoren bereits auf die Relevanz einer interdisziplinären, v. a. technologischen, psychologischen und didaktischen Innovation, die wir heute unter dem Stichwort vom „Lehren zum Lernen" (Brown & Atkins, 1990) programmatisch zusammenfassen:

What once was an art – the art of teaching – is now a science, built on firm foundations, and linked to psychology, anthropology, cybernetics, linguistics and many other disciplines. However, the application of pedagogy by teachers is in many cases more of an art than a science. (Faure et al., 1972, S. 116)

Der Fokus auf Lernen verändert die Rolle des Lehrers in Richtung eines Prozessmoderators, Wissenscoachs oder Learning Instructors. Und er entgrenzt die formalisierten Phasen, Zugänge und Zuständigkeiten der Bildung weg von einer „initial" hin zu einer „continual education". Diese erschließt sich im Sinne eines komplexen, teilweise selbst gesteuerten Systems, „based on a 'response-sensitive' situation comprising the following elements: a learner whose behavior may be evaluated and modified; a teacher, functionally speaking the educator; sources of structured knowledge to be presented to the student or else explored by the student himself; an environment designed specifically for the learner to have access to the necessary data; arrangements for evaluating and checking modified behavior which it stimulates." (Faure et al., 1972, S. 136; 117)

Eine kohärente Umsetzung des lebenslangen Lernens als Brücke zwischen institutionalisierten Angeboten und individueller Lebensgestaltung (Wolter, 2010, S. 155) bleibt jedoch mehr Wunsch als Wirklichkeit. Knapp 25 Jahre nach dem Faure-Report erscheint mit dem Delors-Bericht *Learning – the treasure within* eine kritische Bestandsaufnahme, die im Blick auf das lebenslange Lernen im Besonderen und den gesellschaftlichen Fortschritt im Allgemeinen ernüchternd ausfällt:

It may therefore be said that, in economic and social terms, progress has brought with it disillusionment. This is evident in rising unemployment and in the exclusion of growing numbers of people in the rich countries. It is underscored by the continuing inequalities in development throughout the world. (Delors, 1996, S. 13)

Auch dieser zweite UNESCO-Bericht skizziert einen breiten Wirkungshorizont des Lernens als subjektive Fähigkeit des Verstehens, persönliche und wirtschaftliche Handlungskompetenz, soziale Teilhabe und Kommunikation in einer pluralen Gesellschaft und einem aktiven, selbst verantworteten privaten und beruflichen Lebensvollzug. In der Rezeption scheint jedoch die in den 1980ern weitgehende brachliegende Debatte über das Lifelong Learning – einerseits als unmittelbarer Ausdruck, andererseits als Kontrapunkt – vor allem einem wettbewerbs- und humankapitalorientierten Zeitgeist verpflichtet. (Koepernik, 2010, S. 82) Im Dreiklang von Bildung, Freiheit und Wirtschaftlichkeit erhält das Thema unmittelbare Anschlussfähigkeit an (wirtschafts-) politische, aber auch normative Begründungen eines neuen Bildungssystems: Der integrierte Bildungskontext wirkt dem eher von Wissenszerfall denn von Wissensgeneration geprägten „Naturzustand" des erwachsenen Bildungslebens explizit entgegen. Lebenslanges Lernen ist damit Norm und Governance innovativer demokratischer Gemeinwesen zugleich. Angesichts einer zunehmenden Verschmelzung und Überlappung von Arbeiten und Lernen formuliert die OECD 1996 ihre bisherige Position einer *Recurrent Education* (1973) zur Forderung eines *Lifelong Learnings for All* um. Explizit soll das Lernen „from cradle to grave" reichen, so ist es in der darauf bezogenen politischen Richtlinie formuliert:

> The lifelong learning framework emphasizes that learning occurs during the whole course of a person's life. Formal education contributes to learning as do the non-formal and informal settings of home, the workplace, the community and society at large. (OECD, 2001, S. 2)

Auf die 1997 formulierte *Agenda für die Zukunft des Lernens im Erwachsenenalter* (UNESCO, 1998) folgen das *Memorandum über Lebenslanges Lernen* (EU, 2000), die Ausführungen der Weltbank zu *Lifelong Learning and the global knowledge economy* (2003) und die nationalen *Strategien für Lebenslanges Lernen in der Bundesrepublik Deutschland* (BLK, 2004). Die Erkenntnis, „dass der erfolgreiche Übergang zur wissensbasierten Wirtschaft und Gesellschaft mit einer Orientierung zum lebenslangen Lernen einhergehen muss", um sozial und wirtschaftlich lebensfähig („employable") zu sein (EU, 2000, S. 3), wird quasi zur politischen Überlebensstrategie umformuliert: „Die Union zum wettbewerbsfähigsten und dynamischsten wissensbasierten Wirtschaftsraum in der Welt zu machen – einem Wirtschaftsraum, der fähig ist, ein dauerhaftes Wirtschaftswachstum mit mehr und besseren Arbeitsplätzen und einem größeren sozialen Zusammenhalt zu erzielen", gilt seit dem sogenannten Lissaboner Memorandum als zukunftsweisende europäische Vision. Die Realisation eines gemeinsamen Bildungsraums, der „das Potenzial der Bildung und der Kultur als Motor für Beschäftigung, Wirtschaftswachstum und sozialen Zusammenhalt sowie als Möglichkeit, die europäische Identität in ihrer ganzen Vielfalt zu erfahren" (EU, 2020) voll ausschöpft, gipfelte bekanntermaßen im Bologna-Prozess. Unter den neuen Stichworten „Internationalisierung", „Digitalisierung", „Individualisierung" und „Diversität" dauert die Modernisierung und Ausdifferenzierung der privaten und öffentlichen europäischen Hochschul- und Bildungssysteme bis heute an.

Die dargestellten bildungs-, gesellschafts- und wirtschaftspolitischen Facetten des lebenslangen Lernens wurden vor allem über die Studien, Berichte, Empfehlungen der UNESCO, der OECD, des Europarats und der Europäischen Union entwickelt und kommuniziert. Die wichtigsten, diesem Text zugrunde liegenden Dokumente und Initiativen sind in Tab. 3.1 übersichtsartig dargestellt.

3.2.4 Transformation versus Nachhaltigkeit

The twenty-first century is calling for major transformation, both personal and societal, in the ways we work, learn and develop. The 2030 Agenda for Sustainable Development speaks directly to the need to facilitate and enact this transformation at local and global levels so that we can 'ensure inclusive and equitable quality education and promote lifelong learning opportunities for all' (…). Transformation through lifelong learning and education is very much needed at this time. (Carlsen, Vorwort zu Bélanger, 2016, S. 8)

Als eine gemeinsame, Zivilgesellschaft wie Politik, Unternehmen und Wissenschaft adressierende Initiative differenzieren die sogenannten Sustainable Development Goals (SDGs) der UN (2015) 17 Ansatzpunkte für eine ökonomische, ökologische, soziale und technologische Transformation der globalen Welt. Lebenslanges Lernen wird dabei in mehrfacher Hinsicht als maßgeblich für die Überlebensfähigkeit und daher integrales Element unterschiedlicher Ziele formuliert. (English & Carlsen, 2019, S. 205) Das Streben nach einer hochwertigen Bildung für jeden, zu jeder Zeit, an jedem Ort und ein Leben lang und die Ausbildung eines individuellen und sozialen Lernvermögens (SDG 4) gelten zugleich als Basiskompetenzen für alle anderen Ziele, insbesondere der Gesundheit und des Wohlergehens (SDG 3), der Gendergerechtigkeit (SDG 5), eines sinnvollen ökonomischen Wachstums und einer gerechten Verteilung von Arbeit (SDG 8), einer stärkeren Nachhaltigkeit in Produktion und Konsum (SDG 12) sowie der weltweiten Umsetzung des Klimaschutzes (SDG 13).

In dieser zeitlich, räumlich und inhaltlich umfassenden Dimension transzendiert das lebenslange Lernen nicht nur den individuellen Lebensvollzug, sondern wird gleichsam Medium des globalen Bildungsraumes, der erst noch zu entwickeln ist. Damit befasst sich die UNESCO Initiative *Futures of Education* unter dem programmatischen Titel *Learning to Become*. Eine Bildung, die angesichts zunehmend komplexer, unsicherer und prekärer globaler Lebensbedingungen neu erfunden werden muss, zielt über das intellektuelle und emotionale Vermögen, mit den Brüchen und Herausforderungen umzugehen und diese für den privaten und beruflichen Lebensvollzug erfolgreich zu übersetzen, noch hinaus. Sie vollzieht sich vielmehr im gesellschaftsweiten Diskurs über mögliche Zukünfte, die – ganz bewusst im Plural formuliert – als Denk- und

Tab. 3.1 Lebenslanges Lernen: Bildungspolitische Schlüsseldokumente und -initiativen

Europarat	Permanent Education. Fundamentals for an integrated Educational Policy	1971
UNESCO	Wie wir leben lernen („Faure-Report")	1972
OECD/CERI	Recurrent Education – A strategy for lifelong learning	1973
Europäische Kommission	Lernen und Lehren. Auf dem Weg zur kognitiven Gesellschaft	1995
OECD/CERI	Lifelong Learning for all. Jahr des lebensbegleitenden Lernens	1996
BMBF	Das lebenslange Lernen. Leitlinien einer modernen Bildungspolitik	1996
UNESCO	Lernfähigkeit: Unser verborgener Reichtum („Delors-Bericht")	1997
UNESCO	Agenda für die Zukunft des Lernens im Erwachsenenalter	1997
UNESCO	Bildung für alle (EFA)	2000
Europäische Kommission	Memorandum über Lebenslanges Lernen	2000
BMBF	Aktionsprogramm: Lebensbegleitendes Lernen für alle	2001
The World Bank	Lifelong Learning and the global knowledge economy	2003
BLK (Bund-Länder-Kommission)	Strategie für Lebenslanges Lernen in der Bundesrepublik Deutschland	2004
Europäische Kommission	Aktionsplan Erwachsenenbildung. Zum Lernen ist es nie zu spät	2007
Europäische Kommission	Europäischer Qualifikationsrahmen für lebenslanges Lernen	2008
Europäischer Rat	Entschließung lebensumspannende Beratung und lebenslanges Lernen	2008
OECD/CERI	21st Century Skills: How can you prepare students for the new global Economy?	2008
Europäische Kommission	Strategischer Rahmen für die europäische Zusammenarbeit auf dem Gebiet der allgemeinen und beruflichen Bildung (ET, 2020)	2009
Europäische Kommission	Neue Europäische Agenda für Kompetenzen	2016
Europäischer Rat	Empfehlung Europäischer Qualifikationsrahmen (EQR) für lebenslanges Lernen	2016
UNESCO	Education 2030	2016
OECD/CERI	The Future of Education and Skills. Education 2030	2018
Europäische Kommission	Aktionsplan digitale Bildung	2018

(Fortsetzung)

Tab. 3.1 (Fortsetzung)

Europarat	Permanent Education. Fundamentals for an integrated Educational Policy	1971
Europäischer Rat	Empfehlungen zu Schlüsselkompetenzen für lebenslanges Lernen	2018
UNESCO	Futures of Education – Learning to Become	2021

Gestaltungsräume einer besseren, menschenwürdigen Welt, anzustreben und über Erziehung und Lernen für möglichst viele ideell und materiell zugänglich zu machen sind. (UNESCO, 2019)

> We need to think together in order to act together and shape the futures we want. (UNESCO, 2020)

Aus der persönlichen Verantwortung des „Learning to be" wird so ein co-aktives Prinzip, das auf der virtuellen Plattform wie im täglichen Gespräch zum Mitdenken und Mitgestalten einlädt, um den nächsten Entwicklungsbericht (zur Veröffentlichung in 2021 vorgesehen) aus möglichst vielen Perspektiven heraus zu begründen.

Für die Entwicklung einer globalen Zukunft, die sich Nachhaltigkeit nicht nur im ökologischen, sondern auch im sozialen, ökonomischen und technologischen Sinne auf ihre Fahnen schreibt, wirkt lebenslanges Lernen in doppelter Hinsicht als transformatives Prinzip: In der Balance und Integration individueller und sozialer, lokaler und globaler, kultureller und ökologischer Bedingungen fordert das Learning to become ein Höchstmaß an einer über die Selbststeuerung hinaus gehende Selbstverantwortung. Es ist daher niemals eine rein progressive, sondern eine stets reflexive, i.e. an übergreifenden Werten und vermittelbarem Sinn zu orientierende Transformation, über die es zu sprechen und die es im politischen Prozess weiter aktiv einzufordern gilt.

> Driven by the social transformations now under way, autonomy has become both a condition for people's quality of life and a source of social change. (Bélanger, 2016, S. 55)

Bildung (als Integration) und Veränderung (als permanenter Impuls) markieren zugleich die maximalen Ansprüche eines Lifelong Learnings für das 21. Jahrhunderts, die wechselseitig aufeinander zu beziehen sind: Veränderung braucht Bildung als integratives Moment, Bildung braucht Veränderung als Entwicklungsmotor. Die entscheidende Frage ist nur, wann, wo und wie jeweils die Balance zwischen dem abschließenden und öffnenden Modus zu finden ist. Was in allen zitierten Dokumenten anklingt, muss daher explizit gemacht werden: Die Moderne im Zustand der (digitalen) Transformation, die sich auf eine nachhaltige Zukunft hin bewegen will, muss sich über ihre Werte unterhalten, über eine Art Compliance des lebenslangen Lernens in und für eine gemeinsame Welt. Im offenen politischen Diskurs darüber, wie weit, wohin und mit welchen Folgen welche Veränderungen verantwortet werden können, liegt das wohl größte und drängendste Lernpotenzial unserer Zeit.

3.3   Lifelong Learning Society: Implikationen der Nach-Moderne

Aus der erziehungswissenschaftlichen, bildungs- und wirtschaftspolitischen aber auch unserer ganz alltäglichen Diskussion ist der Begriff des Lebenslangen Lernens heute nicht mehr wegzudenken. Die Semantik hat sich gleichwohl verschoben: Lebenslanges Lernen ist weniger Ziel denn Prämisse unserer globalen Überlebensfähigkeit, weniger Erklärungsgegenstand, denn Imperativ einer Lerngesellschaft, die sich in ihren lokalen und nationalen institutionellen Strukturen und Prozessen immer wieder neu zu finden und zu erfinden versucht. Lebenslanges Lernen impliziert bestimmte Werte, die es im persönlichen, sozialen und ökonomischen Lebensbezug aufeinander zu beziehen und einzulösen gilt. Lebenslanges Lernen ist sowohl Ergebnis als auch Voraussetzung einer nachhaltigen, d. h. auf eine bessere Zukunft für möglichst Viele hin orientierten gesellschaftlichen Transformation. In dieser neuen Perspektive – bei der die konkrete Umsetzung im Bildungskontext nicht vergessen werden darf – ist Lebenslanges Lernen ein ganz besonderes „Elixier" der Learning Society. Abb. 3.2 stellt die besonderen Wirkungen einer transformativen Kompetenz im Zusammenhang dar.

Um über die Bedeutung und Integration des Lernens in der modernen Gesellschaft nachzudenken, muss zunächst deren Logik und Telos reflektiert werden. Das zentrale Leitmotiv aktueller und zukünftiger Spielarten unserer globalen Welt manifestiert sich über Begriffe wie „Flüchtigkeit", „Brüche" oder „Komplexität" im Leitmotiv des „Wandels". Das bedeutet eine semantische Festmachung, die im praktischen Lern- und Lebensvollzug jedoch nur wenig Chancen zum gedanklichen oder realen Festhalten verspricht. Ob und wie es dennoch gelingen kann, diese kollektive Erfahrung in einem lebenslangen Lernen zu spiegeln, um – gerade doch – so etwas wie eine gemeinsame Identität, Verbindlichkeit, Sinnhaftigkeit und Zugehörigkeit zu vermitteln, ohne die wir als Menschen ebenso wie in unseren diversen sozialen Formationen (z. B. einer Organisation oder Institution) eben nicht (über-)lebensfähig sind, wird im Folgenden zu diskutieren sein.

3.3.1   Gesellschaft (in) der Transformation

... the learning society is already here: we live in it, here and now, and it already displays both the positive and negative features that mark the utopian and dystopian visions. (...) It is in this wider context of socio-economic change that the opportunities and excitement of lifelong learning – as well as the risks and dangers – must be understood. (Field, 2006, S. 47; 77)

Für die „Learning Society" – oder besser „Lifelong Learning Society" – gibt es kein adäquates deutsches Synonym. Aus der Gesellschaft der Lernenden ergibt sich nicht zwangsläufig ein selbst lernendes System. Umgekehrt erschließt sich die historische Not-wendigkeit einer lebenslang lernenden Einzelexistenz nicht aus dem so bezeichneten

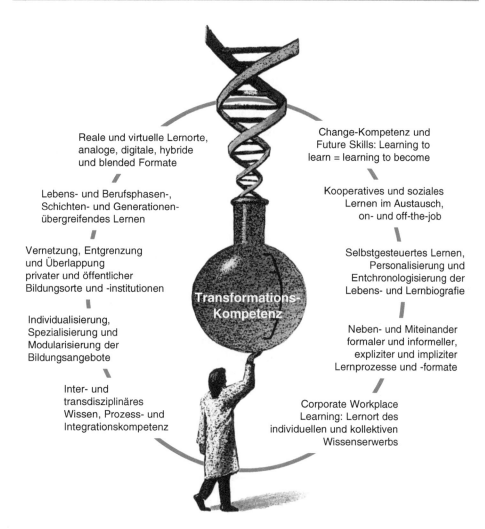

Abb. 3.2 Lebenslanges Lernen: Elixier für die Transformations-Kompetenz. (Unter Verwendung von IL049 Working Plans/Getty Images)

Gesellschaftsbezug. Transformation als Zustandsbeschreibung und Gesellschaftsvollzug muss also erst einmal gesetzt, verhandelt und vermittelt werden. Tatsächlich ist die immer wieder gesuchte Antwort auf die Frage „in welcher Gesellschaft wir eigentlich leben" ein ganz eigener Topos sozialwissenschaftlicher Reflexion. Dieser scheint immer dann eine besondere Relevanz zu erfahren, wenn der „Welt da draußen" nach gemeinsamem Sinn zumute ist, das integrative Element abhanden zu kommen scheint, im Konstituens des Sozialen Halt und/oder Perspektive erfahren werden soll.

Das Dilemma ist ein grundsätzliches, geboren aus dem sozialen Fortschritt heraus: Je weiter Gesellschaften sich entwickeln – so hat dies bereits der Stammvater der Soziologie, Emile Durkheim, konstatiert – desto segmentärer, ungleicher und fragiler ist ihre innere Substanz. Durkheim beschreibt diese sichtbare Veränderung im Hinblick auf die frühe Industrialisierung: Die Entwicklung einer arbeitsteiligen Gesellschaft mit neuen beruflichen und privaten Rollenmustern kann sich nicht mehr auf die organische, i.e. auf Ähnlichkeit und Zugehörigkeit berufende Identität und Solidarität archaischer Systeme berufen. Das Aufkommen der Moderne ist gekoppelt an die (Aus-)Differenzierung des Kollektivs, als konsequente und unumkehrbare „transformation from the homogenous to the heterogenous" (Spencer, 1857, S. 445). Dieser Prozess der Pluralisierung und Individualisierung von Lebensweisen, Werten und Interessen setzt sich bis heute fort. Die Kehrseite der neuen Vielfalt ist die Notwendigkeit einer aktiven Integration, die immer schwieriger zu vollziehen und zu vermitteln ist. Für den Einzelnen ist diese Transformation stets mit Verlusten und Brüchen verbunden, die nicht immer frei-willig und einsehbar nachzuvollziehen und in einer Art namenlosen Zwischenstadiums („Transition") auszuhalten und/oder zu bewältigen sind. Diese im Kern angelegte Ambivalenz moderner bzw. post- (Lyotard, 1988) oder nachmoderner (Sloterdijk, 1988) Gesellschaften zwischen differenzierendem Entwicklungs- und vermittelndem Integrationsimpuls, i.e. einer Gesellschaft, die sich permanent „im Übergang" befindet, erweist sich als „gemischter Segen" (Schimank, 1996, S. 34), i.e. irgendwie positiv wie negativ zugleich. Die sprachliche Leerstelle einer Lernenden bzw. Lerngesellschaft entspringt genau hieraus, i.e. einem Gesellschaftsentwurf, der sein soziales Ganzes nicht nur als offenes Lernkollektiv ungerichteter Einzelinteressen, sondern als zu integrierendes, reflektiertes und reflektierendes Ganzes definiert.

3.3.2 Spielarten der Moderne

> Wir schwanken zwischen verschiedenen Meinungen, nichts wollen wir (…) mit festem Sinne, nichts mit Beharrlichkeit. (…) Von mir habe ich nichts Ganzes aus einem Stücke, nichts Einfaches, nichts Festes ohne Verwirrung und (…) nichts, was ich in ein Wort fassen könnte. (Montaigne, 1580, S. 105; 108)

Seit der Überwindung der industriellen Gesellschaft (Bell, 1975) ist die (post-)moderne Gesellschaft vorrangig auf der Suche nach sich selbst. Dabei steht Selbstkritik am Anfang und am Ende der Reflexion: Die Moderne ist sich selbst zu (wenig) modern, die Wissens(chafts)gesellschaft zu (wenig) komplex, die Informationsgesellschaft zu (wenig) digital, die Weltgesellschaft zu (wenig) global. Das inflatorische Durcheinander der Begriffe zeigt Abb. 3.3. Allen post- oder nach-modernen Konzepten gemein ist die (Selbst-)Reflektivität als Dauermodus und das Wissen als ihr Leitmedium, Produkt und Erzeugungsmodus zugleich: Gesellschaft erkennt sich selbst durch das Wissen bzw. die Wissenschaft, die sie selbst produziert.

Abb. 3.3 Spielarten der Moderne

Es geht nicht mehr um die Vermittlung und Weitergabe feststehender Wissensbestände, Werte oder Fähigkeiten, sondern um eine Art ‚Wissensosmose', um den auf Dauer gestellten Austausch von individueller Wissensproduktion und organisiertem Wissensmanagement. (Alheit und Dausien, 2009, S. 571)

Gemäß dem von Giddens und Beck konzipierten Modell der Reflexiven Moderne wird eine Zuschreibung als Post-Post-…Moderne gleichsam obsolet, da die jeweils aktuelle Vision einer modernen Lebenszukunft stets nur auf Zeit, als punktuelles Ergebnis des Lern-/ und Reflexionsprozesses im konkreten Morgen bereits überwunden scheint.

Der zentrale Punkt ist, dass die Reflexion über gesellschaftliche Prozesse (…) in das Universum der Ereignisse, die sie beschreibt, fortwährend eintritt, sich wieder löst und erneut eintritt. (Giddens, 1995, S. 47).

Die Reflexion wird gleichsam zur Intervention. Was wir heute mit dem Begriff des Design Thinking als Methodenrevolution feiern, ist hier bereits vorstrukturiert. Die historisch logische Phasenfolge gesellschaftlicher Modernität ist damit zu einer Endlosschleife mit gleichsam losen Enden und vielen Knoten mutiert. Anstelle einer Revolution und Ablösung des Alten erfindet sich die Moderne auf ihrer reflexiven Metaebene immer wieder und immer anders ständig neu. Wesentlich ist dabei, dass sich die Reflexivität nicht nur auf das Denken, sondern vor allem auf das aktive Handeln ihrer Akteure bezieht (Giddens, 1995, S. 53) – mit der Folge, dass die Konsequenzen dieser Handlungen ebenfalls wirkungsvoll, vor allem aber in ihrer kausalen Verantwortlichkeit kaum mehr zuzuordnen sind. Die Erosion der Verantwortung gegenüber einem Zustand dauerhafter Unsicherheit, von Hans Jonas bereits 1979 eindrücklich beschrieben, erweitert sich in der *Risikogesellschaft* (Beck, 1986) zu einem nicht mehr aufzudröselnden Tohuwabohu institutionalisierter und persönlicher (Un-)Verantwortlichkeit.

In Modernisierungsrisiken wird also inhaltlich-sachlich, räumlich und zeitlich Auseinander-
liegendes kausal zusammengezogen und damit im Übrigen zugleich in einen sozialen und
rechtlichen Verantwortungszusammenhang gebracht. (Beck, 1986, S. 36)

Steht die Moderne vorrangig für Planbarkeit, die reflexive Moderne für die Nicht-
vorhersagbarkeit von Ereignissen, so befinden wir uns danach im Übergang zu einer
Gesellschaft, die sich qua Selbstbeschreibung ständig selbst zu überholen versucht.
Lebenslanges Lernen – oder besser: lebenslange Bildung – ist die einzige und richtige
Antwort auf dieses neue Szenario einer selbst zu gestaltenden Suche nach individueller
und sozialer Identität vor einem hochgradig unsicheren und unübersichtlichen Ent-
wicklungshorizont. Vermittlungsziele sind Verstehen, Orientierung und Integration –
weniger als ein messbares Mehr an Wissen und Information. Darin grenzt sich die
Learning Society vom Modus einer primär auf Wachstum, Fortschritt und Strukturierung
hin orientierten Wissensgesellschaft (Drucker, 1968; Bell, 1975; Toffler, 1990; Nonaka,
1994) deutlich ab. Netzwerke, Kommunikation und Selbstorganisation sind die handlungsleitenden Prinzipien – irgendwo „zwischen Notwendigkeit und Chance" (Kukuk,
2013) des Dauerlernens, weitgehend, wenn auch nicht komplett von den ökonomischen
oder politischen Notwendigkeiten befreit. Die Bändigung des Ungewissen, Unerwarteten
vollzieht sich interaktiv, verlagert sich in den mehr oder weniger geplanten und mehr
oder weniger öffentlich sich vollziehenden Diskurs:

Menschliche Akteure sind nicht nur fähig, ihre Aktivität und jene von andern in der
Regelmäßigkeit des Alltagsverhaltens zu steuern, sie sind auf der Ebene des diskursiven
Wissens auch fähig, diese Steuerung zu steuern. (Giddens, 1995, S. 82)

Kommunikation im global und medial entgrenzten Raum ist daher das Mittel der Wahl,
das persönliche und soziale Lebensumfeld zu gestalten und nachhaltig zu beeinflussen.
Interessant ist, dass sich der disziplinäre Anspruch einer „öffentlichen Kommunikationswissenschaft" (www.oeffentliche-kowi.org) gerade erst zu entwickeln beginnt, die
gemäß ihrer Charta eine „Anwaltschaft für Gemeinwohl, Achtsamkeit, Respekt und die
verantwortungsvolle Aufgabe von Medien und öffentlicher Kommunikation in einer
digitalisierten und durch allerlei Gegensätze geprägten Gesellschaft" proklamiert.

3.3.3 Überleben in der VUCA-Welt

Die Vernunft, so scheint es, steht zur Disposition; feilgeboten als Ramsch der Geschichte.
(Kasiske & Teichert, 1988, S. 15)

Fest steht, aus der lebenslang lernenden Gesellschaft kommen wir – auf absehbare
Zeit zumindest – nicht mehr heraus. Die Lerngesellschaft heißt so, weil die Fähigkeit
und die Notwendigkeit des Lernens alle ihre Subsysteme charakterisiert und sie sich
gleichermaßen in Individualisierungs- wie in Kollektivierungsprozessen offenbart, weil
sozialer Fortschritt ohne Lernen unmöglich erscheint und die einzig erkennbare Chance

zur Bewältigung der Komplexität in einem die eigene Lebenszeit transzendierenden Lernverhalten liegt. Im Unterschied zur linearen Logik eines grenzenlosen Fortschritts zielt die systemische Entwicklung durch Lernen tendenziell auf Integration und Begrenzung jeweils dessen, was verstehbar und vermittelbar scheint. Je größer dabei unser individueller oder kollektiver (Bildungs-)Horizont, desto größer ist auch das persönliche und gemeinsame Lernpotenzial:

> Während die Idee der Bildung sich weder im Bezugspunkt Welt noch im Bezugspunkt Individualität immanent begrenzen kann, ist gerade diese Selbstbegrenzung ein Erfordernis der Lernfähigkeit. Lernfähigkeit kombiniert Unsicherheit in Bezug auf Umwelt mit Sicherheit in Bezug auf sich selbst. (Luhmann & Schorr, 1979, S. 89)

In einem „Zeitalter neuer Ungewissheiten" (Lepenies, 1997, S. 17) eines „zur Freiheit verurteilten Lebens" ist lebenslanges Lernen die einzige Chance, die aufscheinenden Optionen für sich zu entdecken und darin die eigene Biografie quasi als Workinprogress immer wieder neu zu „basteln" (Hitzler & Honer, 1994, S. 307). Bildung als Selbstvergewisserung – nicht: Gewissheit – und Lernen als Unsicherheitsreduktion durch Orientierung führen zu einer Positionierung des Einzelnen in der Wirklichkeit auf Basis von Entscheidungen: Was wir zu wissen auswählen und was wir zu lernen beabsichtigen, bestimmt den Radius unserer bewussten Auseinandersetzung mit der Welt. Was für den Einzelnen gilt, gilt auch für die Gesellschaft: In seiner jeweiligen sozio-historischen Determiniertheit impliziert lebenslanges bzw. lebensbegleitendes Lernen das Selbstverständnis und die Mission moderner Gesellschaftstypen, die sich immer wieder neu erfinden können oder müssen, um den initiierten oder ungeplanten Fortschritt mit seinen Nebenfolgen mitgestalten und miterleben zu können. Die von Brüchen, Komplexität und Unsicherheit geprägte „reflexive Moderne", in der wir uns gerade befinden, reproduziert und sichert so im Prozess des lebenslangen Lernens ihre eigene Zukunfts- und Überlebensfähigkeit bis auf Weiteres immer wieder neu. Jedoch zeigt die aktuelle Diskussion um die „neuen" Überlebensbedingungen der Menschheit jenseits des ökologischen Zusammenbruchs, dass auch über das Lernen neu nachgedacht werden muss, vor allem auch über die Optionen des bewussten Nicht-Wissens und des aktiven Verlernens, um in der Fortschrittsspirale nicht gefangen zu sein.

Das Überleben in der VUCA-Welt wird nicht gelingen, wenn wir die erfahrene Volatilität, Unsicherheit, Komplexität und Mehrdeutigkeit schlicht spiegeln. Es gilt vielmehr, diese Prinzipien in der Erfahrung einer äußeren Realität mit den Prinzipien eines lebenslangen Learnings to become zu versöhnen, i.e. ein Verständnis über das Nicht-Verstehbare zu generieren.

> VUCA Learning Leadership promotes: learning to feel safe being vulnerable; learning to remain unnerved by the unknown, learning to demonstrate candour and learning to experience awakening. (Antonacopoulou, 2018, S. 10)

Damit stehen wir nicht am Ende des Lernens, sondern vielmehr an einem neuen Anfang, der Lernen als aktives und kollektives Handeln in Beziehung zu anderen und vor allem in Beziehung zu einer permanent sich verändernden Wirklichkeit immer wieder neu zu erfinden weiß. Dieses Lernen wird kein einfacher Weg, sondern eine Lebensaufgabe sein, die uns auch deshalb an unsere Grenzen führt, weil sie uns auch im Kern unserer Persönlichkeit (bzw. der Identität unseres sozialen Systems) tangiert. Vor allem aber wird es ein bemerkenswert anderes, zunächst noch deutlich bewussteres Lernen sein als wir es bisher auf eine – vielleicht etwas komfortablere Art – gewohnt waren. Wenn es aber gelingt – für den Einzelnen oder das jeweilige organisationale, nationale oder globale Kollektiv – dieses Lernen im Sinne einer größeren Aufmerksamkeit, Wachsamkeit, Bewusstheit und Wertschätzung der Erfahrungen in der VUCA-Welt zu aktivieren und zu integrieren (Antonacopoulou, 2018, S. 22), haben wir eine Chance, diese nicht nur auszuhalten, sondern auch zu nutzen, indem wir sie besser verstehen (lernen).

3.4   Zukunft: Lernen

3.4.1   Facetten der Digitalität

Digitalisierung ermöglicht Lern- und Entwicklungsprozesse für alles und alle nach individuellem Maß: Lernen im eigenen Tempo, nach eigenem Wissensstand und der für den eigenen Lerntyp und die persönliche Lebens- und Arbeitssituation zugeschnittenen Version erleichtert die Teilhabe einer differenzierten Zielgruppenstruktur über kognitive, soziale, ökonomische und räumliche Grenzen hinweg. Mittels Selbstevaluationen oder Pretests, Sprachanpassungen oder Übersetzungsangeboten, Mentoraten oder Prüfungsvorbereitungen sowie einem zeitlich unbegrenzten Zugriff und Wiederholungsmöglichkeiten kann sich der einzelne Lernende jederzeit und überall mit seinem gewählten Repertoire vergnügen. Digitalisierung schafft Verfügbarkeit und Zugänge zu Wissen und Bildung in einer so niemals dagewesenen Form – sofern diese Optionen technologisch, ökonomisch, psychologisch und sozial auch realisierbar sind. Anders formuliert – und durch die aktuelle Gesundheits- und Bildungskrise wunderbar gespiegelt – braucht es erstens eine solide Infrastruktur, zweitens materielle Ressourcen und drittens eine die notwendige Eigenmotivation und Zutrauen aktivierende Kultur, um diese Chancen anzunehmen, zu verbessern und aktiv zu nutzen.

> So gibt es nun: digitale Medien, digitale Welten, digitale Agenden, digitale Gesellschaften, digitale Bildung, digitale Schulen, digitales Lernen, digitale Schulbücher, digitale Methoden, digitale Kulturen, digitale Demenz und digitale Dividende, Digital Divide, Digital Natives, digitale Arbeit 4.0, unbestritten eine digitale Zukunft und womöglich sogar digitale Digitalität. (Knaus, 2016, S. 101)

In Zeiten des digitalen Anythings ist praktisch alles möglich, theoretisch jedoch einiges schlicht falsch: Digitale Bildung, digitales Lernen oder auch digitale Führung an sich gibt es nicht. Lernen ist ein Prozess, der schließlich immer in den Köpfen der Lernenden stattfindet – als konstruktives Aufnehmen und Verarbeiten von Wissen und Erfahrungen zu Wissen und Kompetenz. Bildung spiegelt und entfaltet sich – im erweiterten Prozess der Auseinandersetzung von Mensch und Welt – als jeweilige Performanz auf Zeit. Führung schließlich – als Inspiration und Ermöglichung von individueller Entwicklung und sozialer Kooperation – setzt eine Beziehungsdynamik voraus, die zwar über virtuelle Kontakte aufrechterhalten werden kann, im Kern aber eine zutiefst persönliche, direkte und analoge Angelegenheit ist. Dennoch eröffnet die neue Begrifflichkeit die Chance, bisherige Denkmuster und Handlungschancen zu transzendieren – schlicht im Gewand des Neuen, Innovativen, vor allem aber auch in der zusätzlichen Perspektive einer dritten, räumlichen Dimension.

3.4.1.1 Neue Sphären sozialer Kommunikation

Digitalisierung bedeutet nichts mehr oder weniger als die – nach Erfindung der Schrift, des Buchdrucks und der Entstehung der Massenmedien – vierte kommunikative Revolution unserer Zeit. Die virtuelle Migration aus dem materiellen Raum hinaus in eine entgrenzte „Infosphäre" (Floridi, 2015, S. 134) erweitert die kommunikativen Bezüge und Perspektiven zwischen dem Innen und dem Außen, dem Ich und der Welt nicht nur, sondern kehrt diese als willkürliche Zuschreibungen in ihrer Bedeutung komplett um:

> Indem die digital immigrants wie die Generation X und die Generation Y durch die digital natives wie die Generation Z ersetzt werden, werden die Letzteren schließlich keinen fundamentalen Unterschied erkennen zwischen der Infosphäre und der materiellen Welt, nur einen Perspektivenwechsel. (Floridi, 2015, S. 134)

Digitalisierung schafft nicht nur Raum für Neues, sondern verändert vor diesem Deutungshorizont das Alte zugleich unumkehrbar mit. Digitale Bildung ist dann eine Innovation (und ein semantisch akzeptables Adjektiv), wenn sie durch die neuen Kriterien der Digitalität als eine zunehmend asynchrone, individualisierte und selbst organisierte Entwicklungslogik funktioniert. Digitales Lernen führt dann zum Fortschritt, wenn es aus Sicht der Lernenden heraus zu jeder Zeit, zu jedem Thema und an jedem Ort frei von formalen und institutionellen Schranken realisieren lässt. Digitale Führung schließlich fordert und fördert neue Prinzipien der Kommunikation und Zusammen-arbeit über thematische, hierarchische, räumliche und zeitliche Schranken hinweg. Das bedeutet keinen Freibrief im Sinne des genannten „digital Anythings", sondern die Chance für ein neues Engagement in einem – auch im übertragenen Sinne – schranken-loseren Miteinander als bisher. Die *Digitale Bildungsrevolution* (Dräger & Müller-Eiselt, 2015, S. 9) eröffnet beides, i.e. vielfältige Chancen für ein personalisiertes, flexibles, zeit- und ortsunabhängiges, vor allem aber auch demokratisches und egalitäres Bildungs-angebot sowie das Risiko einer Komplettausgrenzung all derjenigen, die die Ent-wicklung technologisch, inhaltlich und ökonomisch überrollt.

Das Internet … hat zu einer Fragmentierung der Öffentlichkeit geführt. (…) Wir sprechen
zwar noch von der ‚digitalen Gesellschaft' im Singular, aber die sie umgebende Sphäre der
digitalen Öffentlichkeiten wandelt sich allmählich zum Pluraletantum. (Hahn et al., 2015,
S. 11)

Über die technologische Dimension, die ein zeit- und raumunabhängiges Kommunizieren
überhaupt erst möglich macht, hinaus ist vor allem die kulturelle, i.e. kommunikative
Dimension der Digitalisierung eine Herausforderung, die es zu bewältigen gilt. Die
während des Schreibens dieses Buchs andauernde Pandemie hat uns dies sehr deutlich
vor Augen geführt. Betrachtet man die Effekte der Digitalisierung aus der vertrauten
zweidimensionalen Logik heraus, so kann ein – mehr oder weniger großer Fortschritt –
didaktische Mehrwerte in den Bildungssystemen, aber auch die Flexibilisierung von
Arbeitsprozessen mittels digitaler Medien und Technologien verzeichnet werden. Nimmt
man die dritte Dimension einer entgrenzten sozialen Kommunikation hinzu, so wird
deutlich, dass zum einen die Chancen einer neuen Rollenverteilung (beispielsweise in
der Emanzipation der Lernenden, einer größere Eigenverantwortung und Selbststeuerung
nahezu aller privaten und beruflichen Akteure) bislang zu wenig genutzt, unterstützt und
gestaltet werden. Die Gleichzeitigkeit von Privatheit und Öffentlichkeit durch die vielen
digital vermittelten Öffentlichkeiten und Plattformen der sozialen Kommunikation birgt
die Chance neuer Reichweiten und die Gefahr einer Bedeutungs- und Verantwortungserosion. Digitale Kommunikation bedarf hier explizit einer Form der Orientierung,
Abwägung und Koordination: Die Tatsache, dass wir alle plötzlich sehr viel mehr dürfen,
können und sollen, muss in einer entsprechenden Führungslogik neu verhandeln und
abgewogen werden. Sonst nehmen uns andere oder der Raum an sich (Weinberger, 2013)
diese Entscheidung und damit auch die Deutungshoheit darüber ab.

… es lässt sich nicht nur konstatieren, dass alte kulturelle Formen, Institutionen und
Gewissheiten erodieren, sondern auch, dass sich neue herausbilden, deren Konturen schon
recht deutlich zu erkennen sind (Stalder, 2016, S. 9)

Das Netz „stellt von der Logik des Senders auf die Logik des Empfängers um"
diagnostiziert der Kommunikationswissenschaftler Bernhard Pörksen (2018, S. 69). Die
Trennlinien zwischen privater und öffentlicher Kommunikation, zwischen Konsumenten
und Produzenten, zwischen professioneller und alltäglicher Funktion, zwischen Laien
und Experten werden gleichsam unscharf, beliebig oder kehren sich komplett um. (Bruns,
2013; Kirf et al., 2018; Meyrowitz, 1999; Weinberger, 2013) Die der Kommunikation
im entgrenzten Raum vorausgehende Kultur der Digitalität muss selbst in ihren Grund-
zügen erst einmal verstanden und vermittelt werden. Das erfordert kein Weniger, sondern
ein Mehr an Transparenz und Orientierung in der öffentlichen Kommunikation, um
die Auflösungs-, Entgrenzungs- und Vernetzungsprozesse zu differenzieren und verstehen zu können – wenngleich deren traditionelle Institutionen gerade selbst auf dem
Prüfstand stehen. Die Neudimensionierung des Kommunikationsraum braucht also
eine entsprechende Architektur, die über eine bloße Logik des Fortschritts, eines immer
Mehrs an Digitalisierung hinaus geht. Das hat sich beispielsweise in den Versuchen

gezeigt, traditionelle Bildung durch digitale Varianten schlicht zu übersetzen – anstatt zu ergänzen, zu erweitern oder komplett anders zu begreifen. Ähnlich erfolglos waren Digitalisierungsvarianten in den Unternehmen, die den Fokus auf Prozesse und Verfahren, nicht aber auf ein neues Mindset und eine offenere, selbst gesteuerte und vom Kunden her neu gedachte Kultur ausgerichtet haben. Nicht jedes Bildungs- oder Organisationssystem verträgt dieselbe Kultur der Digitalität. Digitalisierung ist nicht das Ziel, sondern eine – wenn auch unausweichliche – Option, neue Wege und Zielsetzungen zu identifizieren und zu ermöglichen. Digitalisierung von Bildung ist ein auf Dauer angelegter Change-Prozess, der einer klugen und verantwortungsvollen Führung und einer zukunftsweisenden und ganzheitlichen Strategie bedarf. (Bremer et al., 2015)

3.4.1.2 Nichtwissen – Dimension des Möglichkeitsraums

> Wir wissen zu wenig über das Viele, das wir nicht wissen, wir wissen aber zu viel über das Wenige, das wir wissen. (Zimmerli, 2006, S. 37)

Dass wir heute, nach einer langen Phase der durch industrielle Produktionsverfahren und -prozesse geprägten Moderne in einer dem Postmodernismus und -industrialismus zugeschriebenen Gesellschaft leben, die sich über die Generierung, Organisation und Nutzung von Wissen beschreibt, entwickelt und reproduziert, heißt vor allem eines: Wir müssen uns weder die Hände „schmutzig machen", um sozial und ökonomisch zu überleben, noch sind wir in dieser Ressource materiell oder immateriell limitiert, wie andere Rohstoffe dies zu eigen haben. Die Digitalisierung führt uns die scheinbare Unerschöpflichkeit dieses gesamtgesellschaftlichen Vermögens in seiner Verfügbarkeit (auf Knopfdruck) und Teilbarkeit (mit einem Wisch) noch stärker vor Augen. Darüber könnten wir uns eigentlich freuen – wenn es denn so einfach wäre. Der Philosoph Konrad Liessmann macht das Unbehagen der Wissensgesellschaft an ihrem eigenen Produkt an der Qualität der Wissensprozesse fest: Anstelle von Reflexion, Vernunft, Argumentation, Vorsicht, langfristigem Denken, Neugier, Interesse und kritischer Distanz scheinen diese von Irrationalität, Ideologie, Aberglauben, Einbildung, Gier und Geistlosigkeit geprägt. (Liessmann, 2017, S. 23) Das scheint weit weg von dem was uns Antike oder Aufklärung über praktische Klugheit und nachhaltige Weisheit gelehrt haben. „Die aktuelle Wissensgesellschaft ist offenbar noch keine besonders kluge Gesellschaft." (Liessmann, 2017, S. 24) Denn sie reduziert ihre Chance auf Bildung durch die Gleichsetzung von Wissen und Kompetenz oder Information.

> Knowledge creation centers on the building of both tacit and explicit knowledge and, more importantly, on the interchange between these two aspects of knowledge through internalization and externalization. (Nonaka, 1994, S. 20)

Wirklich entfalten kann die Wissensgesellschaft ihr Potenzial wohl nur dann, wenn sie sich zugleich als Nichtwissensgesellschaft begreift. Das Diktum Polanyis, dass „we can know more than we can tell" (1966, S. 4) offenbarte die bislang unentdeckten Potenziale des „tacit", unbewussten, analogen, impliziten Wissens unter der Spitze des Eisbergs, i.e. der expliziten, bewussten, digitalen Wissenserfahrung und -äußerung. (Nonaka, 1994, S. 16)

Die Goldgräber des Wissensmanagements hatten bislang nur die klassische zweidimensionale Wegekarte zur Hand, mit dem klaren Ziel, das noch-nicht-Gewusste aus der Tiefe in die Erkenntnis zu bringen. Nimmt man jedoch den ganzen (runden) Globus zur Hand, so wird klar, dass erst vor dem Horizont des Nichtwissens unser Wissen seine jeweilige Relevanz definiert und umgekehrt durch mehr Wissen erst das Neue, Unbekannte, Überraschende, Flüchtige oder auch Verwirrende unserer Zukunft erst eröffnet. Die mit jeder neuen (rationalen) Erkenntnis zu Tage geförderte Irrationalität neuen Nichtwissens ist daher nicht eine Frage des Gegensatzes, sondern des Nebeneinanders im Sowohl-als-Auch (Stehr, 2013). Nichtwissen ist schon deshalb zukunftsrelevant, weil Wissen – als „Repräsentation des vergangenen und gegenwärtigen Seins im Denken" – und Zukunft sich „per definitionem ausschließen", wie der Philosoph Walther Zimmerli logisch argumentiert (2006, S. 14). Eine lernende Gesellschaft, die sich selbst als transformativ definiert, also von der Zukunft her sich zu denken und zu entwickeln versucht, muss deshalb die zweidimensionale Logik eines Entweder-Oders zwischen dem Nicht-Mehr- und dem Noch-Nicht-Gewussten überwinden in der Dreidimensionalität eines neuen Möglichkeitsraums, in dem es „weniger um die Bestätigung von Gewissheiten als vielmehr um die Erkundung von Ungewissheiten geht, wo Vermeintliches weniger zählt als Unvermeidbares." (Hartkemeyer & Hartkemeyer, 2007, S. 191)

> Die wirkliche Zukunft kommt auf uns zu; die geplante, auf Wissen basierende Zukunft gehört zur Vergangenheit. (Brodbeck, 2007, S. 39)

Nicht erst durch die Popularisierung der sogenannten „VUCA-Welt" ist das Nichtwissen in den Blick des organisatorischen Lernens und Handelns geraten, wohl aber auch nicht wesentlich davor. Unsicherheit und Ungewissheit sind seit jeher Alltagsphänomene, in der aktuellen Nach- oder auch Nicht-Wissensgesellschaft jedoch mit einem Rollenwechsel konfrontiert: Bislang waren diese eher der Impuls für mehr Wissen, der Anstoß, die identifizierten Lücken zu schließen und die Aspekte schließlich zu normalisieren. Heute geht es vornehmlich darum, die Vagheit zwischen „vermeintlicher Gewissheit und unvermeidlicher Ungewissheit" (Hartkemeyer & Hartkemeyer, 2007) nicht nur auszuhalten, sondern bewusst zu provozieren, quasi vor-zudenken („presencing") und explizit zu machen. Nach dem Wissen kommt das Nichtwissen als souveräne Ignoranz bewusster Kontingenz und Unsicherheit und damit höchste Stufe des selbst und lebenslang lernenden Kollektivs.

3.4.1.3 Katalogisierung des Zukunftswissens – Digitale Kompetenz

> Was uns bevorsteht, ist die Aussicht auf eine Arbeitsgesellschaft, der die Arbeit ausgegangen ist, also die einzige Tätigkeit, auf die sie sich noch versteht. Was könnte verhängnisvoller sein? (Arendt, 1960, S. 13)

Vielleicht ist uns die Arbeit ja nicht im eigentlichen Wortsinne ausgegangen – ihre Bedeutung für den Einzelnen und die Gesellschaft hat sich in jedem Falle seit der zitierten Prognose extrem verändert. Hannah Arendts, von der Welt der Fabrikarbeiter

geprägtes Bild ist heute zweifach überholt: Nachdem die White Collars die Blau-
männer weitgehend verdrängt haben, ist es heute die Digitalisierung, die über die New
Economy hinaus eine komplett neue Lebens- und Arbeitswelt 4.0 initiiert. Die Chancen
einer „weiter gedachten" (BMAS, 2016) bzw. transformierten (Jürgens et al., 2017)
Welt der Arbeit liegen, darin sind sich die Experten einig, in einer Nutzung der neuen
Technologien, Datenvolumina und künstlichen Intelligenz zur Realisierung von „guter"
Arbeit, d. h. der Förderung von Gesundheit, persönlichem Wohlempfinden und Sinner-
leben als Balance von Sicherheit und Flexibilität (BMAS, 2016, S. 92). Auch die Option,
Arbeit, zumindest in der bisherigen Konzeption, schlicht überflüssig zu machen, „im
Metauniversum (dem kollektiven virtuellen Raum)" neu oder anders zu realisieren und
durch bedingungsloses Grundeinkommen zu kompensieren, scheint eine bedenkens-
werte Option (Daheim & Wintermann, 2016, S. 19). Zunächst einmal aber gilt es, die
praktizierten Standards der Leistungserbringung, die Formen organisierter Führung,
Kommunikation und Kooperation innerhalb der Unternehmen und über betriebliche und
Branchengrenzen hinaus mit der Logik der digitalen Transformation so zu vereinen,
dass diese zum gestaltbaren und nicht bloß erduldbaren Handlungsfeld wird. Im Wettbewerb der menschlichen mit der künstlichen Intelligenz spiegelt sich die Kehrseite einer
schönen neuen Arbeitswelt, die mit den bestehenden Qualifikationsmodellen, Berufs-
bildern und Karrierepfaden weitgehend inkompatibel erscheint. Eine 2013 veröffent-
lichte Studie der Oxford University wies darauf hin, dass infolge von Digitalisierung
und Automatisierung 47 % der Arbeitsplätze in der US-amerikanischen Wirtschaft in
ihrer Existenz bedroht seien (Frey & Osborne, 2013). 2015 errechnete die ING DiBa für
Deutschland einen Wert von 59 % (Brzeski & Burk, 2015), was neben einem enormen
publizistischen Aufschrei vor allem regen Zulauf auf der Seite des „Job Futuromats" des
Instituts für Arbeitsmarkt- und Berufsforschung der Bundesagentur für Arbeit gesorgt
hat, der für jede Berufsbezeichnung auf Knopfdruck dessen Automatisierungschance
(bzw. -bedrohung) durch den Einsatz bzw. Ersatz digitaler Technologien quantifiziert
(www.job-futuromat.iab.de).

> Veränderungen in den technischen Umgebungen gehen mit einem gesellschaftlichen Wandel
> und neuen individuellen Wertvorstellungen einher, die sich ebenfalls auf die Arbeits-
> welt auswirken. Insbesondere der jungen Generation sind Work-Life-Balance, persönliche
> Weiterentwicklung und -bildung sowie Arbeitsformen wichtig, die sich nach den eigenen
> Lebensentwürfen richten. Selbständiges, eigenverantwortliches und flexibel gestaltetes
> Arbeiten jenseits und innerhalb von Institutionengrenzen spielen hierbei eine bedeutende
> Rolle. (Stifterverband, 2016, S. 6)

Dass Berufs- und Bildungsbiografien komplett neu geschrieben, mit immer neuen
Kapiteln versehen, vor allem aber weitgehend selbständig „erdacht" werden müssen,
ist angesichts der dramatischen Veränderungsintensität ein normativer Anspruch, der
der gegenwärtigen institutionellen und organisationalen Realität jedoch noch so gar
nicht entspricht. Zum einen sind die nach Programmen und Katalogen strukturierten
schulischen, beruflichen und akademischen Aus- und Weiterbildungen auf diese

Variabilität kaum vorbereitet. Zum anderen ist der Einzelne mit einer Aufgabe überfordert, für die es nur bedingt professionelles Wissen und eine institutionelle Unterstützung (die idealerweise bereits in der Schulzeit zu initiieren wäre) gibt. Schließlich
spiegelt die strukturelle Realität der Unternehmen – von der Formulierung der Einstiegs-
qualifikationen über die Flexibilität der Arbeitsverhältnisse bis zur Praxis der gewährten
Weiterbildung hin – eher die alte denn eine gerade permanent neu zu erfindende, hochgradig dynamische Realität. Die digitale Transformation erfordert eine Öffnung und
Veränderung der Art und Weise, wie wir Produkte entwickeln, Leistungen erbringen
und den Markt bearbeiten. Das führt über Struktur- und Prozessinnovationen hinaus zur
Ablösung und Neuerfindung kompletter Geschäftsmodelle und Wettbewerbsstrategien
im Kontext der offenen, interaktiven und veränderungsaffinen Kommunikations- und
Kollaborationskultur einer Sharing Economy. Für den Einzelnen bedeutet dies über
das permanente Erlernen neuen Wissens und neuer, insbesondere informationstechno-
logischer Fertigkeiten hinaus einen grundlegenden Einstellungswandel in der Bewertung
und bewussten Entfaltung seiner besonderen persönlichen und sozialen Handlungskompetenz. Die fachliche Qualifikation hat zwar nicht (komplett) ausgedient. Doch sie
kann nur dann aktiviert und integriert werden, wenn übergreifende Zusammenhänge und
Wirkungsketten erkannt, angesprochen und kollaborativ bearbeitet werden. Im Fokus
der Empfehlungen des Europäischen Rates für das lebenslange Lernen (2018) steht
folgerichtig die Entwicklung einer persönlichen und übergreifenden Lernfähigkeit als
Schlüsselkompetenz. Nicht primär das *Was* also, sondern das *Wie* unseres Lernens ist
damit auf den Prüfstand gestellt.

> This is a story about (…) whether an entire generation of kids will fail to make the grade in
> the global economy because they can´t think their way through abstract problems, work in
> teams, distinguish good information from bad, or speak a language other than (their own).
> (Time Magazine, How to Build a Student for the 21st Century, Dezember 18, 2006)

Auch wenn sich die Verschiebungen und bewussten Grenzziehungen zwischen Arbeits-
und Berufsleben im Spiegel der Generationen immer wieder ändern, ist eine digitale
Lebens- und Arbeitswelt unter der Prämisse des lebenslangen Lernens immer ganzheitlich bzw. multiperspektivisch zu entwickeln: Die individuellen und sozialen
Kompetenzen, derer es in diesem Kontext bedarf gilt, sind einerseits die Folgen der
sogenannten Megatrends, i.e. langfristiger, alle Lebensbereiche betreffenden und in
ihrer Wirkung interagierender Veränderungen (www.zukunftsinstitut.de). Zum anderen
generiert und reproduziert das – scheinbar – private Kommunikationsverhalten ständig
neue Formate sozialer Interaktion und Wissensproduktion, die auf das berufliche Leben
einen Einfluss haben. Schließlich bedingt der demografische Wandel eine sowohl
strukturelle als auch inhaltliche Veränderung der Lebensphasen, die in der traditionellen
Folge von Ausbildung – Erwerbsleben – Ruhestand längst nicht mehr zu integrieren
sind. Die Entwicklung sogenannter „digitaler", „Meta-" oder „Zukunftskompetenzen"
zielt auf eine Erweiterung des persönlichen, fachlichen, methodischen und sozialen
Repertoires zum Überleben in der modernen Welt, i.e. „sich an raschen Wandel

anzupassen, in volatilen Arbeitsmärkten und wechselnden Umfeldern zu navigieren"
(Daheim & Wintermann, 2016, S. 18) und für eine bessere Employability in der Arbeitswelt 4.0.

Eine komplette „Katalogisierung" des Zukunftswissens ist schon aufgrund dessen
Kontextabhängigkeit und Verfallsgeschwindigkeit nicht möglich. Bildungspolitische
Konzepte wie das *21st Century Framework* der OECD (Fadel, 2008), das von der Unter-
nehmensberatung McKinsey in Zusammenarbeit mit dem Stifterverband für die deutsche
Wissenschaft entwickelte Framework der *Future Skills* (Kirchherr et al., 2018) oder das
Triple Helix Modell der Initiative *Next Skills* (Ehlers, 2020) ermöglichen eine – je nach
eher ökonomischem, politischem oder didaktischem Schwerpunkt vorgenommene –
Strukturierung von Kompetenzanforderungen zur aktiven und selbstbestimmten Teilhabe
in der digitalen Transformation durch optimale Lehr-/Lernbedingungen für ein lebenslanges Lernen in Schule, Hochschule und Organisation.

> Welche Fähigkeiten brauchen Menschen in der Zukunft, um ihre Welt und Umwelt als
> Bürgerinnen und Bürger in einer globalisierten Welt zu gestalten? Welche Fähigkeiten
> brauchen Mitarbeiterinnen und Mitarbeiter, um die ständige Weiterentwicklung und stetige
> Anpassung an neue Situationen in Organisationen und im Arbeitsleben zu bewältigen?
> Diese Fähigkeiten nennen wir Future Skills. (Ehlers, 2020, S. 5)

Die neuen Skills beschreiben Qualifikationsanforderungen weitgehend unabhängig von
Lebensaltern, Ausbildungs- und Erfahrungsniveaus, quer über alle Berufsbilder hinweg.
Handlungskompetenz, d. h. die Fähigkeit eines Einzelnen oder einer Organisation, in
unterschiedlichen unbekannten oder offenen Situationen, erfolgreich, kreativ und zielorientiert agieren zu können, wird in der digitalen Transformation in erster Linie durch
einen souveränen Umgang mit digitalen Medien bestimmt. Digitale Kompetenz bedeutet
also im engeren Sinne die Erfahrung und den selbstverständlichen Umgang mit neuen
Technologien. Dazu gehört das Bedienen von Computerprogrammen oder Maschinen
ebenso wie die Versiertheit in sicherheitstechnischen oder verhaltensorientierten
Fragestellungen. Darüber hinaus impliziert Digitalisierung auf der sozialen oder
Organisationsebene neue kommunikative und kooperative Fähigkeiten (beispielsweise
in der Nutzung des betrieblichen Intranets, der Social-Media-Kontakte zu Lieferanten,
Kunden oder potenziellen Mitarbeitern), um neue Reichweiten und prozessuale Ver-
knüpfungen der eigenen Rolle und der damit verbundenen Aktivitäten zu verstehen und
die neuen Möglichkeiten aktiv zu nutzen. Schließlich wirkt Digitalisierung auf eine
grundlegende Veränderung der Wertschöpfungsketten, indem einzelne Bereiche auto-
matisiert, ausgelagert oder komplett aufgegeben werden, um geänderte Nachfragen in
ggf. neuen Netzwerken und Kooperationen zu beantworten. Auf dieser quasi höchsten
Stufe der Digitalkompetenz spiegelt sich die Fähigkeit zur eigenen Reflexion und Entscheidungsfähigkeit in der passenden Qualität und Geschwindigkeit der erforderlichen
Innovation. Conditio sine qua non für einen gemeinsamen Lernprozess ist eine sinnstiftende, lernfördernde Strategie und Führungskultur, die das richtige Maß und Tempo
des Prozesses steuert und ausbalanciert.

Die Erweiterung der grundständigen fachlichen Qualifikation durch übergreifende persönliche, soziale, Führungs- und Handlungskompetenzen ist ein Auftrag an jeden Einzelnen, vor allem aber auch an eine proaktive Personalentwicklung, die ein selbständiges Problemlösen in bestehenden oder ad-hoc zusammen gestellten Teams als Zielsetzung formuliert. Neu ist die stärker geforderte und gerade noch eher unscharf formulierte Anforderung an eine digitale und eine generalisierte Lernkompetenz. Wie in Abb. 3.4 deutlich wird, entfaltet sich diese in einer Art lebenslangen Entwicklungsprozess. Quasi in Eigenverantwortung für die persönliche Lebens- und Berufsbiografie sind die hier formulierten Fragen immer wieder neu zu beantworten. Gleichzeitig sind diese Anregungen für ein unterstützende, auf das Lernen der Mitarbeitenden und Teams abzielendes, „coachendes" Leadership.

Eine grundsätzliche Herausforderung jedoch bleibt: Zum einen sind die Anforderungsdimensionen des lebenslangen Lernens in einer zunehmend als unsicher, fragil und ambivalent erlebten digitalen Welt nur sehr unscharf und flüchtig zu fassen. Zum anderen benötigen wir dringend eine Überbrückung dieser qualifikatorischen und auch mentalen Lücke durch praktische Anwendung, konkretes Verstehen und sinnvolles Gestalten und Weiterentwickeln. Dies konzeptionell zu fassen, gelingt mit dem Konstrukt der Kompetenz. Dem liegt die Einschätzung der optimalen „Passung" einer durch formale, inhaltliche und soziale Offenheit charakterisierten Situation und der zum

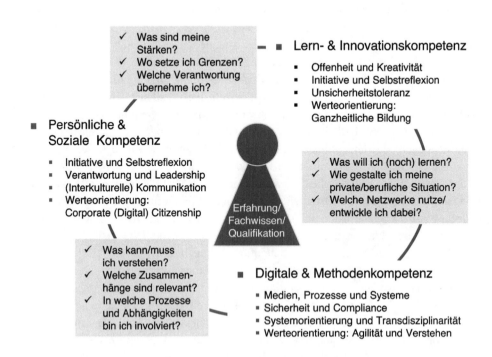

Abb. 3.4 Lern- und Entwicklungsrahmen einer ganzheitlichen Kompetenz

gegebenen Zeitpunkt verfügbaren bzw. zu erwerbenden individuellen Handlungsfähig-keit zugrunde (Wiesner & Wolter, 2005, S. 29), also eine eher subjektive und ungenaue Zuschreibung, die sich jedoch in ihrer Motivationskraft als enorm wirksam erweist: Das von anderen oder einem selbst zugeschriebene Kompetenzvermögen ist stets positiv konnotiert. Zugleich stellt es eine enorme didaktische und führungstechnische Heraus-forderung dar: Erstens müssen die tendenziell offenen Inhalte der Kompetenzkategorien im konkreten schulischen, akademischen oder beruflichen Handlungsfeld konkretisiert werden, zweitens gewinnt die Organisation zwar eine neue Flexibilität ihrer mensch-lichen Ressourcen, die es jedoch auch zu bedienen gilt, sonst drohen Demotivation und Fluktuation. Schließlich bedürfen die „Selbstorganisationsdispositionen" (Erpenbeck & Rosenstiel, 2003, S. XI) neben einem aktivierenden Umfeld auch einer positiven Selbst-einschätzung und eines entsprechenden (Führungs-)Feedbacks, um wirksam zu werden – Faktoren, die höchst individuell im Führungs- und Kommunikationsprozess auszuloten und einzusetzen sind. Das hier vorgeschlagene Konzept ist also als eine Überprüfung und Erweiterung bestehender Kataloge ebenso zu verstehen wie als Auftrag zur Kultur-entwicklung. Die Fachlichkeit bleibt weiter bestehen als eine Basisqualifikation, die in ihrer reinen Form an kaum einem Arbeitsplatz mehr dauerhaft zum Einsatz gebracht werden kann, jedoch durch eine digitale und methodische Kompetenz laufend angepasst, an einer persönlichen und sozialen Kompetenz gespiegelt und in einer auf Lernen und Innovation angelegten Kultur reflektiert, weiterentwickelt und an neuen Inhalten und Themen erprobt werden kann.

3.4.2 Corporate Learning

3.4.2.1 Vom Einzel-Training ad hoc zum Dauer-Lernen des Kollektivs

Es ist schon sprachlich eine Herausforderung, einen neuen Begriff für das Organizational Learning bzw. die lernende Organisation zu etablieren. Dennoch scheint es klar, dass die sowohl in den klassischen Organisations- und Kulturansätzen als auch in den managementorientierten Konzepten des Wissensmanagements oder den systemischen Herleitungen organisationaler Intelligenz während Differenzierung der Ebenen und Ansprüche von Individuum und Kollektiv, von Lernen und Arbeiten heute anders zu beschreiben und zu realisieren sind. „Corporate Learning" etabliert sich gerade als neuer Begriff für die betriebliche Aus- und Weiterbildungsaktivität. Ich lerne, Du lernst, das ganze Unternehmen lernt … – in der Dauerschleife gemeinsamer Lernepisoden sind die Bildungsprogramme der Einzelnen und die Entwicklungsziele von Bereichen oder der gesamten Organisation auf trefflichste miteinander vereint. Praktische Relevanz gewinnt das Konzept – über die schöne Semantik hinaus – dann, wenn es gelingt, die neuen differenzierten Bedarfe und Ziele in reale Prozesse zu bringen und diese nicht nur steuern, sondern in ihrer Wirkung auch bewerten zu können. Mittels starrer, linearer Auf-stiegskonzepte und traditioneller, hierarchischer Karriere- und Bildungspfade gelingt die systemische Variante des Corporate Learnings jedoch nicht. Lernen im Prozess der

Arbeit findet vielmehr in einer fluiden, temporären, selbstgesteuerten und nicht formell organisierten Variante statt. (Dehnbostel, 2008, S. 7) Die Verbindung von Lernen und Arbeiten im gemeinsamen Prozess wird damit konstitutiv im Kontext einer diese Art des Lernens fördernden Kultur sowie einer bereichs- und prozessübergreifenden Struktur, die Kommunikation und Kooperation in digitalen und analogen Versionen unterstützt und persönliche und betriebliche Kompetenzportfolios miteinander verknüpft.

Zentrales Thema des Corporate Learnings ist die Entwicklung einer größtmöglichen Entscheidungs- und Verhaltenssicherheit im Kontext der aktuellen globalen und digitalen Transformation. In der Sprache der Kompetenzlogik zielt dies auf eine „reflexive Handlungsfähigkeit" (Erpenbeck & Rosenstiel, 2003) des Einzelnen wie der gesamten Organisation. Dazu bedarf es eines organisationalen Kompetenz-, Entwicklungs- und/ oder Talentmodells, das rollen- statt positions- oder stellenspezifisch strukturiert ist und auf eine ganzheitliche, kontinuierliche Lernbiografie anhand definierter Kompetenz-dimensionen zielt. Im Unterschied zur lernenden Organisation und zum person- und teamorientierten Development umfasst das Corporate Learning einen Rahmen, der die Ebenen aufeinander bezieht und im Sinne der unterschiedlichen Stakeholder-Interessen integriert, eine spezifische Governance, die die Leitlinien der jeweiligen Lern- und Ent-wicklungsprozesse entlang der Organisationsziele steuert und kontrolliert sowie eine lebendige Kultur, die über die einzelnen Aktivitäten hinaus deren Wozu und Warum begründet und in der täglichen Kommunikation bewusst reflektiert, i.e. das Lernen zum zentralen Ankerpunkt der Organisation macht. Abb. 3.5 zeigt, wie der organisationale den gesellschaftlichen Wandel reflektiert und wie das Lernen der Organisation aus einer

Abb. 3.5 Integrierte Lernebenen im Corporate Learning-Modell

individuellen und kollektiven Perspektive heraus über eine entsprechende Lernkultur und -strategie entwickelt werden kann. Die Lernebenen und -dimensionen verschränken sich dabei nicht zufällig, sondern ganz gezielt: Je dynamischer die Strukturen und Prozesse von Führung und Organisation jeweils sind – indem beispielsweise Stellen- in Rollenkonzepte transformiert, Führung im kooperativen Prozess realisiert, externe und interne Zusammenarbeit über virtuelle Plattformen gestaltet wird – desto größer ist der Bedarf an entsprechender Selbstorganisation und Kompetenz bei den Mitgliedern. Umgekehrt bringen diese neues Wissen und Anforderungen zur Entwicklung neuer Standards wie selbstverständlich in das kollektive Learning mit ein – sofern es gelingt, die Idee des Lernorts in einer Atmosphäre von Offenheit, Verhaltenssicherheit und Transparenz zu realisieren.

3.4.2.2 Akteure des Corporate Learnings

> The needs of an organization always mirror those of the society in which it exists. The term learning society aptly describes our needs in this changing world and workplace. (O'Connor et al., 2007, S. 2)

Zwar beginnt und endet Lernen mit dem Einzelnen und seiner spezifischen Lernaktivität. Von der Chance, Corporate Learning ganz konsequent vom Individuum her zu denken, d. h. an die persönliche Motivation, das Vorwissen, die Bedarfe, aber auch die vorhandene Lernbereitschaft anzuknüpfen, sind wir jedoch – zumindest in der betrieblichen Praxis – noch sehr weit entfernt. Motivationspsychologisch fehlt als Verbindungsstück zwischen Wunsch und Handeln ein klares Zielbild, i.e. die sogenannte Volition. Diese kognitive Leistung wiederum setzt ein hohes Maß an Selbststeuerung auf der einen und erlaubte Selbstverantwortung auf der anderen Seite voraus. Beides sind erfahrungsbasierte Aspekte, die der Einzelne in seiner Sozialisation als Selbstwirksamkeit erlebt. Selbständiges Lernen will also geübt und als positiv bewertet werden. Vor die Emanzipation der Lernenden ist daher die Praxis der Führung und ganz konkret auch der Personaler gesetzt, die betriebliche Weiterbildung im ersten Schritt als ein aktiv nachzufragendes Angebot zur Deckung erkannter Defizite erfolgreich managt und kontrolliert und in einem zweiten Schritt die Lernaktivitäten als proaktives Verhalten nicht nur erlaubt, sondern mit entsprechenden materiellen und ideellen Ressourcen unterstützt. Die bislang weitgehend angebotsorientierte, formalisierte Organisation des Lernens in einer eher informellen Kultur des Dauer-, Mit- und Voneinanderlernens zu integrieren, heißt, die traditionelle Verwaltungs- durch eine flexible Servicefunktion zu ersetzen, die neben Management- vor allem inspirative Rollen, in Form von Lernbegleitern, Instruktoren etc. umfasst.

> Workplace learning professionals who can understand big-picture issues and who are well versed in organizational behavior and adult learning theory, corporate culture, sound business practices, and the promises and limitations of technology are in an excellent position to succeed. (O'Connor et al., 2007, S. 2)

Die Aufgabe einer organisationsweiten Personalentwicklung wird damit nicht überflüssig, jedoch in Form eines strategischen „Learning and Developments" neu dimensioniert. Dessen wichtigste Aufgabe ist nicht das Vorhalten von Maßnahmenkatalogen, sondern die Beschreibung und Unterstützung eines „lifelong-learning mind-sets" sowie die technische und methodische Unterstützung des Corporate Learning durch Potenzialanalysen, Talentprogramme, aber auch Lernplattformen, Apps und andere Varianten eines sozialen, integrativen, selbst gesteuerten Lernens am und für den Arbeitsplatz. Neben technologischen Herausforderungen sind es wiederum die kulturellen Aspekte, die dabei erfolgskritisch sind, um die Eigenverantwortlichkeit der Einzelnen, die Erkenntnis der individuellen und organisationalen Potenziale sowie die Fähigkeit und Bereitschaft, diese im Einklang miteinander zu entwickeln, auszuprägen – anstatt sich im Wettbewerb um Aufstiegspositionen mittels Zertifikaten und Qualifikationen gegeneinander aufzurüsten. Die Kultur des Lifelong Learnings erfordert Vertrauen und Transparenz, vor allem aber eine das Lernen – Wollen, -Dürfen und -Können vorlebende Organisation mit einer Führung, die Fehler ausdrücklich erlaubt und selbst keine Angst vor eigenem Scheitern oder zuviel Kompetenz auf der Mitarbeiterseite hat. Nicht das Angebot wird künftig im Fokus des Lernmanagements stehen, sondern die Effekte, also eine höhere Lernfähigkeit und -bereitschaft der Mitglieder bezogen auf die Veränderungsnotwendigkeiten im Innen und Außen der Organisation.

In integrierten Ansätzen einer kompetenzorientierten Personal- und Organisationsentwicklung (POE) wird diesem Anspruch organisations- und führungsseitig zumindest konzeptionell Rechnung getragen. Ob die Learning Professionals aus dem Kreis der Führungskräfte stammen oder nicht, ist dabei sekundär. Wichtig ist ihr Selbstverständnis als für alle Ebenen adressierbare und auf allen Ebenen institutionalisierte Change Agents, die das neue Zielbild erläutern, diskutieren, vorleben und damit den Kulturwechsel als „Schritt über den Rubikon" (wie die psychologische Volitionsbildung nach Heckhausen et al. (1987) auch genannt wird) zu vollziehen.

> The learning and performance change agent is a mix of instructor, instructional designer, process facilitator, and business partner. In these roles, you often learn what works and what does not work through trial and error. Today, organizations are moving away from simply solving problems toward helping create the future. By involving as many stakeholders as possible in creating this future, we help everyone learn. (O'Connor et al., 2007, S. 309)

Der Perspektivwechsel vom Sender (bzw. Lehrer) hin zum Empfänger (bzw. Lernenden), vom Detail zum Zusammenhang, vom Input zum Outcome, von der Angebots- zur Nachfrageorientierung, d. h. einer eher passiven Rezeption zur aktiven Selektion und Interpretation wird didaktisch als „shift from teaching to learning" (Wildt, 2005) gespiegelt. Systemlogisch impliziert er einen shift from structure to person, from qualification to competency, from organizational learning to corporate learning, i.e. zur Erfüllung einer sich selbst als Lernort verstehenden Organisation.

Damit der Systemsprung gelingt und die Fokussierung auf die Lernenden auch Früchte trägt, muss deren Autonomie und Eigenmotivation erst einmal aktiviert und eingeübt werden. Dieses „Putting in the Driver´s Seat" stößt jedoch schnell an die Grenzen der organisationalen Stellenbeschreibung, vor allem aber der eigenen Unsicherheitstoleranz. Deshalb geht die verantwortungsvolle Zukunftsaufgabe des Corporate Learnings mit einem wohldosierten und ausbalancierten Corporate Change stets Hand in Hand. Corporate Learning muss als Prozess und als Kultur vermittelt, beschrieben, erlebt, ausprobiert, verhandelt werden. Das Setting einer geplanten und absorbierten Veränderung zeigt Abb. 3.6. Im dreidimensionalen Möglichkeitsraum werden dabei die einzelnen Akteure, die Bedingungen der Organisation und die Potenziale des Lernens aktiv zueinander ins Spiel gebracht und in ihren Wirkungen reflektiert. Die Rahmenbedingungen, Regeln und Schiedsrichter sind gesetzt. Einen Endpunkt dabei gibt es jedoch nicht.

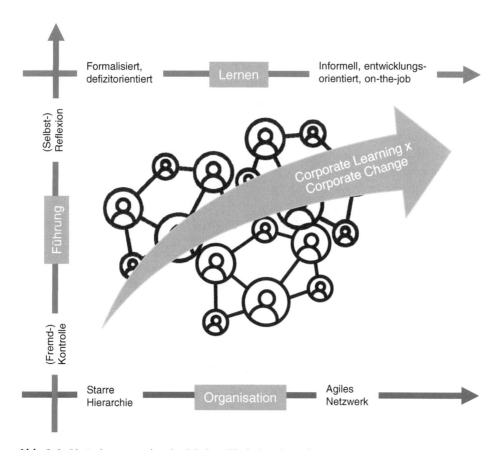

Abb. 3.6 Veränderungssetting des Modern Workplace Learnings

3.4.2.3 (Digital) Workplace Learning – Lernen, immer und überall

> Our first, second, and third places – home, work, and social gathering sites (…) are increasingly overlapping and extending into those proposed fourth places: social learning centers. (…) What remains constant is that learning is at the center of much of what we do. (Reed & Signorelli, 2011, S. 123)

Wann hat das Lernen einen ausschließlich beruflichen Hintergrund, wann ist es rein privat motiviert? Und welche Relevanz besitzt diese Unterscheidung heute und in Zukunft überhaupt (noch)? Die Grenzen sind zunehmend fließend, die Gefahr der wechselseitigen Vereinnahmung dadurch jedoch auch. Modernes „Workplace Learning" (Hart, 2017) bezeichnet die logische Weiterentwicklung der lernenden, individuelle mit kollektiven Zielen integrierenden Organisation und zugleich ein neues Verständnis des Lernens in und für den Lernort Organisation. Auf der einen Seite erscheint dieses Lernen immer und überall, über zeitliche und räumliche, aber auch private versus berufliche Grenzen hinweg, zumindest vorerst noch ein Traum (Reed & Signorelli, 2011, S. 124). Auf der anderen Seite verspricht es durchaus ökonomische Vorteile für die Unternehmung im Sinne einer „Community of Practice", in der selbstverantwortetes und eigenständig initiiertes individuelle Lernen geschieht, Wissen bereitwillig geteilt und im Sinne der Organisationsziele weiter vertieft und kommuniziert werden kann (O'Connor et al., 2007, S. 5), sofern eine rechtlich, vor allem aber auch kulturell geteilte Grundlage dafür besteht. Dass dieses Lernen einer gezielten und kontinuierlichen Moderation bedarf, um Relevanz und Wirksamkeit für strategische und operative Herausforderungen zu besitzen, ist offensichtlich. Dass es zugleich im Format traditioneller Aus- und Weiterbildungsabteilungen kaum erfüllt werden kann, aber auch. Organisationen als Lernorte benötigen eine geteilte Verantwortung für das individuelle und kollektive Lernen auf allen Führungsebenen und die strategische Positionierung in einer konkreten Unternehmensfunktion.

> Modern Workplace Learning therefore doesn´t just mean adding in new technology to old training practices, nor implementing a new learning platform but rather adopting a new, modern, understanding what it means to learn at work. Modern Workplace Learning means: doing things differently and doing different things. (Hart, 2017, S. 24)

Die Organisation als Lernort setzt die Idee eines umfassenden Workplace Learnings voraus und umgekehrt. Dazu bedarf es nicht nur einer digitalen Herangehensweise – aber durchaus auch. Lernressourcen, die jederzeit und überall verfügbar sind, ob mittels künstlicher Intelligenz projiziert oder appliziert, per Datenbrille übermittelt oder auf einer Plattform zur Verfügung gestellt – von den in der Zukunft zu kreierenden Varianten einmal ganz abgesehen – bilden die technologische Voraussetzung für das Konzept. Didaktisch findet eine deutliche Verlagerung vom Seminarraum in die Praxis statt, vom Training in den Dialog und das konkrete Tun. Darüber hinaus vollzieht sich – bei einem gleichzeitig zu beobachteten Run auf Zertifikate – eine Art Entformalisierung und vielleicht auch Normalisierung des Lernens, indem die Chancen des informellen, entdeckenden, sozialen und anwendungsorientierten Lernens genutzt, Zugangs- und Aufstiegschancen durch neue und andere Eignungsvoraussetzungen definiert werden als bisher.

> Hingegen wäre die aktuelle Epoche eher die Epoche des Raumes. Wir sind in der Epoche des Simultanen, wir sind in der Epoche der Juxtaposition, in der Epoche des Nahen und des Fernen, des Nebeneinander, des Auseinander. Wir sind, glaube ich, in einem Moment, wo sich die Welt weniger als ein großes sich durch die Zeit entwickelndes Leben erfährt, sondern eher als ein Netz, das seine Punkte verknüpft und sein Gewirr durchkreuzt. (Foucault, 1991, S. 34).

In der Idee des Raums werden physische und psychische Grenzen transzendiert, um ein zeitlich-räumlich beschränktes Mit- und Nebeneinander im offenen Netz(werk) zu überwinden. Dem virtuellen geht die Erfahrung des materiellen Raumes voraus. Es sind vor allem drei Wirkungen der Organisation als Lernort, die für das individuelle Erleben und (Lern-)Verhalten eine Rolle spielen (Wieber et al., 2016, S. 95): In seiner *physischen* Gegebenheit und Ausstattung mit materiellen und technologischen Ressourcen beeinflusst der Raum die Effizienz und Effektivität der Abläufe und Ergebnisse, vor allem aber die Gesundheit, das Wohlbefinden und die Zufriedenheit der Mitarbeitenden auf individueller, Gruppen- und Organisationsebene entscheidend mit. Auf der *sozialen* Ebene spiegelt, unterstützt oder verhindert räumliche Organisation – in Form von Distanzen, Offenheit versus Geschlossenheit, Ebenen und Zuordnungen – das Klima der Kommunikation und Zusammenarbeit. Dem sozialen Miteinander geht idealerweise auch ein räumliches Miteinander voraus und umgekehrt. Darüber hinaus wirken Räume und Gebäude in einer *symbolischen* Perspektive als Imagefaktoren, i.e. besondere Zeichen für die Existenz oder das Fehlen von Status und Macht. Wie es schließlich zu einer Verselbständigung der Symbole, quasi zu einer Umkehr von Deutung und Realität kommen kann, beschreibt der Autor Martin Suter in seiner grandiosen Nabelschau der *Business Class:*

> Das erste, was man bei der Wahl der Büroeinrichtung falsch machen kann, ist sie nicht wichtig zu nehmen. Das zweite ist, sich dabei erwischen zu lassen, dass man sie wichtig nimmt. (Suter, 2000, S. 13)

Je fokussierter wir in unseren interaktionalen (Macht-)Gefügen auf materiale oder symbolische Abgrenzungen sind und je konzentrierter wir in diesem Spiel alle anderen Optionen der Kommunikation und Zusammenarbeit zumindest unbewusst oder informell überlagern, desto enger wird der für einen offenen Austausch und Lernen verfügbare reale oder mentale Raum.

Aus der didaktischen Perspektive heraus sind Lernräume oder -orte so etwas wie „dritte Pädagogen" (Loris Malaguzzi, ca. 1970) – neben dem Lehrer bzw. der Führungskraft und den anderen Schülern bzw. den Kolleginnen und Kollegen. Das in den 1970ern entwickelte Konzept weist auf die Zusammenhänge von Architektur und Lernen hin, auf die Relevanz interaktions- und motivationsfördernder Gestaltungselemente, auf eine offene und wertschätzende Umgebung, – also alles das, was man in modernen Bildungszentren bereits in die Tat umsetzt, in den Klassenzimmern der heutigen

Schülergenerationen jedoch immer noch eine Ausnahme ist. Raum ist aber auch etwas, das sich – insbesondere im Kontext der Digitalität – durch unsere Wahrnehmung und Zugriffe darauf erst kommunikativ „materialisiert" und in unserer wechselseitigen Deutung und Bezugnahme immer wieder neu und anders herzustellen ist. Zukunftsorientierte Lernraumgestaltung setzt an realen Räumen an, um schließlich weit darüber hinaus zu gehen. Dazu braucht es eine Veränderungsarchitektur, die durch ein changeaffines Leadership zumindest vorzudenken, vor allem aber als erstrebenswerte Vision eines gemeinsamen, ganzheitlichen und permanenten lebenslangen Lernhorizonts zu kommunizieren und vorzuleben ist. Die Organisation als Lernort zu entwickeln, ist eine der wichtigsten Führungsaufgaben unserer Zeit, die von einer strategischen HR-Funktion heraus gesteuert, aber niemals darauf reduziert werden kann. Wie dies zu skizzieren und welche Dimensionen und Konstrukte dabei zu berücksichtigen sind, zeigt Abb. 3.7.

Die Idee des Workplace Learnings bzw. Learning Workplaces trägt wesentliche Züge der Philosophie der offenen Bildung und kann deren Logik entsprechend durchaus systematisch konzipiert und umgesetzt werden. Die darin begründete Idee der

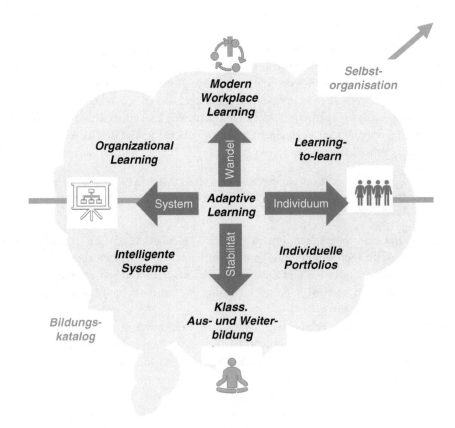

Abb. 3.7 Organisation als Lernort – Dimensionen und Konstrukte

sogenannten Open Educational Resources (OER) führte zu Beginn des Jahrtausends zu einer neuen und höchst kontrovers diskutierten Bewegung im Bildungskontext insbesondere des akademischen Forschungs- und Lehrbereichs. Das neue soziale Offenheit bringt vor allem rechtliche, ökonomische und didaktische Implikationen hervor, wie und durch wen die Zueignung von Wissen eben doch begrenzt, i.e. zugeschrieben werden darf und kann. Nach den Kriterien der UNESCO, die den Terminus 2002 geprägt hat, umfasst die Offenheit der Lehr-, Lern- und Forschungs-Materialien den kostenlosen Zugang, die Nutzung, Anpassung und Weiterverwendung von Bildungsressourcen quasi als geteiltes Wissen auf Zeit. Die Mission der Initiative geht weit über die Vermittlung materieller Zugänge hinaus. In ihrer zeitlich, räumlich und finanziellen Zugänglichkeit werden klassische Bildungsangebote für neue, heterogene Gruppen verfügbar gemacht, vor allem aber im – transparenten und gekennzeichneten Diskurs – erweitert, ergänzt, verbessert und neu verbreitet. Diese Kriterien sind als Grundlage der OER-Logik in den sogenannten „5Rs" zusammengefasst (Wiley, 2014):

1. Retain: make, own, and control a copy of the resource
2. Revise: edit, adapt, and modify your copy of the resource
3. Remix: combine your original or revised copy of the resource with other existing material to create something new
4. Reuse: use your original, revised, or remixed copy of the resource
5. Redistribute: share copies of your original, revised, or remixed copy of the resource with others

Weitere handlungsleitende Prinzipien sind in der UNESCO-Initiative *Opening up Education* unter dem Vorsitz von Fred Mulder formuliert. Gemeinsam mit Ben Janssen entwickelte er die folgenden sechs Erfolgsfaktoren, die – ebenfalls für den Kontext der Hochschullehre kreiert – auf das Lernen in und von Organisationen übertragbar und für den jeweils spezifischen Kontext und die kulturprägende Historie als Leitlinien übersetzt und angepasst werden können (Mulder & Janssen, 2013, S. 38):

1. Open access
2. Freedom of time
3. Freedom of pace
4. Freedom of place
5. Open programming
6. Open to target groups

Für die Entwicklung des lebenslangen Lernens im Kontext Person, Organisation, Gesellschaft oder darüber hinaus sind solche Prinzipien extrem hilfreich – nicht als mögliches Korsett für die uns überwältigende Offenheit, sondern als Wegweiser, wie und welche Entscheidungen im jeweiligen Handlungsfeld jeweils zu treffen sind. Ein konsequentes „open corporate learning" mit einem entsprechenden „open learning mindset" erscheint zum heutigen Zeitpunkt vielleicht utopisch oder revolutionär. Entscheidend wird es deshalb sein, die Idee des – immer besser – Werdens, i.e. des Learnings to become in den Köpfen zu vermitteln und (eben) nur so die Chancen auf einer bessere, i.e. nachhaltigere Zukunft zu vermitteln. Lernen zu jeder Zeit und an jedem Ort für jeden zunächst einmal zu erlauben, die Zielgruppen zu öffnen und so ganz neue, aus dem Lernprozess selbst sich entwickelnde Effekte zu erreichen, heißt deshalb nicht (nur), die Kontrolle abzugeben, sondern neue Schwerpunkte der Aktivität in die Verantwortung der Lernenden und eines klugen Leaderships zu bilden. Dafür müssen auf der (bisherigen) Angebotsseite neue Services ausgebildet und neue Formate entwickelt werden für ein strategisch dimensioniertes Kompetenzkonzept. Auf der (bisherigen) Nachfrageseite bedarf es der beschriebenen Emanzipation und Selbstverantwortung für das eigene lebenslange Lernmodell und einer Führung, die ihre Mitarbeitenden in der Erkenntnis und Formulierung ihrer (Lern-)Bedarfe unterstützt. Insofern wird den HR-, Personal- und Entwicklungsabteilungen die Arbeit sicherlich nicht ausgehen. Aber sie tun dies vor einem breiteren Horizont, i.e. der Frage, wie zukünftig das Handlungswissen generiert, geteilt und kommuniziert werden soll. Diesen Anspruch muss man aushalten und verteidigen – zum Wohle einer dauerhaft intelligenteren Organisation, aber auch einer intelligenteren Lebensweise unserer Aller selbst.

Literatur

Alheit, P., & Dausien, B. (2009). Bildungsprozesse über die Lebensspanne: Zur Politik und Theorie lebenslangen Lernens. In R. Tippelt & B. Schmidt (Hrsg.), *Handbuch Bildungsforschung* (S. 713–134). VS Verlag.

Antonacopoulou, E. (2018). Organisational Learning for and with VUCA: Learning Leadership Revisited. *Teoria e Prática em Administração*, 8(2), 10–32. https://www.researchgate.net/publication/327356140_Organisational_Learning_for_and_with_VUCA_Learning_Leadership_Revisited. Zugegriffen: 12. Apr. 2021.

Arendt, A. (1960). *Vita activa oder Vom tätigen Leben*. Neuedition. Hrsg. von T. Meyer. Piper.

Arnold, R. (2011). *Systemische Erwachsenenbildung. Die transformierende Kraft des begleiteten Selbstlernens*. Schneider.

Beck, U. (1986). *Die Risikogesellschaft. Auf dem Weg in eine andere Moderne*. Suhrkamp.

Bélanger, P. (2016). *Self-Construction and Social Transformation. Lifelong, Lifewide and Life-Deep Learning*. UNESCO Institute for Lifelong Learning.

Bell, D. (1975[1985]). *Die nachindustrielle Gesellschaft*. Campus.

Benner, D. (2003). *Wilhelm von Humboldts Bildungstheorie. Eine problemgeschichtliche Studie zum Begründungszusammenhang neuzeitlicher Bildungsreform* (3., erweiterte Aufl.). Juventa.

Bennett, N., & Lemoine, A. (2014). What VUCA really means for you. *Harvard Business Review*. Jan./Feb. 27–28. https://hbr.org/2014/01/what-vuca-really-means-for-you. Zugegriffen: 11. Apr. 2021.

BLK (2004). Strategie für Lebenslanges Lernen in der Bundesrepublik Deutschland. Materialien zur Bildungsplanung und zur Forschungsförderung, 115. https://www.pedocs.de/volltexte/2008/325/pdf/heft115.pdf. Abgerufen: 12. Juli 2021.

BMAS (2016). Arbeit weiter denken. Weißbuch Arbeiten 4.0. https://www.bmas.de/SharedDocs/Downloads/DE/PDF-Publikationen/a883-weissbuch.pdf?__blob=publicationFile. Zugegriffen: 11. Apr. 2021.

Bosch, G., & Zimmermann, D. (2004). *Schlussbericht der unabhängigen Expertenkommission Finanzierung lebenslangen Lernens: Der Weg in die Zukunft.* Bertelsmann.

Bremer, C., Ebert-Steinhübel, A., & Schlass, B. (2015). Change Management und Organisationsentwicklung zur Verankerung digitaler Bildungsformate an Hochschulen. In N. Nistor, & S. Schirlitz (Hrsg.), *Digitale Medien und Interdisziplinarität. Herausforderungen, Erfahrungen, Perspektiven* (S. 289–290). Tagungsband der GMW 2015. Waxmann.

Brodbeck, K.-H. (2007). Die Differenz zwischen Wissen und Nichtwissen. In A. Zeuch (Hrsg.), *Management von Nichtwissen in Unternehmen* (S. 30–60). Carl-Auer.

Brown, G., & Atkins, M. (1990). *Effective teaching in higher education.* Routledge.

Bruns, A. (2013). From production to produsage. In R. Towse & C. Handke (Hrsg.), *Handbook on the digital creative economy* (S. 67–78). Edgar Elgar.

Brzeski, C., & Burk, I. (2015). Die Roboter kommen. Folgen der Automatisierung für den deutschen Arbeitsmarkt. ING DiBa, Frankfurt a.M., https://www.ing-diba.de/pdf/ueber-uns/presse/publikationen/ing-diba-economic-re-search-die-roboter-kommen.pdf. Zugegriffen: 11. Apr. 2021.

Cendon, E., Grassl, R., & Pellert, A. (Hrsg.). (2013). *Vom Lehren zum lebenslangen Lernen. Formate akademischer Weiterbildung.* Waxmann.

Coombs, P. H. (1968). *The world educational crisis: A systems analysis.* University Press.

Daheim, C., & Wintermann, O. (2016). 2050. Die Zukunft der Arbeit. Ergebnisse einer internationalen Delphi-Studie des Millennium Project. Bertelsmann Stiftung, Gütersloh, https://www.bertelsmann-stiftung.de/fileadmin/files/BSt/Publikationen/GrauePublikationen/BST_Delphi_Studie_2016.pdf. Zugegriffen: 11. Apr. 2021.

Damasio, A. R. (2010). *Descartes´ Irrtum. Fühlen, Denken und das menschliche Gehirn* (6. Aufl.). List.

Dehnbostel, P. (2008). Lern- und kompetenzförderliche Arbeitsgestaltung. *BWP. Berufsbildung in Wissenschaft und Praxis,* 2, 5–8. URN: urn:nbn:de:0035-bwp-08205–7. Zugegriffen: 12. Apr. 2021.

Delors, J. (1996). Learning: the treasure within. Report to UNESCO of the International Commission on Education for the Twenty-first Century. https://unesdoc.unesco.org/ark:/48223/pf0000109590. Zugegriffen: 11. Apr. 2021.

Dräger, J., & Müller-Eiselt, R. (2015). *Die digitale Bildungsrevolution: Der radikale Wandel des Lernens und wie wir ihn gestalten können.* Deutsche Verlags-Anstalt.

Drucker, P. F. (1968). *Entscheidungsfindung und die effektive Exekutive.* https://doi.org/10.1177/019263656805232803. Zugegriffen: 11. Apr. 2021.

Ebert-Steinhübel, A. (2011). *Modernisierungsfall(e) Universität. Wege zur Selbstfindung einer eigensinnigen Institution.* Hampp.

Ebert-Steinhübel, A. (2013). Lebenslanges Lernen/Lifelong Learning – Anspruch und Wirklichkeit einer gesellschaftlichen Leitidee. In S. Laske, A. Orthey, & M. J. Schmid (Hrsg.), *PersonalEntwickeln. 174*(9.25), 1–35.

Ebert-Steinhübel, A. (2017). Lebenslanges Lernen 2.0. Aus- und Weiterbildung in der digitalen Welt. *Der Betriebswirt, 58*(2), 27–32.

Ehlers, U.-D. (2020). *Future Skills. Lernen der Zukunft – Hochschule der Zukunft.* Wiesbaden: Springerhttps://doi.org/10.1007/978-3-658-29297-3. Zugegriffen: 8. Apr. 2021.

English, L. M., & Carlsen, A. (2019). Lifelong Learning and the Sustainable Development Goals (SDGs): Probing the implications and the effects. *International Review of Education,* 65, 205–211. https://doi.org/10.1007/s11159-019-09773-4. Zugegriffen: 11. Apr. 2021.

Erpenbeck, J. & Rosenstiel L. v. (2003). Einführung. In J. Erpenbeck, & L. v. Rosenstiel (Hrsg.), *Handbuch Kompetenzmessung. Erkennen, verstehen und bewerten von Kompetenzen in der betrieblichen, pädagogischen und psychologischen Praxis* (S. IX-XL). Schäffer-Poeschel.

EU. (2020). Website der Europäischen Union. https://ec.europa.eu. Zugegriffen: 12. Apr. 2021.

Europäischer Rat. (2000). 23. und 24. März 2000. Lissabon. Schlussfolgerungen des Vorsitzes. https://www.europarl.europa.eu/summits/lis1_de.htm. Zugegriffen: 12. Apr. 2021.

Europäischer Rat. (2018). Empfehlung des Rates vom 22. Mai 2018 zu Schlüsselkompetenzen für lebenslanges Lernen https://www.agenda-erwachsenenbildung.de/fileadmin/user_upload/agenda-erwachsenenbildung.de/PDF/Empfehlung_Schluesselkompetenzen_2018.pdf. Zugegriffen: 12. Apr. 2021.

EU-Kommission. (2000). A Memorandum on Lifelong Learning. http://uil.unesco.org/i/doc/lifelong-learning/policies/european-communities-a-memorandum-on-lifelong-learning.pdf. Zugegriffen: 12. Apr. 2021.

EU-Kommission. (2001). Einen europäischen Raum des lebenslangen Lernens schaffen. KOM (2001) 678 vom 21.11.2011. URL: https://eur-lex.europa.eu/LexUriServ/LexUriServ.do?uri=COM:2001:0678:FIN:DE:PDF. Zugegriffen: 12. Apr. 2021.

Fadel, C. (2008). 21st Century Skills: How can you prepare students for the new Global Economy? OECD/CERI, Cisco Systems, Paris 2008 https://www.oecd.org/site/educeri21st/40756908.pdf. Zugegriffen: 12. Apr. 2021.

Faure, E. et al. (1972). Learning to be: The World of education today and tomorrow. UNESCO. Paris. https://unesdoc.unesco.org/ark:/48223/pf0000001801. Zugegriffen: 12. Apr. 2021.

Field, J. (2006). *Lifelong Learning and the new educational order*. Trentham Books.

Floridi, L. (2015). *Die 4. Revolution. Wie die Infosphäre unser Leben verändert*. Suhrkamp.

Foucault, M. (1991). Andere Räume. In K. Barck (Hrsg.), *Aisthesis. Wahrnehmung heute oder Perspektiven einer anderen Ästhetik* (S. 34–46). Reclam.

Frey, C. B., & Osborne, M. (2013). The future of employment: How susceptible are jobs to computerisation? Oxford Martin School, Oxford, https://www.oxfordmartin.ox.ac.uk/downloads/academic/The_Future_of_Employment.pdf. Zugegriffen: 12. Apr. 2021.

Giddens, A. (1995). *Die Konstitution der Gesellschaft*. Campus.

Glotz, P. (1996). *Im Kern verrottet? Fünf vor zwölf an Deutschlands Universitäten*. Deutsche Verlags-Anstalt.

Götschl, J. (2010). Disziplinarität, Interdisziplinarität und Transdisziplinarität. In W. Lenz (Hrsg.), *Interdisziplinarität. Wissenschaft im Wandel. Beiträge zur Entwicklung der Fakultät für Umwelt-, Regional- und Bildungswissenschaft* (S. 93–117). Erhard Löcker.

Gruber, E. (2007). Erwachsenenbildung und die Leitidee des lebenslangen Lernens. *Magazin Erwachsenenbildung at*, H. 2. http://www.erwachsenenbildung.at/magazin/07-0/meb. Zugegriffen: 11. Apr. 2021.

de Haan, G. (1993). Über Metaphern im pädagogischen Denken. In J. Oelkers & H.-E. Tenorth (Hrsg.), *Pädagogisches Wissen* (S. 361–375). Beltz.

Hahn, O., Hohlfeld, R., & Knieper, T. (Hrsg.). (2015). *Digitale Öffentlichkeit(en)*. UVK.

Hart, J. (2017). *Modern Workplace Learning. Modern workplace learning series*. Centre for Learning and Performance Technologies.

Hartkemeyer, M., & Hartkemeyer, J. (2007). Zwischen vermeintlicher Gewissheit und unvermeintlicher Ungewissheit. Nichtwissen im Dialog. In A. Zeuch (Hrsg.), *Management von Nichtwissen in Unternehmen* (S. 177–197). Carl-Auer.

Heckhausen, H., Gollwitzer, P. M., & Weinert, F. E. (Hrsg.). (1987). *Jenseits des Rubikon*. Springer.

Heuer, K. (2017). Lernen in der Renaissance (15./16. Jahrhundert): Überblick. http://www.die-bonn.de/id/35601. Zugegriffen: 11. Apr. 2021.

Hitzler, R., & Honer, A. (1994). Bastelexistenz. Über subjektive Konsequenzen der Individualisierung. In U. Beck, & E. Beck-Gernsheim (Hrsg.), *Riskante Freiheiten* (S. 307–315). Suhrkamp.

Hof, C. (2009). *Lebenslanges Lernen. Grundriss der Pädagogik/Erziehungswissenschaft.* Bd. 4. Kohlhammer.

Hörisch, J. (2010). *Theorie-Apotheke. Eine Handreichung zu den human-wissenschaftlichen Theorien der letzten fünfzig Jahre, einschließlich ihrer Risiken und Nebenwirkungen.* Suhrkamp.

Hüther, G. (2018). *Bedienungsanleitung für ein menschliches Gehirn* (12. Aufl.). Vandenhoeck & Ruprecht.

Humboldt, W. v. (1793[1960]). Theorie der Bildung des Menschen. Bruchstück. In. W. v. Humboldt. *Schriften zur Anthropologie und Geschichte* (S. 235–240). Hrsg. v. A. Flitner, & K. Giel. Stuttgart; J. G. Cotta´sche Buchhandlung.

Jonas, H. (1979). *Das Prinzip Verantwortung. Versuch einer Ethik für die technologische Zivilisation.* Suhrkamp.

Jünger, S. (2004). *Selbstorganisation, Lernkultur und Kompetenzentwicklung. Theoretische Bedingungsverhältnisse und praktische Gestaltungsmöglichkeiten.* Deutscher Universitäts-Verlag.

Jürgens, K., Hoffmann, R., & Schildmann, C. (2017). Arbeit transformieren! Denkanstöße der Kommission „Arbeit der Zukunft". Transcript, Bielefeld, https://www.boeckler.de/pdf/p_forschung_hbs_189.pdf. Zugegriffen: 12. Apr. 2021.

Jungk, R. (1973[1986]). Das Ende der Pauker. Neu veröff. In R. Jungk, *Und Wasser bricht den Stein. Streitbare Beiträge zu drängenden Fragen der Zeit* (S. 152–153). Herder.

Käufer, K., & Scharmer, C. O. (2007). Von der leeren Leinwand. Lernen von der im Entstehen begriffenen Zukunft. In A. Zeuch (Hrsg.), *Management von Nichtwissen in Unternehmen* (S. 198–211). Carl-Auer.

Kasiske, R., & Teichert, T. (1988). Rettungsversuche an der Vernunft. In P. Glotz, R. Kasiske, T. Teichert, & F. Vahrenholt (Hrsg.), *Vernunft riskieren. Klaus von Dohnanyi zum 60. Geburtstag* (S. 15–19). Christians.

Kastner, M., Donlic, J., Hanfstingl, B., & Jaksche-Hoffman, E. (Hrsg.). (2019). *Lernprozesse über die Lebensspanne. Bildung erforschen, gestalten und nachhaltig fördern.* Budrich.

Katenkamp, O. (2011). *Implizites Wissen in Organisationen. Konzepte, Methoden und Ansätze im Wissensmanagement.* VS Verlag.

Kerres, M. (2018). Bildung in der digitalen Welt: Wir haben die Wahl. *Denk-doch-mal.de, Online-Magazin für Arbeit-Bildung-Gesellschaft, 2,* 1–7. DOI:https://doi.org/10.13140/RG.2.2.28438.04160. Zugegriffen: 12. Apr. 2021.

Kerres, M., Hölterhof, T., & Nattland, A. (2011). Zur didaktischen Konzeption von „Sozialen Lernplattformen" für das Lernen in Gemeinschaften. *Medienpädagogik. Zeitschrift für Theorie und Praxis der Medienbildung,* 1–22. https://doi.org/10.21240/mpaed/00/2011.12.09.X. Zugegriffen: 12. Apr. 2021.

Kirchherr, A., Klier, J., Lehmann-Brauns, C., & Winde, M. (2018). *Future Skills: Welche Kompetenzen in Deutschland fehlen. Diskussionspapier.* Stifterverband für die deutsche Wissenschaft e. V.

Kirf, B., Eicke, K.-N., & Schömburg, S. (2018). *Unternehmenskommunikation im Zeitalter der digitalen Transformation. Wie Unternehmen interne und externe Stakeholder heute und in Zukunft erreichen.* Springer.

Knaus, T. (2016). Digital – medial – egal? Ein fiktives Streitgespräch um digitale Bildung und omnipräsente Adjektive in der aktuellen Bildungsdebatte. In M. Brüggemann, T. Knaus, & D. Meister (Hrsg.), *Kommunikationskulturen in digitalen Welten. Konzepte und Strategien der Medienpädagogik und Medienbildung* (S. 99–130). kopaed. URL: urn:nbn:de:0111-pedocs-125903. Zugegriffen: 11. Apr. 2021.

Koepernik, C. (2010). Lebenslanges Lernen als bildungspolitische Vision. Die Entwicklung eines Reformkonzepts im internationalen Diskurs. In A. Wolter, G. Wiesner, & C. Koepernik (Hrsg.), *Der lernende Mensch in der Wissensgesellschaft* (S. 81–92). Beltz & Juventa.

Kraus, K. (2001). *Lebenslanges Lernen – Karriere einer Leitidee.* Deutsches Institut für Erwachsenenbildung. https://www.die-bonn.de/doks/kraus0101.pdf. Zugegriffen: 12. Apr. 2021.

Künzli, R. (2004). Lernen. In D. Benner & J. Oelkers (Hrsg.), *Historisches Wörterbuch der Pädagogik* (S. 620–637). Beltz.

Kuhlenkamp, D. (2010). *Lifelong Learning. Programmatik, Realität, Perspektiven.* Waxmann.

Kukuk, A. (2013). *Lebenslanges Lernen zwischen Notwendigkeit und Chance. Das Ende der Gestaltungsfreiheit individueller Lebensführung?* tredition.

Lang, C. (2007). Lebenslanges Lernen. In S. Remdisch, & A. Utsch, Abschlussbericht – Bedarfsanalyse und Machbarkeitsstudie: Feststellung des Bedarfs für Weiterbildung und Wissenstransfer sowie Beurteilung der Machbarkeit eines spezifischen Angebots für die Region Lüneburg. URL: http://www.quartaerebildung.de/pdf/lebenslanges_lernen_leuphana.pdf. Zugegriffen: 12. Apr. 2021.

Lawson, K. (1982). Lifelong education: Concept or policy? *International Journal of Lifelong Education, 1*(2), 97–108.

Lepenies, W. (1997). *Benimm und Erkenntnis: über die notwendige Rückkehr der Werte in die Wissenschaften; Die Sozialwissenschaften nach dem Ende der Geschichte: zwei Vorträge.* Suhrkamp.

Liessmann, K. P. (2017). Ich weiß etwas, was Du nicht weißt. Über den Mythos der Wissensgesellschaft. In G. Zenkert (Hrsg.), *Bildungskonzepte und Bildungsorganisation. Zur Dramaturgie der Wissensgesellschaft* (S. 15–24). Mattes.

Luhmann, N. (1992). Ökologie des Nichtwissens. In N. Luhmann (Hrsg.), *Beobachtungen der Moderne* (S. 149–220). VS Verlag.

Luhmann, N. (2000). *Organisation und Entscheidung.* Springer.

Luhmann. N., Schorr, K. E. (1979). *Reflexionsprobleme im Erziehungssystem.* Suhrkamp.

Lyotard, J.-F. (1988). Beantwortung der Frage: Was ist postmodern? In W. Welsch (Hrsg.), *Wege aus der Moderne: Schlüsseltexte der Postmoderne-Diskussion* (S. 193–203). De Gruyter.

Meyrowitz, J. (1999). *Überall und nirgends dabei. Die Fernsehgesellschaft.* Beltz.

Montaigne, M. (1580[2001]). Über die Unbeständigkeit der menschlichen Handlungen. In Montaigne, M., *Essais* (S. 102–112). Hrsg von R. R. Wuthenow. Insel.

Mulder, F., & Janssen, B. (2013). Opening up education. In R. Jacobi, H. Jelgerhuis, & N. v. d. Woert (Hrsg.), Trend report: Open educational resources 2013. SURF SIG EOR, Utrecht, 36–42, http://www.observatorioabaco.es/biblioteca/docs/356_SURF_TRENDREPORT_2013.pdf. Zugegriffen: 12. Apr. 2021.

Nonaka, I. (1994). A dynamic theory of organizational knowledge creation. *Organization Science, 5*(1), 14–37.

O'Connor, B. N., Bronner, M., & Delaney, C. (2007). *Learning at work. How to support individual and organizational Learning.* HRD.

OECD/CERI (Hrsg.). (1973). Recurrent Education: A strategy for lifelong learning. https://files.eric.ed.gov/fulltext/ED083365.pdf. Zugegriffen: 12. Apr. 2021.

OECD/CERI (Hrsg.). (2001). Lifelong Learning for all. Policy Directions. https://www.oecd.org/officialdocuments/publicdisplaydocumentpdf/?cote=DEELSA/ED/CERI/CD(2000)12/PART1/REV2&docLanguage=En. Zugegriffen: 12. Apr. 2021.

Peters, A., & Ghadiri, T. (2011). *Neuroleadership – Grundlagen, Konzepte, Beispiele: Erkenntnisse der Neurowissenschaften für die Mitarbeiterführung.* Springer.

Picht, G. (1964). *Die deutsche Bildungskatastrophe.* Walter.

Pörksen, B. (2018). *Die große Gereiztheit. Wege aus der kollektiven Erregung.* Hanser.

Polanyi, M. (1966). *The tacit dimension.* Doubleday & Company.

Pongratz, L. A. (1997). Sammeln Sie Punkte? Notizen zum Regime des lebenslangen Lernens in Deutschland. Gemeinsame Broschüre der Nationalen Agenturen in Deutschland. http://www.lebenslanges-lernen.eu/. Zugegriffen: 12. Apr. 2021.

Reed, L., & Signorelli, P. (2011). *Workplace learning & leadership: A handbook for library and nonprofit trainers.* ALA Editions.

Rohlfs, C. (2017). Bildungsfragen. Facetten und Kontroversen des aktuellen Bildungsdiskurses. In G. Zenkert (Hrsg.), *Bildungskonzepte und Bildungsorganisation. Zur Dramaturgie der Wissensgesellschaft* (S. 25–53). Mattes.

Roth, G. (2007). *Persönlichkeit, Entscheidung und Verhalten. Warum es so schwierig ist, sich und andere zu ändern.* Klett-Cotta.

Schäfer, E. (2017). *Lebenslanges Lernen. Erkenntnisse und Mythen über das Lernen im Erwachsenenalter.* Springer.

Schimank, U. (1996). *Theorien gesellschaftlicher Differenzierung.* Leske + Budrich.

Schreiber-Barsch, S. (2007). *Learning Communities als Infrastruktur Lebenslangen Lernens. Vergleichende Fallstudien europäischer Praxis.* Bertelsmann.

Schreiber-Barsch, S., & Zeuner, S. (2007). International – supranational – transnational? Lebenslanges Lernen im Spannungsfeld von Bildungsakteuren und Interessen. *Zeitschrift Für Pädagogik, 53,* 686–703.

Seldon, A. (2018). *The fourth education revolution. Will artificial intelligence liberate or infantilise humanity.* The University of Buckingham Press.

Seneca. (o. J.[2018]). *Epistulae morales ad Lucilium. Briefe an Lucilius über Ethik.* Hrsg von M. Giebel. Reclam.

Simon, F. B. (2014). *Die Kunst, nicht zu lernen. Und andere Paradoxien in Psychotherapie, Management, Politik.* Carl-Auer.

Stehr, N. (2013). Wissen und der Mythos vom Nichtwissen. *Aus Politik und Zeitgeschichte,* 18–20, 1–8. https://www.bpb.de/apuz/158666/wissen-und-der-mythos-vom-nichtwissen#footnode7-7. Zugegriffen: 11. Apr. 2021.

Sloterdijk, P. (1988). Nach der Geschichte. In W. Welsch (Hrsg.), *Wege aus der Moderne: Schlüsseltexte der Postmoderne-Diskussion* (S. 262–274). De Gruyter.

Spencer, H. (1857). Progress: its law and cause. *Westminster Review,* 67(132), 445–485. http://www.f.waseda.jp/glaw/CLASSES/READINGS/R0aSocialDarwinism.pdf. Zugegriffen: 12. Apr. 2021.

Spitzer, M. (2002). *Lernen: Gehirnforschung und die Schule des Lebens.* Spektrum.

Stalder, F. (2016). *Die Kultur der Digitalität.* Suhrkamp.

Stifterverband für die Deutsche Wissenschaft e. V. (2016). *Hochschul-Bildungs-Report 2020. Hochschulbildung für die Arbeitswelt 4.0.* Edition Stifterverband.

Suter, M. (2000). *Business Class. Geschichten aus dem Management.* Diogenes.

Tawil, S. (2013). Revisiting 'Learning: the treasure within': assessing the influence of the 1996 Delors Report. *UNESCO Education Research and Foresight. Occasional Papers.* Jan., https://www.eccnetwork.net/sites/default/files/media/file/220050eng.pdf. Zugegriffen: 12. Apr. 2021.

Thompson Klein, J. (1984). Interdisciplinarity and complexity: An evolving relationship. *E:CO Special Double Issue,* 6(1–2), 2–10.

Toffler, A. (1970). *Der Zukunftsschock.* Scherz.

United Nations. (2015). Transforming our world: The 2030 Agenda for Sustainable Development. https://sustainabledevelopment.un.org/content/documents/21252030%20Agenda%20for%20 Sustainable%20Development%20web.pdf

UNESCO Institut für Pädagogik (1998). Hamburger Deklaration zum Lernen im Erwachsenen-alter. Agenda für die Zukunft – CONFINTEA -Fünfte Internationale Konferenz über Erwachsenenbildung 14.-18. Juli 1997. https://unevoc.unesco.org/bilt/BILT+publications/ lang=enakt/akt=detail/qs=4150/. Zugegriffen: 12. Juli 2021.

UNESCO (2019). Futures of Education. Learning to become. https://en.unesco.org/ futuresofeducation/. Zugegriffen: 12. Apr. 2021.

UNESCO (2020). Visioning and framing the futures of education. Learning to become. Febr. https://en.unesco.org/futuresofeducation/sites/default/files/2020-03/Outcome%20Document%20 First%20Meeting%20of%20International%20Commission%20on%20the%20Futures%20 of%20Education.pdf. Zugegriffen: 12. Apr. 2021.

Wehling, P. (2001). Jenseits des Wissens? Wissenschaftliches Nichtwissen aus soziologischer Perspektive. *Zeitschrift für Soziologie, 30*(6), 465–484.

Weinberger, D. (2013). *Too big to know*. Huber.

Wieber, F., Windlinger, L., Conrad, N., & Konkol, J. (2016). Lebensraum Arbeitsplatz – Über das Zusammenspiel von Organisationsentwicklung und Arbeitsumgebung. *Zeitschrift für Organisationsentwicklung, 4*, 94–97.

Wiesner, G., & Wolter, A. (Hrsg.). (2005). *Die lernende Gesellschaft. Lernkulturen und Kompetenzentwicklung in der Wissensgesellschaft*. Juventa.

Wildt, J. (2005). *The shift from teaching to learning. Konstruktionsbedingungen eines Ideals*. Bertelsmann.

Wiley, D. (2014). Defining the "open" in open content and open educational resources. Creative Commons. http://opencontent.org/definition. Zugegriffen: 12. Apr. 2021.

Wolter, A. (2010). Die Hochschule als Institution des lebenslangen Lernens. In A. Wolter, G. Wiesner, & C. Koepernik (Hrsg.), *Der lernende Mensch in der Wissensgesellschaft* (S. 81–91). Beltz & Juventa.

Zeuch, A. (2007). Der Hase und der Igel – Wissen und Nichtwissen zu Beginn des 3. Jahrtausends. In A. Zeuch (Hrsg.), *Management von Nichtwissen in Unternehmen* (S. 14–29). Carl-Auer.

Zimbardo, P. G., & Gerrig, R. J. (1999). *Psychologie* (7., neu übersetzte und bearbeitete Aufl.). Springer.

Zimmerli, W. C. (2006). *Die Zukunft denkt anders. Wege aus dem Bildungsnotstand*. Huber.

Learning Leadership

Eine neue Agenda des Führungslernens

4

Learning Leadership provides an answer to the question how good and effective leadership practice can be designed on the global, social, organizational and individual level in times of external and internal, social and technological, permanent change. (Ebert-Steinhübel & Staengel, 2015)

Zusammenfassung

Die Geschichte der Führung ist noch lange nicht zu Ende erzählt, und das ist auch gut so. Denn gute, d. h. authentische, verantwortungsbewusste und wirkungsvolle Führung ist immer reflexiv und kommunikativ zugleich. Nach innen gewandt geht es dabei um die Vergewisserung der eigenen Person und der Bedingungen des Führungshandelns. Nach außen geht es um die Konsistenz des gemeinsamen Lern- und Sinnzusammenhangs. Das hier entwickelte Konzept des Learning Leaderships setzt die Geschichte der Führung von ihren Anfängen über die neuen kollaborativen und adaptiven Ansätze fort und integriert die Idee des lebenslangen Lernens als individuelles und kollektives Format. Im Folgenden werden die beschriebenen Perspektiven und Ankerpunkte in einem dynamischen Modell zusammengefasst. Dieses kann als Basis für ein unternehmensweites Führungslernen ebenso verwendet werden wie für die Selbstreflexion der Learning Leaders in der Organisation. Nicht nur lebenslang lernen zu wollen, sondern auch zu müssen, heißt die zentrale Prämisse des Learning Leaderships. Das fordert ein traditionelles, positionsorientiertes Verständnis von Führung und die generelle Logik unserer *Weiter*bildung deutlich heraus. Wenn bessere Führung zukünftig mit dem Auftrag des permanenten gemeinsamen Lernens von Mensch und Organisation korreliert, müssen wir bereits heute anfangen, Führung *anders* zu lernen. Die mentalen Voraussetzungen, wesentlichen Inhalte und Formate dafür werden in den folgenden Kapiteln beleuchtet und diskutiert.

© Springer Fachmedien Wiesbaden GmbH, ein Teil von Springer Nature 2021
A. Ebert-Steinhübel, *Learning Leadership,* https://doi.org/10.1007/978-3-658-34495-5_4

4.1   Die Geschichte: Führung neu erzählt

The nation calls for leadership, and there is no one at home. (Morrow, 1987)

Die Geschichte der Führung, so scheint es, muss heute nicht nur anders geschrieben, sondern auch ein Stück weit neu erfunden, um aufmerksamer gehört und verstanden zu werden. Der zitierte Titel des Time Magazines macht deutlich, wie herausfordernd die Problematik tatsächlich ist: Während enorme Defizite an Führung sowohl in der betrieb-lichen als auch in der politischen Praxis öffentlich beklagt werden, erlebt die Führungs-forschung seit Mitte der 1990er einen neuen Boom. In den unterschiedlichen Facetten des New Leaderships spiegelt sich der Versuch, einer durch eine extreme Veränderungs-intensität und -komplexität gekennzeichneten Lebens- und Arbeitswelt konzeptionell und ideell besser zu begegnen. Wirklich neu dabei ist die mentale und strukturelle Offenheit, in der ganz unterschiedliche soziale Prozesse, Ebenen und Systeme aufeinander bezogen und miteinander zu einem konsequent anderen Ende gedacht werden. Das „blurring of the boundaries" und die gleichzeitige Bedürftigkeit nach Sinn kennzeichnen diese umfassende Ambivalenz unserer modernen Identität.

Die Konzeption eines gesellschaftsweiten New Learnings (Simons et al., 2000) „to become" bietet die Chance, diesen Weg psychologisch zu unterstützen, vor allem aber auch institutionell und organisatorisch zu verbreiten. Dass und wie das Thema „Lernen" in die Unternehmen und die eigene Biografie neuen Einzug erhält, ist der intentionale Kern des hier propagierten Learning Leaderships. Grundsätzlich bedeutet es einen dritten Weg, um die Widersprüche Stabilität versus Wandel, Technik/Systeme versus Mensch nicht aufzulösen, sondern in einer neuen Balance auf- und miteinander hin auszuloten. Es baut dazu auf den Konzepten der kollaborativen Führung, der lernenden Organisation und des Lifelong Learnings auf und verbindet diese zu einem gemeinsamen Postulat: Führung kann – und muss – gelernt werden, und zwar ein Leben lang. Das setzt ein intuitives Verstehen bisheriger und zukünftiger Führungsherausforderungen als persön-liche, methodische, soziale und organisationale Kompetenz voraus. Neu und prägend ist die reflexive Dimension einer Führungskultur, die das Lernen vor dem Umsetzen und das Kollektiv vor dem Individuum priorisiert. Leadership wird damit zum Synonym für ein proaktives und reflektiertes Gestalten permanent und selbstorganisiert lernender sozialer Systeme – der einzigen Chance, diesem „Elefanten" mit Herz und Verstand dienen und ihn deshalb auch reiten zu können.

The mind is divided, like a rider on an elephant, and the rider's job ist to serve the elephant. (Haidt, 2012, S. 2)

Learning Leadership konzipiert die neue Agenda des Lernens für eine entwicklungs-fähige Führung und Organisation. In den Führungsalltag übersetzt, heißt dies, daraus eine eigene, sinnvolle und überzeugende Geschichte zu kreieren und zu kommunizieren, wie und wohin die Organisation sich jeweils entwickeln soll und welche Herausforderungen damit für die Einzelnen verbunden sind. Je mehr Menschen an dieser Geschichte mit-schreiben, desto kreativer, vielfältiger und innovativer wird der Prozess.

4.1.1 Die Geschichte von der Herdplatte

Teilnehmern unserer Seminare und Vorträge ist sie längst bekannt – die *Geschichte von der Herdplatte*. Der primäre Effekt dabei ist Aufmerksamkeit: wenn die Zuhörer darüber lachen, ihr eigenes Verhalten daran spiegeln und (das ist der noch wichtigere, zweite Effekt) über ihre Reaktionen nachdenken, häufig Selbstverständliches hinterfragen und so zu neuen Einsichten gelangen. Größere Offenheit, Neugier und die Motivation zur Selbstreflexion – die Anekdote birgt ein enormes Lern- und Führungspotenzial!

Die Story ist kurz erzählt: Wer einmal als Kind auf eine heiße Herdplatte gefasst hat, erkennt schnell den Zusammenhang von Hitze und erhöhter Tastsensibilität der eigenen Hand. Versuch und Irrtum führen zum Lernen einer allgemeingültigen Regel, dass nämlich das Berühren sichtbar oder spürbar Wärme abgebender Objekte ohne entsprechenden Schutz am besten zu unterlassen ist. Nun gibt es jedoch vermeintliche (Lern-)Experten (auch unter Kindern), die es zur weiteren Evaluation drängt. Gelegent-lich endet dieses Verhalten später erfolgreich in kontroll- oder technikaffinen Berufs-bildern oder Karrieren in der Grundlagenforschung. Im Normalfall erhöht es jedoch nur das Verletzungsrisiko und die eigene Dummheit – quasi als gegenteiliger Prozess.

Lernen als zentrales Konzept der eigenen Unternehmensgeschichte zu formulieren, erfordert zunächst einmal Mut: Den Mut, Lern- und Entwicklungsbedarfe nicht nur bei externen Stakeholdern, sondern auch im eigenen Handeln innerhalb der eigenen Organisation oder Person zu offenbaren, indem Bestehendes und Bewährtes konsequent an den Veränderungen inner- und außerhalb gespiegelt werden. Was unter der Flagge des Change-Managements und des Lifelong Learnings heute zunehmend selbstverständ-lich ist, galt in der Entstehungsphase eines Trainings- und Beratungsunternehmens vor etwa 30 Jahren noch als Provokation. Die Erkenntnis des permanenten Wandels als ein-ziger und zugleich wichtigster Konstante unserer Zeit (Tomaschek & Unterdorfer, 2017) gilt zwar mittlerweile als trivial. Diese jedoch zum Grundmotiv des unternehmerischen Selbstverständnisses und Leitmotiv einer Führungs- und Unternehmensphilosophie zu machen, ist ein – in der täglichen Praxis noch schwieriger denn in der Theorie zu ver-mittelnder – weiter Weg.

In einer Mediengesellschaft, in der Individualität als Kult vermarktet wird, (lediglich) auf die „Story" zu setzen, schlüge vermutlich fehl. Tatsächlich geht es weniger um die eigentliche Geschichte, sondern um das Erzählen selbst, weniger um die beschriebenen Ereignisse denn die dahinter liegende Moral, weniger um Stil und Umfang denn um die Konsistenz und den Wunsch, diese im Erzählen nicht nur irgendwie gut zu vermitteln, sondern besonders lebendig immer wieder neu auszuführen und weiterzuentwickeln. Es geht weniger um die „Herdplatte", denn um die Chance des Lernens als ein Identi-tät und Gemeinsamkeit stiftendes Postulat. Es geht weniger um die Zahl der jeweils kolportierten Fehlversuche denn um die Möglichkeit experimentellen Agierens und die Spannung oder das Vergnügen, das darin entsteht. Vor allem aber geht es weniger um die Situation in der Küche denn um den Rahmen, der jeweils offener oder geschlossener zu gestalten ist in den Regeln und Normen der konkreten Situation oder Organisation, und zwar auf der Basis von Entscheidungen, die klar und transparent zu kommunizieren sind. Und es geht um das aktive gemeinsame Handeln, in dem dieses „Wir" jeweils entsteht: Nur wegzuschauen, wenn es für andere „heiß" wird, wäre daher ebenso falsch wie einfach den Herd auszuschalten.

In sozialen Systemen – das gilt für Familien ebenso wie für Unternehmen – ist Lernen vor allem dann erfolgreich, wenn es als kollaborativer und partizipativer Prozess erfolgt. Das bedeutet nicht weg-, sondern vielmehr genauer hinzuschauen und aktiv zu kommunizieren. Eine lernorientierte und verantwortungsvolle Führung scheut keine brennenden Herausforderungen, ganz im Gegenteil. Aber sie verteilt die Schlangen der Versuchswilligen auf unterschiedliche Themen und Orte, begleitet sie in ihrem Experiment, macht den Sinn oder Unsinn positiver oder negativer (Lern-) Erfahrungen transparent. Verantwortung setzt persönliche Wertschätzung voraus und den Willen, andere mitzunehmen und zu beteiligen, um die Sender- und Empfängeranteile in der Führungskommunikation möglichst im Wechsel zu verteilen. Die Geschichte nur zu hören, reicht nämlich nicht aus. Erst wenn alle selbst daran mitwirken oder -schreiben, wenn sie das Thema in unterschiedlichen Rollen erlebt und gespiegelt haben, wird die Entwicklung der Story zu ihrer eigenen Mission. Führung erschöpft sich dabei nicht in der Rolle des neutralen Erzählers, auch nicht in der instrumentellen, gleichförmigen Repetition. Vielmehr geht es um das Wirken des sogenannten „roten Fadens", der Halt und Orientierung im gemeinsamen Handeln gewährt, Plausibilität vermittelt, andere einbindet oder neu erfasst, Dynamik fordert und erträgt – und am besten dabei nicht reißt.

Führung ist nicht ethisch per se. Idealerweise hat Führung aber einen moralischen, i.e. auf das konkrete Handeln bezogenen, be*wert*baren Impetus mit einer entsprechenden Wirkung auf das jeweilige soziale System: Wert- bzw. sinnstiftende Führung fokussiert auf das, was ein Kollektiv in seinem als „gut" oder „richtig" empfundenen Überleben anderen gegenüber abgrenzbar oder anschlussfähig macht. Wertschöpfende Führung entsteht darüber hinaus in der Abwägung ökologischer, ökonomischer und sozialer Entwicklungspotenziale mit der vorhandenen organisatorischen und persönlichen Substanz und die Generierung eines substanziellen, materiellen Erfolgs. Wertschätzende Führung stiftet dauerhafte und belastbare Beziehungen im Zusammenleben und -arbeiten von Mensch zu Mensch. Das Postulat des Lernens begründet und integriert alle drei. Voraussetzung für eine Führung, die das Lernen zum Thema macht, ist eine Kultur der Offenheit und des Vertrauens, in der Fehler nicht vermieden, sondern bewusst erlaubt und zugelassen sind. Denn diese Irrtümer bieten die Chance, aus Erfahrungen zu lernen, neues Wissen zu erproben und der Allgemeinheit zur Verfügung zu stellen. Ob dabei die Herdplatte als geteilte Metapher für das individuelle oder organisationale Lernen verwendet wird oder ein anderes Motiv, ist egal. Führung ist der Diener dieser gemeinsamen Idee und setzt diese in der darauf bezogenen Kommunikation und Kollaboration um.

Nicht die Idee selbst oder die ideale (Führungs-)Person aber verantwortet schließlich den Erfolg. Dieser entsteht interaktiv in der gemeinsamen Schnittmenge der jeweils ausgebildeten Potenziale, Perspektiven, Prozesse und Ressourcen eines lebenslang lernenden Systems.

4.1.2 Prämissen und Ankerpunkte

So, wie die unterschiedlichen Geschichten von Lernen, Entwickeln, Change und Transformation ihre je eigene spezifische „Moral" erkennen lassen, die es für das jeweilige Umfeld zu nutzen, weiterzuentwickeln und neu zu erzählen gilt, erschließen sich die zentralen Prämissen des Learning Leaderships aus dem bisher beschriebenen Zusammenhang. Learning Leadership knüpft an die gesellschaftlichen Debatten und theoretischen Leitlinien der Führungs- und Organisationslehre sowie des lebenslangen Lernens an und verbindet diese in einem gemeinsamen Postulat, wie Führung in sich verändernden Erscheinungsformen sozialer Kommunikation und Kooperation durch die Prinzipien des Lernens sich neu zu reflektieren, zu definieren und zu positionieren vermag.

4.1.2.1 Führung als kollaboratives Handeln

Die Facetten unternehmerischen Erfolgs sind klar definiert und stehen mittels Indikatoren und Kennzahlen in mehr oder weniger aussagefähigen Berichten mehr oder weniger öffentlich im Vergleich. Im erweiterten Sinne fällt darunter die gesamte ökonomische, technologische, soziale und ökologische Performance des Systems: Wie wirtschaftlich ist der Betrieb? Wie innovativ sind die entwickelten Technologien und das zugrunde liegende Geschäftsmodell? Wie ausgeglichen, fair und nachhaltig sind die Prozessketten oder das gesamte Umlaufsystem? Wie engagiert und motiviert sind die Mitarbeitenden, wie flexibel, divers und kreativ die Zusammenarbeit innerhalb der Teams? Wie attraktiv ist das Arbeitsumfeld, wie klar sind die Werte, wie fundiert und schlüssig eine damit sich identifizierende Kultur? Wie stetig ist die Verankerung im lokalen oder globalen Umfeld, wie belastbar sind die Netzwerke zu anderen Akteuren im sozialen, politischen und ökonomischen Raum? Dass die Erreichung dieser Aspekte nur mittels eines Leaderships möglich ist, das nicht nur materielle, sondern auch ideelle Spuren hinterlässt und das sich nicht nur innerhalb hierarchischer Positionen, sondern gerade erst in einem verteilten Zusammenwirken und -bringen der Talente erschließt, scheint unbestritten. Dennoch bleibt die Frage, worin genau nun der Führungsauftrag liegt, um gerade in Zeiten einer hoher Veränderungs- und Krisenintensität eine Organisation mit ihren unterschiedlichen Akteuren „gut" und „richtig" aufzustellen, um ihren Weg in eine – wie auch immer konkretisierte – erfolgreiche Zukunft zu finden, zu leiten oder anders zu unterstützen.

Je komplexer die Gemengelage und je dringender der Transformationsanspruch erscheint, desto fokussierter muss das Leadership auf die Gestaltung des organisationalen Interaktionszusammenhangs hin ausgerichtet sein. Und desto offensichtlicher erscheint es, dass dies nicht in einer Einzelleistung, sondern als geplantes Zusammenwirken unterschiedlicher Ebenen und Akteure inner- und außerhalb des Systems zu geschehen hat.

> (…) the understanding of effective leadership shifts from an emphasis on the individual leader acting alone to a more collaborative model (Alexander, 2006, S. 91).

Erfolgreiche Kollaboration geht über die klassische Team- oder Projektarbeit deutlich hinaus. (Lash, 2012) Teams und Projekte sind wichtige, aber nicht ausschließliche Mittel einer effektiven Zusammenarbeit, die jedoch nicht überdosiert werden dürfen, sonst leidet die gesamte Organisation: Ein Zuviel an Projekten und Diversität im Team führt ebenso zum Kollaps wie ein Zuwenig in Stillstand resultiert. Kollaborative Führung findet daher weniger als Engagement *in,* denn *an* der Interaktion, weniger als Arbeit *im,* denn als Arbeit *am* System statt, als eine Art Beziehungsarbeit mit Gestaltungsanspruch. Das war im Grunde schon immer so – wenn wir nicht irgendwann angefangen hätten, Führungserfolge isoliert an Ergebnissen (Output) und weniger an ihren Effekten (Outcome) oder längerfristigen Wirkungen (Impact) zu messen und die jeweils besten Experten durch Positionen zu belohnen, in denen ein Vorankommen wiederum in einem quantitativen Mehr und Stärker statt in einem qualitativen Neu und Anders definiert und akzeptiert worden ist. Das, was wir so heute als kollektive „Inkompetenz", mangelnde Weitsicht oder Verantwortungserosion beklagen, ist schlicht „hausgemacht":

> Organizations usually get the kind of behaviour they reward. (Lash, 2012)

Während moderne Organisationen längst die nächsten Stufen ihrer Evolution erklimmen und der Kontext unternehmerischen Handeln dramatisch sich verändert hat, bleiben die Inhalte von Führung doch weitgehend dieselben. (Kouzes & Posner, 2017, S. 13) Die Gestaltung des großen Ganzen in der Rückbesinnung auf den eigenen Kern, heißt nichts anderes, als Führung in ihren „Grundzutaten" neu zu mischen, d. h. primäre Entscheidungs- und Kommunikationsprozesse in ihrer systemischen Wirkung zu verantworten und „the middle thing", i.e. den operativen „Input" an kompetente Akteure im Team zu delegieren. Das ist eine grundsätzliche Weichenstellung, damit der Komplexitätszuwachs von außen nicht zu einer Komplexitätsexplosion im Inneren führt und ein reflektiertes und proaktives Handeln zulasten eines schnellen und flüchtigen Reagierens der Führung preisgegeben wird.

Kollaboratives Führungshandeln erklärt sich nicht über den persönlichen Aufwand, sondern den kollektiven Effekt. Führung ist eine Rolle, keine Position, und findet deshalb durch unterschiedliche Akteure und in unterschiedlichen Kontexten mal durch dieselbe Person, mal durch andere, mal durch ein gemeinsames Zusammenwirken statt:

> … in excellent organizations, everyone, regardless of title or position, is encouraged to act like a leader. (Kouzes & Pozner, 2017, S. 12)

Je mehr die Einzelnen in der Führung sich zurückzunehmen wissen, desto besser gelingt die Reflexion und desto aktiver kann ein Kurs beibehalten oder die Richtung geändert werden. Erfolgreiche Führung ist daher auch eine Frage der Flughöhe – die es nicht im Sinne eines mentalen oder hierarchischen „Abhebens" ausschließlich nach oben zu schrauben gilt, sondern die permanent variiert und angepasst werden muss, um die passende Perspektive und Priorisierung für das alltägliche Handeln zu finden. Auf eben dieses ausgewogene und neidlose Miteinander der Akteure, Kompetenzen und Verantwortungsbereiche kommt es an, um die Gesamtlage zu überblicken, auf bestehende oder drohende „Schieflagen" zu reagieren und auch mal vom üblichen Kurs weiter abzuweichen.

Ein probates Mittel zur Reflexion und praktischen Gestaltung ist das in den 1960er Jahren entwickelte *St. Gallener Management-Modell* (Bleicher & Abegglen, 2017). Die Differenzierung der Führung nach einer primär operativen, i.e. auf konkrete Ergebnisse hin orientierten, strategischen, i.e. auf langfristigen Nutzen ausgerichteten sowie normativen, i.e. auf ethische Legitimation zielende Ebene hat sich in diversen Variationen als Standard zur Entwicklung und Bewertung von Unternehmensprozessen und kompletter Geschäftsmodelle etabliert. Wegweisend ist vor allem die Grundidee eines ganzheitlichen Systems, das einer externen und internen Veränderungsdynamik ausgesetzt ist und als intervenierender Faktor zugleich mit dieser interagiert. Die Dimensionen offenbaren noch einen tieferen Zugang auf potenzielle Erfolge oder Misserfolge des Führungshandelns: Um eine Wirkung zu erzielen, d. h. das Verhalten der Geführten bzw. der gesamten Organisation in der passenden Version auszulösen, muss die Gleichung „Können x Wollen x Dürfen x situative Ermöglichung" erfüllt sein. Die Kombination dieser Leitfragen in einem integrierten Führungs- und Verhaltensmodell, wie in Abb. 4.1 dargestellt, dient als Kompass für ein zukunftsorientiertes Handeln im beschriebenen Sinn.

Das Spannungsfeld der *normativen* Führung bewegt sich zwischen Gültigkeit, Erwünschtheit und Eindeutigkeit des organisationalen Wertekanons und der in der jeweiligen Situation von den jeweiligen Personen zugeschriebenen Bedeutung, Auslegung und Substanz. Scheinbar Eindeutiges wird in der Übersetzung durch unterschiedliche Akteure häufig ambivalent, scheinbar Wesentliches trivial, scheinbar Überdauerndes von nur flüchtiger Relevanz. Es gilt, eine möglichst unverwechselbare, gewachsene Identität des Unternehmens erkennbar zu machen und weiterzuentwickeln, damit das Handeln der Einzelnen mit den bspw. in einem Leitbild oder anderen Codizes formulierten Werten als richtig und wichtig identifiziert und evaluiert werden kann. Die normative Dimension orientiert das Sollen und Dürfen der Organisationsmitglieder in der Antwort auf die immer wieder zu stellende Frage nach dem „Wozu". Die *strategische* Perspektive lenkt die Scheinwerfer der Unternehmensführung auf die aktuellen und zukünftigen Märkte und Trends, identifiziert Erfolgspotenziale im Hinblick auf gegebene Ressourcen und Kompetenzen im Netzwerk und unter den Mitgliedern der Organisation. Entscheidend sind vor allem die Richtung und die Geschwindigkeit der Unternehmensentwicklung, die es situativ immer wieder neu abzuwägen und auszubalancieren gilt. Eine möglichst „wohldosierte Zufuhr von Bewegung" bedarf in der Führung über eine

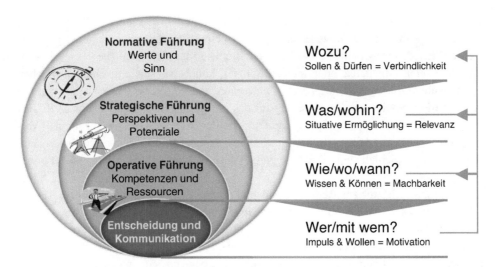

Abb. 4.1 Führung als integriertes Handlungssystem

rationale Einschätzung der Chancen und Risiken hinaus vor allem eines guten Gespürs für die Befindlichkeit und Verfasstheit, i.e. die konkrete „Changeability" des eigenen Systems. Die strategische Dimension lotet den Spielraum der situativen Ermöglichung aus und postuliert aktuelle Themen (Was?) und Prozesse (Wie?) der Kommunikation und Kollaboration. Die *operative* Dimension schließlich beantwortet die klassischen W-Fragen (Wer? Mit wem? Wo? Wann?) nach der Machbarkeit durch das konkrete Tun. Es ist die Führungsdimension, die dann am besten funktioniert, wenn sie gut vorbereitet, klar entschieden und verständlich kommuniziert – aber von Nicht-Führungskräften in Eigenverantwortung ausgeführt wird. Entscheidung und Kommunikation, verstanden als Auslöser, Wegweiser und Unterstützer der individuellen und kollektiven Motivation und Kompetenz, sind als Kern allen Führungshandlungen und -dimensionen implizit.

Führung ist immer (noch) mehr als Management, denn sie schließt die irrationale, logisch nicht beschreibbare und meist unbewusste Seite unseres Verhaltens mit ein. Das zeigt sich auch in der Idee von Organisation, die als ein lebendiger Sinnzusammenhang verstanden (und nicht erklärt) wird, der von den verantwortlichen Akteuren nicht nur ein instrumentelles, sondern in großem Maße auch ein symbolisches Vermögen abverlangt.

> Rational business and irrational panic are separated by the thin membrane that confidence in the nation's leadership sustains. (Morrow, 1987)

Was im Großen gilt, wird auch im Kleinen offenbar: Gerade die Unsichtbarkeit der Ebenen bzw. der Übergänge zwischen ihnen macht den geplanten Perspektivwechsel ebenso wie eine plausible Vermittlung ungeheuer schwer. Dabei hilft – im globalen, nationalen wie im sozialen organisationalen Kontext zugleich – nur die Förderung einer kollaborativen (Führungs-)Kultur und eines „Management des Vertrauens" (Lewicki et al., 1998, S. 438), das sich eben nicht im Management der Prozesse und Systeme, sondern vor allem in der Inspiration und Motivation einer gemeinsamen Identität, verbindender Werte und verbindlicher Regeln manifestiert.

> Creating a collaborative working environment requires a climate of trust within the organization and a mindset that is working with, rather than against others to achieve common organizational goals and objectives. (Jordaan, 2019, S. 59)

Vertrauen basiert auf einem intuitiven, d. h. in der Vergangenheit durch positive Erlebnisse und Erfahrungen gebildeten Wissen darüber, dass und wie kollektives Handeln unter der Bedingung von Unsicherheit gelingt. Seitens der Kommunikationspartner wird Vertrauen als eine Art immaterieller Bonus an die Führung im Voraus verteilt. Diesen nicht als gegeben zu erachten, nicht nur post hoc Ergebnisse zu prüfen oder im Feedback durch andere zu bestätigen, sondern im Spiegel der eigenen Erwartungen und Reflexionen kritisch zu behandeln, macht im Kern den moralischen Anspruch eines lernenden, adaptiven, reflexiven und oder kollaborativen Leaderships aus.

4.1.2.2 Organisation als Gestaltungshorizont

Der „collaboration imperative" (Lash, 2012) zielt auf die Entwicklung einer weitgehend selbstorganisierten „collective intelligence" (Hurley, 2016, S. 3), i.e. einer Organisation, die zu einem „Möglichkeitsraum" wird, der durch Lernen entwickelt, gestaltet oder komplett neu erfunden werden kann. Das setzt ein grundsätzlich anderes Verständnis von Organisation voraus, als wir es typischerweise praktizieren. Jenseits einer nicht mehr hinterfragten „Eh-da"-Existenz oder punktueller, meist an Externe delegierter Analyse- und Entwicklungsvorhaben wird Organisation als Dauerbrenner eines verstehbaren und gestaltbaren Sinnzusammenhangs (i.e. Ergebnis des Lernens) auf Zeit konstituiert. Je breiter die Schnittmenge des geteilten Verständnisses und die Komplementarität individueller und kollektiver Ansprüche auf Entfaltung dabei ist (von der Notwendigkeit zum Broterwerb über die Loyalität zum Arbeitgebr bis zum persönlichen Spielraum für Entfaltung und Innovation), desto größer wird die Chance auf kollektiven Zusammenhalt und Zusammenarbeit zugunsten einer erfolgreichen Performance gesamten Systems.

> Organizations can help – or hinder. (Bennis, 2009, S 165).

Organisationen sind nicht gut oder schlecht per se. Sie existieren auch nicht von sich aus, sondern konstituieren sich als reale Ergebnisse unserer Erwartungen in Form sozialer Handlungssysteme auf Zeit. Moderne Organisationen zeichnen sich durch ein hohes Maß an Individualität, Werteorientierung, Flexibilität, Vernetzung und Selbstorganisation aus. Zugleich – und nur scheinbar im Widerspruch dazu – fungieren sie als Stabilitätsanker ihrer Stakeholder in einer durch Unsicherheit, Widersprüchlichkeit und Komplexität gekennzeichneten Realität. Eine lern- und entwicklungsorientierte Führung positioniert sich deshalb als Gestalter eines offenen Systems, das sich in der Grundspannung zwischen Person und System, Wandel und Stabilität immer wieder ausbalanciert und neu definiert, vor allem aber die Chancen auf Lernen und Innovation explizit benennt und nutzbar macht. Abb. 4.2 zeigt den Organisationsauftrag der Führung als Identifikation, Vermittlung und Dimensionierung des zu erschließenden Gestaltungshorizonts. Learning Leadership verantwortet dieses erfolgreiche „Öffnen" und „Schließen" einer atmenden Organisation.

Führung hat gegenüber Organisation einen doppelten Gestaltungsauftrag. Zum einen gilt es, den Mechanismus zwischen den gegenläufigen Tendenzen des Öffnens und Schließens im Sinne der Stabilität oder des Wandels so zu bedienen, dass eine passende Balance entsteht. Für die Intensität der „Dosis" und die Plausibilität der internen gegenüber der externen Veränderungsrealität bedarf es einer klugen, ganzheitlichen und strategisch orientierten Entscheidung. Zum anderen gilt es, den Fokus der Aufmerksamkeit nicht – wie traditionell – auf das Ergebnis, sondern auf die unterschiedlichen Wege dorthin zu lenken und möglichst viele daran zu beteiligen. Je breiter das Verständnis und die Akzeptanz dafür sind, desto tiefer gründen das Commitment und der Wunsch nach Beteiligung. Und desto größer wird die Vielfalt der Optionen, die den gemeinsamen Perspektiven des Denkens und Handelns heraus als Zukunftschancen entspringt.

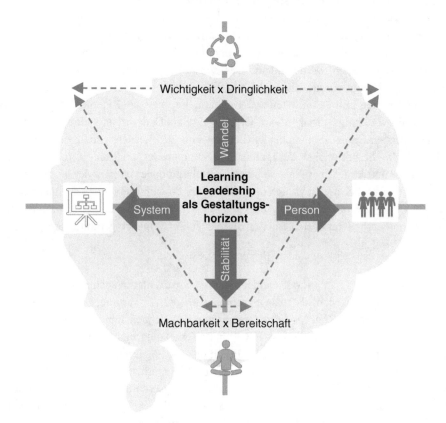

Abb. 4.2 Organisation als Gestaltungshorizont

Die Gestaltung des kollektiven Entwicklungshorizonts umfasst neben dem vertikalen Ausgleich zwischen Öffnen (in Richtung Wandel) und Schließen (in Richtung Stabilität) auch die horizontale Dimension zwischen den differenzierenden heterogenen Ansprüchen der Individuen und dem tendenziell standardisierenden und integrierenden Imperativ des kollektiven Systems. Die jeweilige „Passung" setzt Transparenz und Offenheit auf beiden Seiten voraus: Auf der organisationalen Ebene geht es um die Klärung und Abstimmung der Ziele und Wachstumspotenziale mit der tatsächlichen Performance und der bei den Stakeholdern zu vermittelnden Position. Seitens der Mitglieder geht es um die Spannung zwischen persönlicher Freiheit, Zugehörigkeit und Bindung gegenüber der Chance zur individuellen Entfaltung und Entwicklung im Lernraum Organisation. Die Wechselwirkung struktureller und prozessualer Bedingungen mit psychologischen Effekten wird hier offenbar. In den Organigrammen sind sie als Personal- versus Organisationsentwicklung jedoch noch viel zu oft getrennt. Als Führungsaufgabe müssen sie in diesem Zusammenspiel stärker berücksichtigt und miteinander entwickelt werden, idealerweise in einem strategischen und bereichsübergreifenden Konzept. Abb. 4.3 benennt die wichtigsten Aspekte einer im Erleben von Konsistenz vollzogenen Passung von Person und Organisation.

Das organisationsbezogene Verhalten der Einzelnen und die Individualisierung organisationaler Spielräume entwickeln sich nicht von allein, sondern bedürfen einer expliziten und systematischen Kommunikation. Nur was unsere Aufmerksamkeit erweckt, kann schließlich auch ein Thema, Anlass zur Veränderung und Objekt unseres

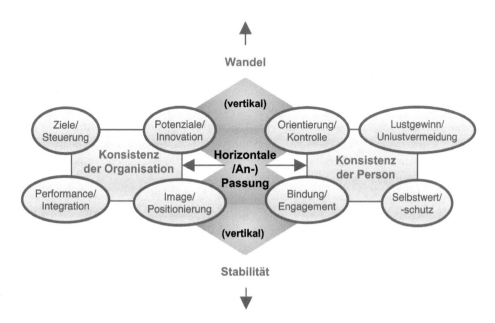

Abb. 4.3 Passung von Person und Organisation

Handelns sein. Die Klaviatur der Change-Kommunikation (Ebert-Steinhübel, 2013b, S. 5) stellt daher ein Basisinstrument für jede Führungssituation dar, ganz besonders aber, wenn es um Fragen der Zugehörigkeit und/oder Neuausrichtung geht.

4.1.2.3 Learning to become – Führen von „innen heraus"

> Authentic leadership flows from the inside-out. (Kouzes & Posner, 2016, S. 62)

Führung heißt lernen, und zwar ein Leben lang. Ein ganzheitliches und authentisches Führen „von innen heraus" entsteht in einer reflektierten Lern- und Führungspraxis immer wieder neu. Das schließt den „ganzen Menschen" jeweils ein, so dass alle (Lern-) Erfahrungen Gegenstand des Lernens sind, auch und gerade aus dem ganz privaten Lebensvollzug heraus. Umgekehrt gilt dies aber auch:

> There's a strong correlation between the process of learning and the approach leaders take to make extraordinary things happen. Leaders are always learning from their errors and failures. Life ist the leaders' laboratory, and exemplary leaders use it to conduct as many experiments as possible. (Kouzes & Posner, 2017, S. 17)

Learning Leadership setzt auf eine Transformation der personalen und organisationalen Lernfähigkeit und -praxis durch Führungskompetenz. Um besser führen zu können, muss also zunächst einmal über das Lernen gesprochen werden. Dass wir in der Konfrontation mit unserer inneren oder der äußeren Welt gar nicht *nicht* lernen (bzw. kommunizieren) können, unterstreicht die Alltäglichkeit des Phänomens und birgt zugleich die Gefahr, diesem aus demselben Grund heraus zu wenig gerecht zu werden. Lebenslanges Lernen als aktiver Prozess der Erschließung neuer und fremder Erfahrungen und Perspektiven zahlt sich in einer wachsenden Expertise, d. h. Wissen und Handlungs-fähigkeit aus. In der kritischen Abwägung davor oder danach setzen wir uns selbst zum jeweiligen Kontext in Bezug, d. h. wir machen uns eine Bild und „bilden" uns selbst entsprechend *aus, weiter* – oder eben auch nicht. Das politische und soziale Schlagwort vom „lebenslangen Lernen" zielt auf diesen ganzheitlichen Prozess. Lernen als selbst-gesteuertes und -motiviertes Handeln schafft kognitive (Wissen und Qualifikation) und soziale (Partizipation und Teilhabe) Zugänge zu einem technischen, ökonomischen oder politischen System. Lebenslanges Lernen ist das Charakteristikum einer offenen, pluralen und demokratischen Kultur.

Für eine Gesellschaft, die zum Überleben auf die Gestaltung des Wandels setzt, bildet ein auf Lebenszeit angelegtes und darüber hinaus reichendes „Learning to become" die mentale und physische conditio sine qua non. Führen zu lernen heißt, in eben diesem Sinne, das Lernen zu lernen. Der Spielraum öffnet und erweitert sich im Blick weg von der eigenen Person über die Chancen des Handelns und seiner Wirkungen hinaus auf die Idee, Lernen zum zentralen Mittel und Maßstab zu machen. Führung definiert sich damit stets als „workinprogress", als Dienst an der Entwicklung, als möglicher Fort-schritt, jedoch niemals Endergebnis in einem dynamischen und offenen System. Die ideale Führungskompetenz beinhaltet deshalb nicht, dass eine Person bereits alles weiß. Sie erschließt sich auch nicht (nur) darin, dass jemand stets das Richtige tut. Vielmehr setzt sie das Wissen um dieses Nicht-Wissen und den experimentellen Charakter des Handelns als besondere Reflexionsfähigkeit voraus und nutzt diese in der vorsichtigen Dosierung, i.e. der Zumutbarkeit von Veränderung. Abb. 4.4 zeigt die Schritte vom Leading bzw. Learning „to be" über die Gewinnung neuer Erfahrung und Kompetenz und die Orientierung in der Selbstreflexion oder dem Feedback anderer oder bis zum Leading bzw. Learning „to become" als eine Entwicklungsspirale, die den Spielraums des jeweiligen Lern- oder Führungsverhaltens in einem permanenten Prozess immer neu definiert und transzendiert.

4.2   Das Modell: Dimensionen des Learning Leaderships

Die Integration systemischer, psychologischer und interaktionaler Aspekte der Führung in einer durch Dynamik, Widersprüchlichkeit und Komplexität sich präsentierenden Situation hat zu einer Fülle interessanter Ansätze und Konzepte geführt, die unter dem Stichwort „New Leadership" (Bryman, 1992; Avolio et al., 2009, S. 430) zusammengefasst sind. Gemeinsamer Nenner der Varianten ist die Formulierung eines change-affinen, wertebasierten und verhaltensorientierten Leaderships, das je nach Schwerpunkt

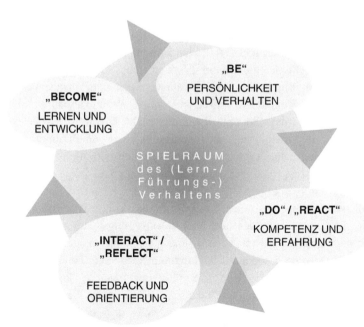

Abb. 4.4 Spirale des Führungs-/Lernverhaltens

stärker die Führungspersönlichkeit oder die Individualität der Geführten, die Balance des Systems oder die Innovation durch Vielfalt und Veränderung betont. Learning Leaderships ist eine Methode, um Führung in der Wahrnehmung unterschiedlicher Rollen und Ansprüche gleichzeitig realisieren zu können. Die Integration erfolgt nicht über die Person oder Position, sondern über Ideen und die darauf bezogene Kommunikation. Das entspricht der Wirklichkeit moderner Systeme im Wandel zu offenen, fluiden und kollaborativen Netzwerken, weg von einer geschlossenen, statischen, nach Zuständigkeiten und Tätigkeiten strukturierten Hierarchie. Je flacher die Ebenen und je agiler die Formen der Zusammenarbeit sind, desto unabhängiger sind die Führungsrollen von einer wie auch immer definierten Machtstruktur und desto vielfältiger wird ihr fachliches und führungsspezifisches Rollenrepertoire. Dieses Szenario begründet ein tendenziell personunabhängiges Format von Leadership. Zugleich stellt es enorme Ansprüche an diejenigen Akteure, die dieses jenseits traditioneller Insignien von Status und Macht auch in neuen und unbekannten Führungssituationen zu erproben, zu reflektieren und wirksam zu vermitteln in der Lage sind.

Mit dem Anspruch einer permanenten Selbst- und Fremdreflexion vor einem in der Kommunikation und Zusammenarbeit immer wieder neu zu konstituierenden Gestaltungshorizont geht das Learning Leadership über die transformationale – primär auf Wirkung fokussierte – Führungsidee hinaus (Ebert-Steinhübel 2013a, S. 16). Unter der Prämisse eines auf Dauer angelegten Corporate Change, erhält das Learning Leadership den Auftrag zur Entwicklung des individuellen und organisationalen Lernpotenzials. Orientiert und legitimiert ist dieses Mandat durch eine unternehmerische Vision, die dem Führungshandeln strategisch vorausgeht, handlungsleitende Werte einer kollektiven Lernkultur definiert sowie die Entwicklungsmotivation und -erfolge im Hinblick auf die zu erreichenden Ziele integriert und verbindlich kommuniziert. Learning Leadership entsteht im Zusammenspiel einer Individuum-, System- und Sinn-orientierten Perspektive des Lernens: Die Vermittlung des Lernens als Anspruch und Chance beschreibt das „Initiative Learning", während die Umsetzung und Kommunikation organisatorischer Entwicklungen im Fokus des „Strategic Learning" steht. Die aktive Suche nach neuen Herausforderungen, die Orientierung und Vermittlung einer gemeinsamen Linie erfolgt im „Reflexive Learning", durch das die Führung für sich und alle anderen als Vorbild wirkt und den Lernprozess legitimiert, inspiriert und integriert. Diese drei Dimensionen des Learning Leaderships sind in Abb. 4.5 dargestellt.

Strukturell gesehen ist Learning Leadership der Transmissionsriemen für eine Organisation, die Lernen nicht als notwendige Anpassungsreaktion, sondern als proaktive Suche nach neuen Optionen begreift und ganz selbstverständlich in ihre DNA transformiert. Psychologisch bedeutet das Learning Leadership einen Ansatz zum Verstehen: Je besser alle Beteiligten die Motive und Bedeutungen des kollektiven Handelns und des Corporate Change zumindest kennen – besser noch: begreifen, akzeptieren und unterstützen – je konsistenter und überzeugender der gemeinsame Horizont des Handelns als eine fortzusetzende Geschichte erscheint und je bewusster Führung

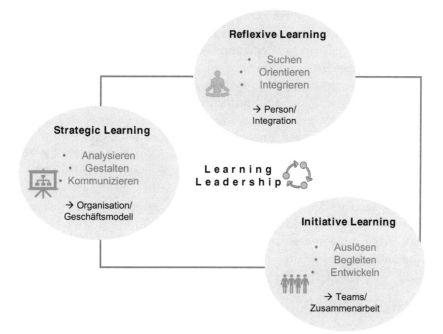

Abb. 4.5 Dimensionen des Learning Leaderships

in dieser komplexen Gemengelage agiert, desto größer wird das Potenzial für den gemeinsamen Erfolg.

4.2.1   Initiative Learning

Das Initiative Learning zielt auf die Auslösung und Unterstützung von Entwicklungsprozessen im Team. Das Ziel ist eine Erhöhung von Eigeninitiative und Engagement, die Mittel eine stärkere Bindung und Motivation. Die größte Herausforderung der Führung im Mitarbeiterbezug ist es, den Einzelnen in ihren Bedürfnissen gerecht zu werden und gleichzeitig ein kollaboratives Handeln zu initiieren, das mehr ist als ein gefundener Kompromiss und das auf einer geteilten Motivation für den Erfolg des gemeinsamen Systems beruht. Das setzt – seitens der Führenden wie der Geführten – ein gewisses psychologisches und soziologisches Wissen und „Gespür" für- und miteinander voraus.

Wie verhalten sich Individuen in Gruppen, welche Teamrollen und -strukturen sind idealerweise durch wen zu besetzen, welche kommunikativen Rituale und informationstechnischen Standards können oder müssen entwickelt werden? Wie wirken Motivation, Verantwortung, Zufriedenheit, Commitment und Leistung aufeinander ein, welche Dimensionen können aktiv gestaltet, welche lediglich verstanden und explizit gemacht werden? Mitarbeiterführung ist nur vordergründig eine „weiche" Dimension. Sie umfasst zugleich konkrete Maßnahmen und Prozesse sowie ein Lern- und Entwicklungskonzept, das aus personalen Talenten und oder Kompetenzen sowohl individuelle Aufstiegs-chancen als auch einen gemeinsamen Lernhorizont sowie ein organisationales Wissens-management zu kreieren vermag.

Initiative Learning zielt auf die Mitarbeiterführung als gelebte Wertschätzung im engsten Sinne und geht hinsichtlich der kollektiven Changeability – als Erhöhung der Bereitschaft und Fähigkeit zum Lernen und zur Veränderung – noch darüber hinaus. Es spiegelt die Verantwortung eines Learning Leaderships für die internen und externen Stakeholder einer Organisation, insbesondere aber die eigenen Mitarbeiter in ihrem kompletten Lebensvollzug. Strategisch wird das Initiative Learning durch Konzepte wie Diversity oder Familienfreundlichkeit begründet. Normativ drückt es sich in Werten wie Respekt, Loyalität, Ehrlichkeit oder Verbindlichkeit aus. Operativ wird es innerhalb kompetenzorientierter Prozesse und Strukturen durch entwicklungsfähige Rollen und Verantwortlichkeiten realisiert.

4.2.2   Strategic Learning

Das Strategic Learning zielt auf die Autonomie, Effektivität und Effizienz einer auf zukunftsorientierte Märkte hin orientierten und positionierten Organisation. Die wichtigste Herausforderung dabei ist, einerseits die Prozesse und Strukturen auf die strategischen Ziele hin optimal auszurichten, diese zugleich aber auch in ihrer Kontingenz und als Mittel zum Zweck, i.e. als generell gestalt- und veränderbar zu begreifen. Die besondere Leadership-Kompetenz dabei beinhaltet ein möglichst breites und interdisziplinäres Verständnis von Systemen und ihrem Verhalten. Gerade der Blick über den Tellerrand der Branche, Technologie oder des Marktes hinaus ermöglicht einen optimalen Wissenstransfer zur Evaluation des eigenen Handelns und zur Weiter-entwicklung der Organisation als kollektiven Erfahrungshorizont.

Wie entwickeln wir unser Geschäftsmodell im Hinblick auf einen weiter sich ver-ändernden Markt? Welche Technologien können wir heute bereits nutzen, um in Zukunft erfolgreich zu sein? Welche Plattformen gibt es für unsere Produkte und Leistungen, welche Netzwerke existieren – und weshalb nutzen wir diese vielleicht noch nicht? Wie, wann, wo und durch wen überhaupt gelingt ein Nachdenken über unsere Organisation, welchen Raum eröffnen wir zufälliges oder geplantes, individuelles oder kollektives Lernen und Innovation? Unternehmensführung ist mehr als Planung und Strategie. Sie verantwortet vielmehr die passende Energetisierung der kompletten Organisation im Hinblick auf eine zukunftsfähige Positionierung des Systems.

Strategic Learning zielt auf Unternehmensentwicklung als praktizierte Wertschöpfung oder Wertsteigerung im engsten Sinne – und darüber hinaus auf die Integration von Zukunftsthemen zur permanenten Neuerfindung der gesamten Organisation. Mit der Priorisierung wichtiger und dringlicher Themen und einem begleitenden Kommunika-

tionsprozess variiert die Changeability des jeweiligen Systems. Das Ziel ist weder eine
Veränderung um jeden Preis oder die passgenaue Formulierung einer möglichst langfristigen Strategie, sondern die Beteiligung möglichst vieler an einem unternehmens-
weiten Denken und Handeln zur optimalen Gestaltung einer wie auch immer gearteten
unternehmerischen Formation. Transparenz und Beteiligung sind die Leitwerte dieser
Dimension. Ihre operative Umsetzung gelingt in flexiblen und offenen Strukturen einer
systematischen, institutionalisierten und die Grenzen des Systems transzendierenden
Kommunikation.

4.2.3 Reflexive Learning

Das Reflexive Learning zielt auf die Herausbildung einer persönlichen und kollektiven
Identität von Führung und Organisation. Diese gelingt in einem Wechselprozess von
Inspiration (Öffnen) und Integration (Schließen), beschreibt also Führung als „Zufuhr
wohldosierter Bewegung" im eigentlichen Sinn. Die Herausforderung besteht in der
Tiefenstruktur des Themas: Werte sind verinnerlichte Gründe unseres Handelns, die in
der Regel nur dann explizit werden, wenn sie mit anderen Begründungen positiv oder
negativ konfrontiert sind. Das Reflexive Learning setzt daher sowohl eine bewusste
Auseinandersetzung mit den Hintergründen des eigenen Verhaltens als auch die Fähigkeit voraus, den Wertedialog als eine Art praktizierte Sinnstiftung in der Organisation zu
vermitteln. Das Ziel ist eine Erhöhung der organisationalen Intelligenz – dadurch, dass
das System als Ganzes sich zu hinterfragen weiß und zu einer Transformation, i.e. einem
Lernen dritter Art zumindest grundsätzlich in der Lage ist.

Wie lernen Individuen und Teams, welche Rolle spielen überhaupt Lernen und Veränderung in unserer Organisation? Was ist uns wichtig, worauf legen wir Wert, welche
Dos and Don'ts prägen unser Handeln nach innen und außen? Was heißt für uns
Führung, durch wen und wie wird sie realisiert? Was ist der Kern unserer Geschichte,
wie gelingt Anschlussfähigkeit für neue Ideen, Projekte und Personen? Woran bewerten
wir unseren Erfolg, wie reflektieren wir unsere Position, und welche Schlüsse ziehen
wir daraus? Selbstführung und Sinnstiftung gehen im Reflexive Learning zusammen,
indem das personale oder kollektive Führungsselbst stets an seiner inspirierenden und
integrierenden Funktion gemessen wird. Führungslernen in dieser Dimension reicht von
der psychologischen Analyse der eigenen Person bis zur philosophischen Erkenntnis
eines ethischen Wirkungshorizonts.

Reflexive Learning zielt auf die Selbstführung (des Leaderships) im System und
darüber hinaus auf das kollektive Selbstbewusstsein der gesamten Organisation. Es
orientiert den Fokus des Handelns, grenzt Zugehörigkeit ein bzw. ab und schärft damit
Entscheidungen hinsichtlich einer Mit- und Zusammenarbeit. Mehr als die (einmalige)
Formulierung eines konkreten Purpose, kann das Reflexive Learning als eine Art Agenda
Setting für den gemeinsamen Lernprozess verstanden werden. Diesen Purpose – oder
gemeinsamen Wertekern – setzt es gleichwohl als immer wieder neu zu konstituierende,

zu formulierende und zu praktizierende intuitive Referenz stets voraus. Werte ent- bzw. begrenzen den strategischen Korridor der Changeability. Für das operative Handeln wirken sie idealerweise entlastend und befreiend im Sinne eines Empowerments des Einzelnen und der gesamten Organisation, d. h. ein Reflexive Leadership inspiriert sich und andere „from the inside-out".

4.2.4   Anders führen – Implikationen der Change-Kultur

> (…) a world in which the ability to learn faster than competitors may be the only sustainable competitive advantage. (De Geus, 1988)

Learning Leadership heißt zu führen, ohne oft das genaue Ziel und die konkreten Effekte vorher benennen zu können – im Wissen, dass es mehr auf den Impuls oder Richtungswechsel gerade ankommt und im Vertrauen darauf, was sich in der Kreativität und Potenzialität des Teams daraus erschließt. Ronald Heifetz et al. bezeichnen diese gemeinschaftlich erzeugte Intention und Intensität der „Veränderungsenergie" als „capacity to thrive" (2009, S. 2):

> Thus adaptive success in an organizational sense requires leadership that can orchestrate multiple stakeholder priorities to define thriving and then realize it. (Heifetz et al., 2009, S. 3)

Der grundsätzliche Gestaltungsauftrag hinsichtlich Person und Organisation, Wandel und Stabilität verändert sich damit nicht. Die Verantwortung wird jedoch auf unterschiedliche Stakeholder mit einem möglichst heterogenen Potenzial an Rollen, Aufgaben und Kompetenzen innerhalb und außerhalb des Unternehmens verteilt. Der Führungsauftrag richtet sich dabei primär auf eine Mobilisierung und Incentivierung der Potenziale und auf eine zukunftsorientierte, vorwiegend experimentelle Öffnung und Entfaltung von Spielräumen für Innovation. Das bedeutet nicht, alle bisherigen Routinen und Erfahrungen preiszugeben. Sondern es muss gelingen, daran anzuknüpfen, darauf aufzubauen und daraus Neues oder Anderes sinnvoll zu entwickeln.

> As in biology, a successful adaptation takes the best from ist past set of competencies and discards the ‚DNA' that is no longer useful. (…) Apparently, neither God nor evolution do zero-based budgeting. (Heifetz, 2006, S. 78)

Learning Leadership – wie das zitierte Adaptive Learning – ist seinem Anspruch nach progressiv und konservativ zugleich. Denn nur wenn Verstehbarkeit (oder „Stimmigkeit", um der von Heifetz et al. verwendeten Orchester-Metapher zu entsprechen) im Sinne eines gemeinsamen Klangs, einer rational und emotional empfundenen Konsistenz resultiert, ist ein transformationales Lernen („dritter Art") überhaupt möglich.

Führung im Veränderungskontext – und davon gehen wir heute grundsätzlich aus – stellt eine besondere Herausforderung dar. Im Kern dabei steht die Erfassung und Entwicklung der Changeability, i.e. der Relevanz des indizierten Wandels im Hinblick auf die individuelle und organisationale Bereitschaft und Fähigkeit dazu. Diese jeweils passende und akzeptierte Balance zu finden und zu kommunizieren, ist die Sisyphus-Aufgabe des modernen Leaderships:

> The reality is that any social system (including an organization or a country or a family) is the way it is because the people in that system (at least those individuals and factions with the most leverage) want it that way. In that sense, on the whole, on balance, the system is working fine (Heifetz et al., 2009, S. 5).

Weder bedeutet Veränderung also einen Wert an sich, noch ist ein System, das dem Wandel widersteht, grundsätzlich zum Scheitern verurteilt. Vielmehr kommt es darauf an, wie die Kommunikation zwischen dem Innen und Außen gelingt und wie belastbar das soziale Gefüge in seinem kollektiven Wir jeweils ist. Vielleicht blicken wir in der vielfach beschriebenen Komplexität, Widersprüchlichkeit und Dynamik unserer globalen, sozialen und privaten Welt oftmals zu sehr auf die Bewegung an sich und nicht auf das Ziel, das es darin zu erreichen gilt, zu sehr auf das Tempo der Prozesse und zu wenig auf ihre Qualität, zu sehr auf die Differenz der Meinungen und Ideen und zu selten auf das, was uns dabei noch zusammenhält. Gerade eine in Vielfalt sich begründende Veränderung bedarf eines gemeinsamen Nenners, den es entweder zu entdecken oder auszuhandeln gilt. Führung, verstanden als die Zufuhr wohldosierter, balancierter Bewegung auf den Weg dorthin, muss ihren Fokus daher auf diesen normativen (Werte und Ideen), pragmatischen (Erfahrungen und Kompetenz) und psychologischen (Motivation und Commitment) Kern der sozialen Kommunikation setzen – irgendwo in der Mitte des Kollektivs.

Als *Resonanz* beschreibt Soziologe Hartmut Rosa das, was wir in der Führungs-kommunikation zuvor als „Schnittmenge" bezeichnet haben. Mehr als die emotionale, tiefere Schicht unseres Verhaltens ist damit kein Gefühlszustand, sondern ein besonderer Beziehungsmodus gemeint. (Rosa, 2016, S. 288) Es geht um das „Dazwischen", das in der grassierenden Steigerungslogik eines immer Mehrs an Glück, Optionen, Technik, Erfolg, Veränderung etc. vielfach verloren zu gehen scheint und das Humboldt einst als den Bereich zwischen dem Einzelnen und der Welt identifiziert hat, um den es in unserem Bildungsstreben überhaupt nur gehen kann. Resonanzfähigkeit erschließt sich daher nicht in Empathie, setzt diese aber als ein besonderes sich hineinversetzen Können und Wollen in andere Denk- und Verhaltensweisen und -perspektiven wesentlich voraus.

> Wenn Beschleunigung das Problem ist, dann ist Resonanz vielleicht die Lösung. Resonanz heißt: Etwas wird zum Schwingen oder Erklingen gebracht. (Rosa, 2016, S. 13; Bauer, 2006, S. 17)

Im Erleben von Resonanz, die neurologisch auf der Aktivierung von Spiegelneuronen basiert, entsteht die psychologische Schnittmenge als ein „Bedeutungsraum" geteilter Vorstellungen, Erwartungen und Gefühle auf Zeit. (Bauer, 2006, S. 17) Je größer dieser Bereich ist, desto belastbarer ist das System im Hinblick auf eine selbst- oder fremdbestimmte Veränderung. Resonanz schafft Vertrauen mittels Vertrautheit, wahrgenommener Ähnlichkeit und erlebter Sympathie. Dieses Vertrauen kompensiert ein Stück weit jene Unsicherheit, Machtlosigkeit und Angst, die häufig als Kehrseite der Veränderungskomplexität zu Tage tritt (Rosa, 2016, S. 40) und schafft so eine Brücke zu einer größeren Freiheit, Selbstbestimmung, -verantwortung und -organisation im lernenden System.

4.3   Führung (neu) lernen: ein Kommunikationskonzept

4.3.1   (K)eine Umkehr der Verhältnisse

Es ist erschreckend, wie viele Führungs- und Organisationskulturen bei uns den gleichen „Klang" haben, dieselbe Tonart und Taktung verwenden, ähnliche Läufe wiederholen – obwohl sie doch jeweils ganz unterschiedliche Menschen und Ideen repräsentieren oder dies zumindest vorgeben. Das Leiden an dieser Monokultur offenbart sich in ganz unterschiedlichen Aspekten und wird regelmäßig durch Zufriedenheitsindikatoren wie den Gallup-Index statistisch belegt. „People leave managers, not organizations" ist die Variante eines vielzitierten Diktums, das den Zusammenhang zwischen mangelnder oder defizitärer Führung und Demotivation, gefolgt von Leistungsabfall der „Betroffenen" benennt.

Welche Manager bzw. Leader aber wären diejenigen, die wir tatsächlich heute brauchen? Das akademische und populärwissenschaftliche Schaulaufen der „neuen", „digitalen", „agilen", „transformationalen", „emotionalen" u. a. Leader ist bereits in vollem Gange. Lediglich das „Weg-von" gegenüber dem „Hin-zu" scheint dabei jedoch klar definiert, wenn auch sehr unterschiedlich nuanciert. Die Umkehr einer tendenziell mechanischen, rationalen, technokratischen, verwaltenden, autoritären, ergebnisorientierten Logik in ein eher ganzheitliche, intuitive, verstehende, gestaltende, interaktions- und wirkungsorientierte Version scheint – im Wesentlichen – beschlossene Sache zu sein. Doch, wie dies bereits der große Stratege Peter F. Drucker vorausgesehen hat, hinkt die Logik unseres Verstehens der Logik des realen Geschehens stets Stückchen hinterher. Tatsächlich „lauert" die Lösung vermutlich weniger in einem radikalen Schnitt, denn in einem Wechsel der Blickrichtung und einem neuen Ausloten von Führungs- bzw. Ausführungsverantwortung im System.

> A system is more than the sum of ist parts. It may exhibit adaptive, dynamic, goal-seeking, self-preserving, and sometimes evolutionary behavior. (Meadows, 2008, S. 12)

Die systemische Perspektive zwingt zu einer Reduktion der personalen Führungs- zugunsten der organisationalen Lern- und Entwicklungskompetenz. Denn die erlebte Unsicherheit auf der einen und – schmerzlich zugegebene – Unvollständigkeit auf der anderen Seite können nur dann ausgehalten und überwunden werden, wenn sie erstens ausgesprochen, zweitens ausgehandelt und drittens austariert werden durch das intuitive Wissen und Können des Kollektivs. Kollaboration im Handeln und Kollektivismus im Lernen sind Notwendigkeiten, an denen ein modernes Leadership nicht vorbeisehen kann. Sie sind zugleich aber auch Chancen für ein Mehr an Wissen und Innovation, sofern es in der Führung gelingt, gemeinsames Lernen als Zielgröße und Entwicklungsmaßstab zu etablieren.

> Führung ist Kommunikation, jedoch in einer speziellen, asymmetrischen Form. (Ebert-Steinhübel, 2013a, S. 18)

Learning Leadership entsteht in und durch eine intensive sowie explizit offene, wertschätzende und partizipative Kommunikation. Die Rollenmuster von Führenden und Geführten drehen sich darin quasi um. Denn ein inspirierendes Leadership erschöpft sich gerade nicht darin, die passenden Antworten geben. Es zielt vielmehr darauf, die richtigen Fragen stellen. Das setzt ein anderes (als traditionell erfahrenes, gewohntes und irgendwie auch bequemes) Verständnis von Führung und Autorität und damit ein Umdenken auf beiden Seiten voraus. (Heifetz, 1994, S. 74 ff.) Führung darf nicht nur, sie muss sogar zugeben können, wenn sie selbst die Lösungen nicht parat hat, weil sie eben noch auf der Suche, i.e. im Lernprozess auf bessere Alternativen hin ist. Führung versagt nicht, wenn ihr die Antworten ausbleiben, jedoch wenn ihre Geschichte mangels weiterer Fragen oder Wendepunkte schlicht versiegt. Sie reüssiert, wenn der Diskurs, die gemeinsame Anstrengung für neue Ideen und Optionen im sozialen Lernprozess gefunden wird. Führungsarbeit *am* statt *im* System bedeutet dabei, den Prozess zu initiieren und so zu moderieren, dass möglichst viele und verschiedene Stimmen daran beteiligt sind. In diesem Zusammenspiel ergibt sich vielleicht auch ein erkennbar eigener Ton, der eine Organisationskultur „stimmig" und von anderen unterscheidbar zu machen hilft.

4.3.2 Wege zur Führungskompetenz

> Die Antwort auf die Frage, ob man Führung lernen kann, hängt davon ab, was man unter Lernen versteht. (…) Führung ist eine praktische, weitgehend intuitive und mit Widersprüchen durchsetzte Tätigkeit. Wir verstehen Lernen als Reflexion und Auseinandersetzung mit den eigenen Denkmustern. (…) Zur Reflexion gehört damit unweigerlich die Frage, wie andere (vermutlich) denken und handeln, wie eine Person eine Situation (vermutlich) interpretiert und wie alle Parteien zu einer produktiven oder unproduktiven Führungsdynamik beitragen können. (Kaudela-Baum & Nagel, 2018, S. 18)

Kann man Führung lernen? Zumindest muss man es versuchen, – allerdings in einer etwas anderen und deutlich stärker an den Prinzipien des lebenslangen Lernens orientierten Art und Weise als bisher. Einerseits kommunikatives Handeln in der Praxis, andererseits reflexives Konzept mit dem Dauerauftrag zum Lernen, erweist sich das Learning Leadership für aktuelle Bildungsformate als eine echte Herausforderung. Denn unsere Qualifikationsprozesse finden klassischerweise vorbereitend, i.e. als möglichst erschöpfende *Aus*-Bildung einer bestimmten Qualifikation oder sequenzielle *Weiter*-Bildung auf bestimmte Positionen hin statt und sind ihrem Wesen nach eher status- und defizitorientiert, d. h. sie füllen die Lücke zwischen dem zu einem bestimmten Zeitpunkt und für eine bestimmtes Ziel definierten Soll gegenüber dem diagnostizierten aktuellen Ist. Praxis- oder transferorientierte Angebote stellen ebenso wie explorativ angelegte Maßnahmen eher die Ausnahme denn die Regel dar – gleichwohl diese ihrer unterstellten Wirksamkeit nach doch an der Spitze stehen müssten.

Wie Lernen am besten gelingt, können wir aus unserer eigenen, alltäglichen Erfahrung am besten erkennen: Lernen als sozial reflektierter Prozess, d. h. gemeinsam mit anderen, von anderen oder im Feedback durch andere, ist immer wirkmächtiger als die einsame Rezeption von Wissen. Das bedeutet nicht, dass die konzentrierte Lektüre online oder offline verfügbarer Inhalte gar keinen (Lern-)Effekt ergibt, sondern dass sie stets einer Ergänzung, Spiegelung, Interpretation und Überprüfung im sozialen Kontext bedarf. Besonders die Bewältigung (oder das Scheitern) als besonders kritisch oder schwierig erlebter Situationen stellen wichtige Benchmarks unseres (Lern-)Verhaltens dar mit einem hohen kognitiven und emotionalen Verankerungspotenzial. Dass wir in der Interaktion oder der konkreten Situation (z. B. am Arbeitsplatz) jeweils zweimal bzw. siebenmal besser lernen als in traditionellen Lern-Settings, haben die Wissenschaftler des Centers for Creative Leadership Morgan McCall, Robert Eichinger und Michael Lombardo in den 1990er Jahren mit ihrem populären 70–20-10-Modell (CCL, 2020) auf eine Formel gebracht. Ganz gleich, wie genau diese in der Realität aufgeht, bleibt festzuhalten, dass Leadership-Learning ein in hohem Maße interaktives und erfahrungsbasiertes Unterfangen sein muss, das es je nach individuellem Wissens- und Erfahrungsniveau inhaltlich und methodisch zu fundieren gilt.

> To adapt and grow, leaders need to be constantly involved in new experiences and challenges that foster learning. Some of these new opportunities will come their way through new jobs, crises, or significant challenges. (…) But it isn't necessary to change jobs to find powerful learning experiences in the workplace. And in any job situation, leaders need to seek out or strengthen relationships with bosses, mentors, and peers that will contribute to their own growth in leadership. (CCL, 2020).

Führungswissen, so scheint es, kann nicht im Voraus gelernt werden. Das heißt aber nicht, dass das Lernen erst nach Schule, Studium oder Ausbildung beginnt. Vielmehr muss der Begriff des Führens weitergedacht werden, und damit auch die im Lebenslauf zu verzeichnende Expertise, die eben nicht nur im Unternehmenskontext, sondern auch in der Familie und im Ehrenamt, in nicht-institutionellen und informellen Bezügen erworben werden kann.

Die erste Herausforderung für die Vermittlung eines Learning Leaderships besteht darin, klassische Qualifikationstraditionen im kommunikativen und transferorientierten Format eines modernen Workplace Learnings neu zu formieren. Die zweite resultiert aus einer passenden Gewichtung des thematischen und methodischen Portfolios aus dem team- (Initiative Learning), organisations- (Strategic Learning) und personbezogenen (Reflective Learning) Führungsmodus zusammen mit einem für die jeweilige Expertise passenden Repertoire an Leadership Skills. Die Logik und Intention dieser Module ist in Abb. 4.6 übersichtsartig dargestellt. Spezifisch zu formulieren sind diese in der

Strategic Learning

- Organisationsentwicklung und Change Management
- Systemtheorie und Kybernetik
- Sozialwissenschaftliche Methoden (Analysen, Prognosen)
- Trends und Innovationen
- ...

Reflexive Learning

- Persönlichkeits- und Karriereentwicklung
- Selbst-/Fremdreflexion
- Lifelong Learning, Didaktik und Lernmethoden
- Umgang mit Komplexität, Entscheidungsprozesse
- Philosophie und Werte
- ...

Leadership Skills

- Führungsansätze und –methoden, Führungsrollen und –systeme
- Führungsinstrumente (normativ, strategisch, operativ)
- Prozesse und Projekte
- Digital Skills
- ...

Initiative Learning

- Kommunikation und Gesprächsführung, Präsentation und Moderation
- Mediation und Konflikte
- Teamentwicklung und Diversity
- Human Resources
- Training und Coaching
- ...

Entwicklung

des (Learning) Leaderships

Labs, Wissenszirkel, Cases, Organisation als Lernraum

Entwicklung der Organisation: Transfer, Erprobung und Entwicklung

Entwicklung der Person: Feedback, Lernen und Reflexion

Interaktive Wissensvermittlung, Coaching, Networking, Mentoring

Abb. 4.6   Lern- und Entwicklungsmodule des Learning Leaderships

konkreten Bildungssituation, je nach zeitlichem, personellem und inhaltlichem Bedarf. Für alle daraus abgeleiteten Maßnahmen aber gelten zwei didaktische Prämissen: Zum einen sind die genannten vier Schwerpunkte neben- oder miteinander zu fokussieren. Zum anderen findet die Kompetenzentwicklung durch einen geplanten Mix aus Selbstreflexion, Coaching, Peer-Feedback, Transferaufgaben etc. statt, um in der Entwicklung von Person und Organisation an die konkreten Erfahrungshintergründe anzuschließen und einen ganzheitlichen Lern- und Entwicklungsprozess zu initiieren.

Was für die Change-Praxis gilt, offenbart sich auch in Führungstrainings: Sie scheitern schlicht in ihren Wirkungen, wenn sie eben keine längerfristigen Effekte erzielen, keinen Nutzen für die Praxis offenbaren, keinen Wandel in der Art und Weise des Führens – sowohl aus der Selbst- als auch aus der Fremdwahrnehmung heraus – initiieren. Führungslernen setzt immer eine Verhaltensänderung voraus. Daher sind weniger die Inhalte und Methoden das Problem, sondern die Wahl der richtigen Zeit und des richtigen Orts für eine Umsetzung, Erprobung und Reflexion. Das beginnt noch vor der Maßnahme selbst, wenn die Lern- und Veränderungsmotivation der Teilnehmenden gar nicht oder zu wenig geweckt oder die Erwartungen über die Effekte überschätzt bzw. übertrieben werden. Worauf wir setzen müssen, ist ein kontinuierliches und systematisches Führungslernen statt punktueller Trainings in einem auf die Entwicklung einer ganzheitlichen Kompetenz ausgerichteten Konzept. Führung setzt die Bildung des ganzen Menschen voraus. Learning Leadership strukturiert den lebenslangen Prozess.

4.3.3   Wer will, der kann? Führen mit Herz und Verstand

4.3.3.1 Skillset für ein Learning Leadership

Um die „Story" einer lernenden Organisation weiter zu schreiben und zu erzählen, braucht es ein Learning Leadership, das sich der Präferenzen, Werte und Bedingungen seines Entwicklungsauftrages immer wieder neu zu vergegenwärtigen weiß und trotzdem mit beiden Beinen fest auf dem Boden des jeweiligen Unternehmensalltags steht. Die Protagonisten des gemeinsamen Kommunikations- und Change-Prozesses sind die – männlichen, weiblichen oder diversen – Learning Leaders, ganz gleich, ob sie formale Positionen dabei bekleiden oder nicht. Diese Learning Leaders gilt es zu identifizieren, zu positionieren und zu entwickeln. Denn „Naturtalente" sind auch im Learning Leadership eher die Ausnahme denn die Regel.

> Leaders are made, not born. (Iacocca, 2008, S. 11)

Führung kann und muss gelernt werden – aber vielleicht nicht von jedem. Lernen vollzieht sich in der Reflexion persönlicher oder fremder Erfahrungen, im Aushalten und Überleben von Krisen und/oder der Lust auf neues, tieferes oder breiteres Wissen aus bloßem Spaß am Lernen heraus. Lernen kann und muss jeder von uns – ob jeder Mensch aber „das Zeug" zum Führen „hat", muss doch hinterfragt werden.

> One of greatest myths about leadership is that some people have ‚it' and some ‚don't'. A corollary myth is that if you don't have ‚it', then you can learn ‚it'. Neither could be further from the empirical truth. (Kouzes & Posner, 2017, S. 12)

Der Grund, weshalb das Talent zur Führung vermutlich nicht zur allgemeinen genetischen Grundausstattung zählt, ist simpel: Vor das Führen*können* ist das Führen*wollen* gesetzt, d. h. eine persönliche Führungs- (nicht zu verwechseln mit Aufstiegs-) Motivation und die Lust zur Übernahme von Verantwortung für Menschen und Systeme. Der Trugschluss liegt in der achtlosen Ziel- oder Gleichsetzung von Führung mit Erfolg. Daran scheitern viele Führungskarrieren in der Organisation, die zwar die unterschiedlichen Hürden, Leitern und Programme interner oder externer Auswahl- und Developmentverfahren passiert haben, die erste Weggabelung jedoch versäumt, die nämlich eine Führungs- von ebenso attraktiven Ausführungsrollen in Fach- und Expertenkarrieren dividiert.

Woran aber wäre zu erkennen, ob das engagierte Nachwuchstalent die Lust zum Führen tatsächlich auch verspürt? Und wie kann die Erfahrung, die daraufhin ja erst folgt (oder eben auch nicht) im Voraus als passend oder unpassend für den eigenen Lebensweg betrachtet werden? Viele Führungstalente, so steht zu vermuten, bleiben deshalb auf der Strecke, weil sie sich zu einem falschen Zeitpunkt am falschen Ort befunden haben, während andere – weniger (Leadership-)talentierte den Weg absolviert haben, ohne jemals richtig darin anzukommen.

> There's a leadership shortage in the world. It's not a shortage of potential talent. The people are out there. (Kouzes & Posner, 2016, S. XV)

Führung als einen lebenslangen Lernprozess zu postulieren, impliziert dies eben auch: Es gibt nicht nur Learning Leaders „right from the start", sondern eine viel größere Diversität an Führungstalenten über die Lebensspanne, Berufsbiografien und Organisationsebenen und -bereiche hinweg, die es zu entdecken und zu fördern gilt. Führung braucht einen Erfahrungsraum, in dem sie wachsen und in den hinein sie sich entfalten kann. Learning Leadership bedarf darüber hinaus einer spezifischen Kultur, die ein systematisches Lernen und Experimentieren nicht nur erlaubt, sondern gezielt und aktiv fördert und beschützt.

> The best leaders are the best learners. They have a growth mindset. (Kouzes & Posner, 2016, S. 33)

In ihrem gleichnamigen Buch fordern James M. Kouzes und Barry Z. Posner ihre Leser auf, sich bereit für die Reise zu einem „Learning Leadership" zu machen, und zwar ausnahmslos jeden, denn „… every one of us has the necessary material to become a leader – including you." (2016, S. 3) Eine Voraussetzung aber gibt es doch – und darin stimmen wir wieder überein – dass nämlich Führung lernbar ist – von jedem, der dies auch will. Damit dies auch gelingt, werden 5 Erfolgsfaktoren für ein Learning Leadership formuliert (Kouzes & Posner, 2016, S. 33 ff.):

1. Believe you can!
2. Aspire to excel!
3. Challenge yourself!
4. Engage your support!
5. Practice deliberately!

Believe you can, i.e. das Vertrauen in die eigene lebenslängliche Lernfähigkeit ist die erste Voraussetzung zur Entwicklung einer persönlichen Führungskompetenz. Diese Grundhaltung bezeichnet die Psychologin Carol Dweck (2006) als „growth mindset". Die grundsätzliche Offenheit für Neues, verbunden mit der aktiven Auseinandersetzung auch mit bisherigem Wissen zuwiderlaufender Erfahrungen und einer kritischen Selbstreflexion sind die Basis für einen Führungsanspruch aus dem praktizierten lifelong learning heraus. Mit der Frage „What did I learn in the last 24 h that will help me to become a better leader"? (Kouzes & Posner, 2016, S. 52) hält sich der Learning Leader dabei selbst den Spiegel vor und agiert damit als sein eigener Coach. Die Begründung des persönlichen (Führungs-)Anspruchs in einem fundierten Wertegerüst und die Vision eines besseren (Führungs-)Selbsts ist im zweiten Leitprinzip *aspire to excel* zusammengefasst. Um in der Führungskommunikation zu überzeugen, eine tiefere Wirkung zu erzielen, bedarf es einer echten inneren Überzeugung und einer hohen intrinsischen Motivation, die für andere erkennbar, nachvollziehbar und vor allem auch glaubwürdig erscheint.

> Top-performance leaders don't focus their attention on making money, getting a promotion, or being famous. They want to lead because they value making a difference and the mission they are serving. (Kouzes & Posner, 2016, S. 74)

Die Entwicklung einer persönlichen Führungsmission und der Vision einer erfolgreichen Unternehmenszukunft sind nicht zwingend identisch, bauen jedoch ein Stück weit aufeinander auf. Denn die Fähigkeit, nach vorne zu schauen – über den zeitlichen und inhaltlichen Horizont des aktuellen Handelns hinaus – erfordert eine gewisse Übung und eine Art moralische Standfestigkeit im Hier und Jetzt. Je sicherer diese sind, desto leichter fällt der (gedankliche) Sprung ins Ungewisse, desto größer wird zugleich der potenzielle Radius der Chancen und Risiken, die es zu identifizieren gilt.

Führung und Lernen finden selten in der Komfortzone statt, sondern viel häufiger dann, wenn es darum geht, besondere Herausforderungen zu bewältigen. Das setzt ein gewisses Maß an Offenheit, Neugier und auch ein gewisses Selbstbewusstsein bereits voraus. *Challenge yourself* bedeutet jedoch keine sinnlose Mutprobe, sondern erweist sich als didaktisch überzeugendes Format, wie wir es aus der „Critical Incident Technique" (Flanagan, 1954) schon kennen. Im Kontext neuerer Führungs- und Lernkonzepte erhält die wiederentdeckte Methode eine neue Dimension: An und in den kritischen, herausfordernden Ereignissen und Situationen kann der Umgang mit Komplexität und Unsicherheit exemplarisch erprobt und die Vermittlungs- und Integrationskompetenz des Führens hinsichtlich unvollständiger, dynamischer und widersprüchlicher Erfahrungen geschärft werden. Das gelingt niemals absolut, sondern nur mit dem Anspruch, „Unbekannte(s) als erkennbar" zu identifizieren, d. h. in vertrauten Mustern oder Ähnlichkeiten zu beschreiben, um schlicht handlungsfähig zu sein. (Weick & Sutcliffe, 2016, S. 2) Dass die zu erlernende Führungspraxis kaum mehr auf die Reproduktion „richtigen" Verhaltens und der Entwicklung von Standards zielt, sondern sich weitgehend auf die Formulierung passender Fragen zur Provokation eines kollektiven Such- und adaptiven Antwortverhaltens verlassen muss, unterstreicht die Wichtigkeit der Führungskommunikation und die Priorisierung des Themas im Lern- und Entwicklungsprozess.

Führung findet in diesem herausfordernden situativen Kontext fast ausschließlich in und durch die Beziehung mit den Geführten statt. So, wie das Verstehen eine Leistung des Empfängers ist, können auch der Anspruch auf Führung und die dabei erlebte Qualität und Wirksamkeit letztlich nur durch in der Wahrnehmung und dem darauf bezogenem Verhalten der Geführten eingelöst werden. Das vierte Prinzip, *engage your support*, unterstreicht diese Bedeutsamkeit.

> The most valuable people are increasingly relationship people. (Colvin, 2016, S. 49)

Idealerweise resultiert aus dieser Beziehungsorientiertheit ein gegenseitiger Lernprozess. Erfolgreich ist dieser dann, wenn der Fokus nicht nur auf die gegenseitig zu reflektierende Kompetenz und Wirksamkeit gelegt wird, sondern auf ein Lernen im Netzwerk, an dem alle Akteure theoretisch gleich beteiligt sind. Das setzt ein hohes Maß an Empathie und Anschlussfähigkeit voraus, vor allem aber eine neue – zu erprobende und zu erlernende Art von Rollenflexibilität.

> Experienced leaders are not only role models. They are also necessary connections to information, resources, and of course, other people. (Kouzes & Posner, 2016, S. 152)

Führung wie Lernen sind zutiefst soziale Phänomene, d. h. sie spielen sich in und durch die Interaktion mit anderen ab. Dass wir über Vorbilder, i.e. „Role Models" besser lernen, ist uns aus unserer persönlichen Lerngeschichte hinreichend bekannt. Ein Learning Leadership geht deshalb für die Wahrnehmung einer Vorbildfunktion hinaus, indem sich Führung selbst in diesem Rollenspiel zu spiegeln, zu positionieren und weiterzuentwickeln vermag, d. h. zwischen Sender- und Empfängerperspektive permanent wechselt, um selbst das Feedback zu empfangen, das sie so dringend in ihrer Selbstreflexion auch benötigt. Dass jedoch – außer bei einem institutionalisierten 360° -Feedback – der Wunsch und die Aufforderung nach persönlicher Rückmeldung führungsseitig eher die Ausnahme denn die Regel ist (Kouzes & Posner, 2016, S. 160), ist tatsächlich ein Umstand, den es dringend zu verändern gilt. Im Kern ist es eine Frage des (Selbst-)Vertrauens, das nur in einer offenen und wertschätzenden Kultur entstehen und wachsen kann. Motor und Anspruch aller genannten Aspekte ist übergreifend das fünfte Prinzip *practice deliberately*. – Führung und Lernen müssen praktiziert werden, und zwar ein Leben lang.

> Being an exemplary leader requires a lifelong, daily commitment to learning. (Kouzes & Posner, 2016, S. 169)

Die Gefahr der Langeweile ist dabei schon durch die massive Veränderungsintensität und den permanenten Zuwachs an Informationen und Wissen gebannt. Es bedeutet jedoch nicht, dass erprobte Führungskräfte und/oder Lernende (desgleichen Wissenschaftler und Experten) zwingend besser und klüger sind müssen als andere. Lernen und Führen gilt es vielmehr täglich neu zu erfahren, in unterschiedlichen Kontexten zu variieren, dabei sich selbst und die praktizierte bzw. erworbene Kompetenz zu kommunizieren und zu reflektieren. Die höchste Stufe des Lernens, so haben es Bandura et al. (1963) einmal formuliert, ist die der „unbewussten Kompetenz", wenn wir also unseren Kopf ausschalten und dem Schatz unserer (auf der persönlichen Lerngeschichte basierenden) Intuition voll vertrauen können. Übertragen auf das Learning Leadership hieße das, ein Leadership anzustreben, das sich nicht in seiner eigenen Selbsterkenntnis und -beschreibung verliert, sondern in einer selbstorganisierten Entwicklung und dem Mit- und Voneinanderlernen des Systems entfalten kann.

> Invisible leadership embodies situations in which dedication to a compelling and deeply held common purpose ist he motivating force for leadership. (Hickman & Sorenson, 2013, S. 4)

Die konzeptionelle und praktische Herausforderung des Learning Leaderships zeigt sich genau in diesem Punkt: Es muss einerseits unabhängig und weg vom solipsistischen Wirken der einzelnen Person her dekliniert werden. Im kollaborativen Prozess machen sich die Learning Leaders selbst überflüssig oder zumindest unsichtbar. Andererseits setzt die Zufuhr einer sinnhaften und als bedeutsam erlebten Veränderungsenergie eine konkrete Verantwortung, Entscheidungsfähigkeit und Kommunikationskompetenz voraus. Damit also möglichst viele in unterschiedlichen Rollen am gesamten Spiel teil-nehmen können, bedarf es ebenso wie es einen formulierten oder gefühlten Wertekern gibt, einer zentralen Führungsidee, die nicht verhandelbar und auch nicht delegierbar ist: Ohne die Liebe zu Menschen, die unbedingte Bereitschaft zur Verantwortung und einen weiten Horizont des Denkens und Handelns funktioniert erfolgreiche Führung, ein auf Zukunft angelegtes Learning Leadership nicht. Vor ein potenzielles Können ist das unmittelbare Wollen gesetzt. Diese persönliche Disposition ist die conditio sine qua non dafür, dass Führung (auch) gelernt werden kann.

4.3.3.2 Learning Leaders – der Führungskern

Learning Leadership ist immer ganzheitlich ausgelegt – auf andere Menschen, die betreffende Organisation, die spezifische Situation und die eigene Person. Das setzt ein profundes Wissen um psychologische und soziologische Hintergründe des Verhaltens von Individuen, Gruppen und Systemen ebenso voraus wie ein betriebs- und volkswirt-schaftliches Wissen über die Entwicklung und das Zusammenwirken von Branchen und Märkten sowie ein methodisches und technologisches Knowhow zur Gestaltung interner und externer Strukturen und Prozesse, Verfahren und Produkte. Und es impliziert eine Auseinandersetzung mit der Frage, was Führung eigentlich ist, wie Führung sein sollte und worin Führung als aktive Intervention gegenüber Menschen, Dingen und Ideen sich erschließt. Dies wird in einem klassischen Portfolio idealerweise in einem Mix personaler, sozialer, methodischer und fachlicher Führungskompetenzen realisiert. Begründet und gestärkt wird die vom Verstand her orientierte Logik durch die persönliche Intuition und Leidenschaft, ohne die generell keine substanzielle Entscheidung, keine zwischenmenschliche Kommunikation, kein zielorientiertes Handeln, i.e. kein wertvolles, wertschätzendes und wertsteigerndes Führungsverhalten funktioniert.

> Leaders of the future will be progressively more cosmopolitan, innovative, divers, and values-oriented. (…) leaders of the future will be able to convert global challenge into opportunities for positive change. (Kanter, 2006, S. 61;70)

Den oder die ideale Führungspersönlichkeit gibt es also nicht. Das wäre auch nicht im Sinne einer modernen Führungskonzeption, die Leadership in verteilten Rollen zur Gestaltung eines offenen, auf Partizipation angelegten Systems begreift. Andererseits bedürfen wir trotz oder gerade wegen der gebotenen Rollenvielfalt einer spezifischen Authentizität, die ein „passendes", „wahrhaftes" und „sinnvolles" Verhalten wieder zu erkennen und zu unterscheiden hilft und die Erwartungen an eine Person oder Situation entsprechend kanalisiert.

> … when people perceive a leader as a close match to their leader prototype, they will react more favorably (…) than when they perceive the leader as a poor fit (Quaquebeke et al., 2014, S. 192).

Aus der Vielfalt, dem Widerspruch, der Komplexität und ganz besonders der zentralen Funktion des Lernens heraus, gilt es daher ein neues Stereotyp des Führens zu entwickeln, das zwar sehr viel stärker als ältere Konzepte aus dem unmittelbaren Handeln heraus entsteht, dennoch nicht beliebig oder trivial erscheinen darf und damit ein Vakuum generiert, das allzu schnell mit „starken" Varianten (und Typen) geschlossen würde. Learning Leadership formuliert einen zentralen Kern, der zur Erfüllung der Leadershipdimensionen maßgeblich ist und der so etwas wie die unteilbare Voraussetzung einer Führung im Wandel darstellt. Über das zu erlernende Template an Skills (i.e. Führungsmethoden, -instrumenten und -handlungen) und spezifische Charakteristika der jeweiligen Person oder Situation hinaus, setzt sich dieser Kern aus drei Aspekten zusammen, wie Abb. 4.7 es zeigt.

- **Lust auf Menschen.** Learning Leadership setzt zuallererst ein tief wurzelndes Interesse für Menschen, ihre Hintergründe und Ideen sowie eine bedingungslose Wertschätzung für den oder die jeweils andere voraus. Das empathische Vermögen, also die Fähigkeit, sich in andere hineinzuversetzen, ihre Ideen und Vorstellungen zu spiegeln, von den eigenen zu abstrahieren und reflektiert darauf zu antworten, ist die Basis jeder erfolgreichen (Führungs-)Kommunikation. Ohne Empathie zu kommunizieren wäre wie auf einem Klavier ohne schwarze Tasten zu spielen und nur die weißen zu benutzen. Das kann in der experimentellen Musik ein Thema sein, bleibt jedoch – übertragen auf die Praxis der Kommunikation – bloße Spielerei.
- **Leidenschaft für Ideen.** Learning Leadership denkt immer über den Tellerrand der eigenen Person, des eigenen Bereichs, der eigenen Organisation etc. hinaus, und

Abb. 4.7 Führen mit Herz und Verstand (unter Verwendung von IL049 Working Plans/Getty Images)

zwar sowohl in einer zeitlichen als auch in einer inhaltlichen Dimension. Führungskräfte müssen dazu keine Innovationsexperten sein, sich aber ganz selbstverständlich an den Mega- und Metatrends ihres sozialen Umfeldes orientieren und sich dazu auch positionieren. Zur Unterstützung kreativer Prozesse halten die Koffer moderner Führungsmethoden viele und gute Tools und Systeme bereit. Damit kann jedoch nur unterstützt werden, was als persönliches Mindset und kognitive Fähigkeit bereits vorhanden ist, i.e. eine Leidenschaft für Ideen, die ein visionäres Denken und Handeln produziert. Ohne dieses – gleichermaßen emotionale und rationale – Talent versagen Führungskräfte spätestens auf den letzten Metern zum Ziel oder bereits vor dem Start, wenn der sich auftürmende Berg zu hoch, zu weit, zu steinig erscheint. Je klarer, bunter, überzeugender die visionäre Zielsetzung und die dahinterstehende Geschichte ist, desto wahrscheinlicher dockt die Eigenmotivation der Teams daran an und desto eher entsteht so etwas wie ein gemeinsamer Sog, eine gemeinsame Richtung, in die nicht permanent geschoben, gezogen oder gedrängt werden muss.

- **Mut zur Verantwortung.** Learning Leadership heißt, den Fluss der Veränderungs-energie nicht nur zu initiieren, sondern auch zu moderieren und aktiv zu formen. Führung muss nicht alles selbst entscheiden, wohl aber die Wende- und Höhepunkte antizipieren und kenntlich machen, an denen sich die gemeinsame Geschichte mal in die eine, mal in die andere Richtung hin entwickeln wird. Learning Leaders sind sich der Tatsache bewusst, dass es so etwas wie „richtige" Entscheidungen nicht geben kann, dass das Versäumen entscheidender Weichenstellungen aber immer die jeweils schlechtere Wahl darstellt. Ihr Mut erschließt sich nicht darin, möglichst schnell und möglichst viele Entscheidungen allein zu treffen, sondern die Verantwortung dafür zu tragen, dass diese überhaupt und möglichst früh in den Fokus einer möglichst großen und unterschiedlichen Gruppe gelangen. Darin werden – im Wissen um die Fluidität des erkannten Horizonts – die konkreten Optionen und Wirkungen ihres Handelns für den Einzelnen, das Team oder die gesamte Organisation explizit.

4.3.3.3 Schluss: Riding the elephant

Perfekte Führung ist eine Illusion. Das gilt auch für die hier entwickelte „Philosophie" eines Learning Leaderships: So, wie es nicht *das* Führungswissen oder -verhalten bzw. *die* Führungsperson oder -logik gibt, die *den* Führungserfolg in einer bestimmten Führungssituation verspricht, so entscheidet sich auch die Passung einer bestimmten Führungsphilosophie ganz intuitiv und pragmatisch im konkreten Führungs- oder Kommunikationsprozess. Führung ist ein interaktionales und dynamisches Phänomen, bei dem alle darin – aktiv oder passiv – Involvierten sich gegenseitig beeinflussen und miteinander sich verändern, ob sie es tatsächlich wollen oder nicht. Die implizierten Macht- und Entscheidungsprozesse sind lediglich strukturbildend, d. h. sie ver-schieben Gewichte und Wichtigkeiten im System, eindeutige Effekte resultieren daraus aber nicht. Gleichzeitig bieten auch eine größtmögliche Integration und Balance aller Ansprüche – so dies denn überhaupt möglich ist – keine Gewähr für einen besseren Erfolg. Führung kann und darf durchaus Asymmetrien und Widersprüche aushalten und selbst verursachen. Das einzig Entscheidende dabei ist, dass Führende wie Geführte, Außenstehende wie Beteiligte jeweils versuchen, mit beiden Augen hinzuschauen – oder besser noch: mit dem Kopf und dem Herzen zugleich dabei zu sein.

> The mind is divided into two parts, like a rider (controlled processes) on an elephant (automatic processes). The rider evolved to serve the elephant. (…) if you want to change someone's mind (…), *talk o the elephant first.* (Haidt, 2012, S. 49; 50)

Learning Leadership zielt auf die Etablierung einer lebendigen, atmenden Organisation durch eine Führung, die zwischen Ausgleich und Impuls die jeweils passende energetische Dosis zu finden versteht. Lebenslanges Lernen ist – als Anspruch und Chance zugleich – der Impetus für Veränderung zum Besseren oder Anderen hin, ohne den eine auf Balance und Integration hin orientierte Führung im Stillstand, Hamsterrad oder gar Teufelskreis resultiert. Der Mut zur Gestaltung, ohne den ein Learning Leadership niemals funktioniert, entsteht im Vertrauen auf die Intuition, i.e. das Gespür für die richtige Intensität, Richtung und Stimmigkeit der Aktivität. Für den „Ritt" in die Unternehmenszukunft benötigen wir Expertise, Instrumente und Kompetenz. Das ist die rationale Vorbedingung für einen potenziellen Erfolg. Was wir jedoch in der Tiefe verstehen und in der passenden Kommunikation ansprechen müssen, ist der „Elefant". An diesem beginnt und endet jede Veränderung – in uns, in anderen, im gesamten System. Insofern ist Learning Leadership neben einem gemeinsamen stets ein ganz persönliches Projekt, denn es setzt Menschen voraus, die im Vertrauen auf ihre eigene Intuition den Schatz unsichtbaren Wissens und unbekannter Perspektiven bergen, sich selbst dabei aber zurücknehmen zugunsten einer offeneren und besseren Entwicklung der gemeinsamen Organisation.

Literatur

Alexander, J. (2006). The challenge of complexity. In F. Hesselbein, & M. Goldsmith (Hrsg.), *The leader of the future. Visions, strategies, and practices for the new era* (S. 85–94). Jossey-Bass.

Avolio, B. J., Walumbwa, F. O., & Weber, T. W. (2009). Leadership: Current theories, research, and future directions. *Annual Revue of Psychology, 60,* 421–449.

Bandura, A., Ross, D., & Ross, S. A. (1963). Imitation of film-mediated aggressive models. *Journal of Abnormal and Social Psychology, 66,* 3–11.

Bass, B. M. (1990). From transactional to transformational leadership: Learning to share the vision. *Organizational Dynamics, 18*(3), 19–31.

Bauer, J. (2006). *Warum ich fühle, was du fühlst. Intuitive Kommunikation und das Geheimnis der Spiegelneuronen.* Heyne.

Bennis, W. (2009[1989]). *On becoming a leader.* Basic Books.

Berkel, K. (2013). *Führungsethik. Die reflexive Seite des Führens: Orientierung und Ermutigung* (2. Aufl.). Windmühle.

Bleicher, K., & Abegglen, C. (2017). *Das Konzept Integriertes Management. Visionen – Missionen – Programme* (9., überarb. und aktual. Aufl.). Campus.

Bradley, C., De Jong, M., & Walden, W. (2019). Why your next transformation should be „all in". *McKinsey Quaterly,* October 2019, https://www.mckinsey.com/business-functions/strategy-and-corporate-finance/our-insights/why-your-next-transformation-should-be-all-in. Zugegriffen: 8. Apr. 2021.

Bryman, A. (1992). *Charisma and leadership in organizations.* Sage.

Byrne, D. (1998). *Complexity theory and the social sciences: An introduction.* Routledge.

CCL Center for Creative Leadership. (2020). The 70–20–10 rule for leadership development. https://www.ccl.org/articles/leading-effectively-articles/70-20-10-rule/. Zugegriffen: 8. Apr. 2021.

Colvin, G. (2016). *Humans are underrated: What high achievers know that brilliant machines never will* (Paperback). Penguin.

De Geus, A. (1988). Planning as learning. *Harvard Business Review,* März-April, 74–78, https://hbr.org/1988/03/planning-as-learning. Zugegriffen: 6. Apr. 2021.

Dweck, C. (2006). *Mindset.* Ballantine Books.

Ebert-Steinhübel, A. (2013a). Change-Projekt „Führung": Erfolgreich mit Herz und Verstand. *Der Betriebswirt, 54*(2), 15–19.

Ebert-Steinhübel, A. (2013b). Kommunikation im Change-Prozess. In G. Bentele, M. Piwinger, & G. Schönborn (Hrsg.), *Kommunikationsmanagement. Strategien, Wissen, Lösungen, 80*(3.93), 1–18.

Ebert-Steinhübel, A. (2016). Organisation und Führung in der digitalen Transformation – Ein Lernprozess. *IM+io. Das Magazin für Innovation, Organisation und Management, 4*, 82–86.

Ebert-Steinhübel, A., & Staengel, G. (2015). *New Leadership*. Broschüre.

Flanagan, J. C. (1954). The critical incident technique. *Psychological Bulletin, 51*(4), 327–358.

Haidt, J. (2012). *The Righteous Mind. Why good people are divided by politics and religion.* Pantheon.

Havermans, L., Keegan, A. E., Den Hartog, D. N., & Uhl-Bien, M. (2015). Exploring the role of leadership in enabling contextual ambidexterity. *Human Ressources Management, 54*(51), 179–200.

Heifetz, R. A. (1994). *Leadership without easy answers.* Harvard University Press.

Heifetz, R. A. (2006). Anchoring Leadership in the work of adaptive progress. In F. Hesselbein, & M. Goldsmith (Hrsg.), *The Leader of the future. Visions, strategies, and practices for the new era* (S. 73–84). Jossey-Bass.

Heifetz, R. A., & Linsky, M. (2002). A survival guide for leaders. *Harvard Business Review*, Juni, https://hbr.org/2002/06/a-survival-guide-for-leaders. Zugegriffen: 7. Apr. 2021.

Heifetz, R. A., Grashow, A., & Linsky, M. (2009). *The practice of adaptive leadership: Tools and tactics for changing your organization and the world.* Harvard Business Press.

Hesselbein, F., & Goldsmith, M. (Hrsg.). (2006). *The Leader of the future. Visions, strategies, and practices for the new era.* Jossey-Bass.

Hurley, T. J. (2016[2011]). Collaborative Leadership. Engaging collective intelligence to achieve results across organisational boundaries. White Paper. October 2011, Oxford Leadership. https://www.oxfordleadership.com/collaborative-leadership-white-paper/. Zugegriffen: 7. Apr. 2021.

Iacocca, L. (2008). *Where have all the leaders gone* (Paperback). Scribner.

Jordaan, B. (2019). Leading organisations in turbulent times: towards a different mental model. In J. Kok, & S. C. van den Heuvel (Hrsg.), *Leading in a VUCA World: Integrating leadership, discernment and spirituality* (S. 59–75), Springer: open access, https://doi.org/10.1007/978-3-319-98884-9.

Kanter, R. M. (2006). How cosmopolitan leaders inspire confidence. A profile of the future. In F. Hesselbein, & M. Goldsmith (Hrsg.), *The Leader of the future. Visions, strategies, and practices for the new era* (S. 61–70). Jossey-Bass.

Hickman, G. R., & Sorenson, G. J. (2013). *The power of invisible leadership: How a compelling common purpose inspires exceptional leadership.* Sage.

Kaudela-Baum, S., & Nagel, E. (2018). Führung lernen – Reflexionsfähigkeit entwickeln. In S. Kaudela-Baum, E. Nagel, P. Bürkler, & V. Glanzmann (Hrsg.), *Führung lernen. Fallstudien zu Führung, Personalmanagement und Organisation* (S. 13–22). Springer.

Kets de Vries, M. F. R. (2003[1993]). *Leaders, fools and impostors. Essays on the psychology of leadership.* iUniverse.

Kouzes, J. M., & Pozner, B. Z. (2016). *Learning Leadership. The five fundamentals of becoming an exemplary leader.* Wiley.

Kouzes, J. M., & Pozner, B. Z. (2017). *The leadership challenge. How to make extraordinary things happen in organizations* (6. Aufl.). Wiley.

Lash, R. (2012). The collaboration imperative. *Ivy Business Journal*, Jan./Feb., https://iveybusinessjournal.com/publication/the-collaboration-imperative/. Zugegriffen: 7. Apr. 2021.

Lewicki, R., McAllister, D. J., & Bies, R. J. (1998). Trust and distrust: New relationships and realities. *The Academy of Management Review, 23*(3), 438–458.

Maciariello, J. A. (2006). Peter F. Drucker on executive leadership and effectiveness. In F. Hesselbein, & M. Goldsmith (Hrsg.), *The Leader of the future. Visions, strategies, and practices for the new era* (S. 3–27). Jossey-Bass.

Meadows, D. H. (2008). *Thinking in systems. A primer*. Sustainability Institute. Chelsea Green Publishing.

Morrow, L. (1987). The Crash: Who's in charge? The nation calls for leadership, and there is no one at home. *Time*. 9. November. http://content.time.com/time/subscriber/article/0,33009,965916,00.html. Zugegriffen: 6. Apr. 2021.

OECD. (2013). *Leadership for 21st Century Learning, Educational Research and Innovation*. OECD-Publishing. https://doi.org/10.1787/9789264205406-en. Zugegriffen: 8. Apr. 2021.

Olmedo, E. (2012). The future of leadership: The new complex leaders' skills. *Global Journal of Accounting and Economic Research, 1,* 79–90.

Quaquebeke, N. v., Graf, M. M., & Eckloff, T. (2014). What do leaders have to live up to? Contrasting effects of central tendency- versus ideal-based leader prototypes in leader categorization processes. *Leadership Quarterly, 10*(2), 191–217.

Raelin, J. A. (2016). Imagine there are no leaders: Reframing leadership as a collaborative agency. *Leadership, 12*(2), 1–44.

Rosa, H. (2016). *Resonanz. Eine Soziologie der Weltbeziehung* (2. Aufl.). Suhrkamp.

Simons, R. J., van der Linden, J., & Duffy, T. (Hrsg.). (2000). *New Learning*. Kluwer.

Sukl, G., & Mahsud, R. (2010). Why flexible and adaptive leadership is essential. *Consult Psychology Journal, 62*(2), 81–93.

Tomaschek, N., & Unterdorfer, D. (Hrsg.) (2017). *Veränderung – Der Wandel als Konstante unserer Zeit*. Waxmann.

Weick, K. E., & Sutcliffe, K. M. (2016). *Das Unerwartete managen. Wie Unternehmen aus Extremsituationen lernen* (3., vollst. überarb. Aufl.). Schäffer-Poeschel.